江西省社会科学规划基金项目(18YJ17)
江西省高校人文社会科学重点研究基地开放基金项目(18JJ03)
抚州市社会科学规划项目(195K15)　　联合资助
东华理工大学地质资源经济与管理研究中心
东华理工大学资源与环境经济研究中心

长江经济带经济集聚影响污染排放的空间效应研究

张　帆　著

中国原子能出版社

图书在版编目(CIP)数据

长江经济带经济集聚影响污染排放的空间效应研究 / 张帆著．—北京 ：中国原子能出版社，2021.8(2023.1 重印)

ISBN 978-7-5221-1524-5

Ⅰ.①长… Ⅱ.①张… Ⅲ.①长江经济带-区域经济发展-影响-排污-空间效应-研究 Ⅳ.①F127.5 ②X508.25

中国版本图书馆 CIP 数据核字(2021)第 165141 号

长江经济带经济集聚影响污染排放的空间效应研究

出版发行 中国原子能出版社(北京市海淀区阜成路 43 号 100048)
责任编辑 王 青 田镇瑜
装帧设计 侯怡璇
责任校对 宋 巍
责任印制 赵 明
印　　刷 河北宝昌佳彩印刷有限公司
开　　本 787 mm×1092 mm 1/16
印　　张 14　　**字　　数** 227 千字
版　　次 2021 年 8 月第 1 版 2023 年 1 月第 2 次印刷
书　　号 ISBN 978-7-5221-1524-5　　**定　价** **78.00 元**

发行电话:010-68452845　　

前　言

推动长江经济带发展是党中央做出的重大决策，是关系国家发展全局的重大战略。当前，长江经济带“一轴、两翼、三极、多点”的空间总体布局已初步形成，经济活动的空间集聚正在促进区域整体经济水平提升。然而，伴随工业化和城市化进程快速推进，人口不断向城市集中，众多污染密集型重化工产业在长江沿岸集聚，对长江经济带环境质量造成巨大压力。长江经济带所辖区域酸雨污染和PM2.5污染均较为严重，长江中游地区的水环境质量面临“化工围江”的考验。习近平总书记多次强调“推动长江经济带发展必须走生态优先、绿色发展之路，涉及长江的一切经济活动都要以不破坏生态环境为前提，共抓大保护、不搞大开发”，体现了党中央对长江经济带可持续发展的政策重心与实施决心。而妥善处理经济集聚与污染排放之间的空间关系，深入研究经济集聚对污染排放影响的空间效应，探索污染减排的实现路径与环境治理的策略与举措，是实现长江经济带经济增长与环境质量相协调的关键，具有重要的理论价值与现实意义。

本书在对国内外相关文献梳理的基础上，以空间效应为切入点，阐述经济集聚影响污染排放的空间效应作用机理。选择长江经济带这一特定的地理区域，以地级及以上城市为研究尺度，以工业废水、工业二氧化硫和工业烟粉尘三种污染排放物总量和强度为研究对象，采用探索性空间数据分析、时空序列分析、空间重心迁移曲线、空间面板计量模型、面板门槛回归模型和面板向量自回归模型等多种方法，对长江经济带经济集聚影响污染排放的空间效应进行实证分析。

本书的主要内容和研究结论包括：

1. 解析经济集聚影响污染排放的空间效应作用机理

经济集聚能够促进层级化分工，强化产业上下游之间的垂直关联，实现产业内部知识和技术的快速传递，形成规模效应、集聚效应、竞争效应和比较优势，通过 Mar 外部性和外部规模经济作用于污染排放。同时，经济集聚还能够促进多样化分布，强化产业间知识集成、行业间信息共享、经济稳定性和交通运输便捷化，多样化的要素投入、信息服务提供、经济基础设施和交通运输等，通过 Jacobs 外部性和外部范围经济传导致污染排放。

2. 考察长江经济带经济集聚与污染排放的空间格局和集聚特征

从时间维度和空间维度两方面刻画经济集聚与污染排放的演化趋势，通过对二者的重心迁移轨迹和相关性的经验研究，解释其在地理空间上存在较为密切的相互关联现象。经济集聚和污染排放的全局 Moran's I 值均为正值，表明它们各自均存在正向的空间依赖性。局域空间聚类显示，经济集聚与污染排放总量存在较为相似的分布状态，但排放强度却呈现出差异化分布。时空序列分析和首位度分析显示，经济集聚和污染排放在考察期内锁定为较稳定的“中心-外围”空间分布格局。空间重心迁移轨迹和相关性分析显示，经济集聚与污染排放总量的重心较为接近，总体落于安徽西部—湖北中部—湖南东部一带，污染排放强度的重心则集中在贵州东部—湖南西部一带，表明经济集聚与污染排放总量存在同步关联性，而与污染排放强度存在异步关联性。

3. 检验长江经济带经济集聚对污染排放影响的空间溢出效应

经济集聚不仅对本地区污染排放产生直接效应，还会通过空间溢出对邻近地区的污染排放产生间接效应。空间面板杜宾模型检验结果显示，经济集聚对污染排放总量和排放强度均存在一定程度的抑制作用，其对工业废水排放的抑制效果最为显著。直接效应表现为显著降低本地区工业废水和工业二氧化硫排放，表明经济集聚可能通过规模经济效应、成本节约效应以及各类溢出效应等外部性作用有效抵消产出规模效应，从而降低污染排放水平。间接效应表明经济集聚在空间上的“中心-外围”格局锁定了本地区的中心市场和产出水平，空间溢出效应减弱产出规模效应，从而对邻近地区的污染排放总量产生抑制作用。人口密度、经济发展水平、技术水平、产业结构、对外开放程度和交通便利程度等影响因素对污染排放的空间溢出效应也起到了不同作用。此外，在对长江经济带细分样本区位异质性和规模异质性条件的考察中发现，上、中、下游地区经济集聚均对降低本地区污染排放呈现出直接效应，但通过空间溢出效应对邻近地区污染排放的间接效应却出现分异现象。大型城市经济集聚对抑制污染排放的直接效应和间接效应均较为显著，而中小型城市多表现在直接效应上显著。

4. 检验长江经济带经济集聚对污染排放影响的非线性门槛效应

当经济集聚程度跨越特定门槛值后对污染排放的影响会产生差异性效果。面板门槛回归模型检验结果显示，经济集聚对三种污染物排放总量和排放强度的影响均存在显著的单一门槛值约束。经济集聚度在跨越门槛值之前和跨越门槛值之后均会对污染排放产生抑制作用，但当经济集聚度跨越门槛值后对污染排放的抑制作用有所减弱。在不同异质性条件下的考察中发现，上游地区经济集聚对三种污染物排放总量和排放强度的影响均存在单一门槛值，中游地区经济集聚仅对工业废水排放总量和排放强度的影响存在单一门槛值，下游地区则不存在门槛条件约束。大型城市不存在门槛约束，而中小型城市经济集聚对工业废水和工业烟粉尘排放总量和排放强度均存在单一门槛值。对于所有存在门槛约束条件的情况下，经济集聚度在跨越门槛值之前和跨越门槛值之后均对相应的污染排放指标有抑制作用，当经济集聚度跨越门槛值后抑制作用出现小幅减弱。

5. 检验长江经济带经济集聚对污染排放影响的反馈效应

面板向量自回归模型检验结果显示，经济集聚对三种污染物排放总量和排放强度产生冲击之后均存在显著的反馈效应。污染排放总量的反馈效应表现为正向作用，但仅在短期内有效。可能的原因是由于经济集聚在短期内快速刺激经济产出的规模效应所导致，随时间推移，经济集聚的集聚正外部性将逐渐取代规模负外部性对污染排放总量起到抑制作用。污染排放强度的反馈效应多表现为负向作用，表明经济集聚过程中对提高污染排放效率有促进作用。污染排放总量的反馈效应方差贡献度总体上大于污染排放强度，表明污染排放总量在受到经济集聚冲击之后反馈效应更加敏感，经济集聚在抑制污染排放总量中的作用效果更加明显。在不同异质性条件下的考察中发现，中游地区工业废水的反馈效应方差贡献度最高，表明经济集聚在抑制工业废水排放时遇到的反向作用最为强烈。因此，对中游地区来说水环境治理将面临更大的挑战。下游地区工业二氧化硫的反馈效应方差贡献度最高，表明对下游地区来说空气污染防治将是重点。大型城市污染排放受到经济集聚冲击后的反馈效应相较于中小型城市来说更加强烈。在促进长江经济带经济集聚的过程中，大型城市更应当把握住适合的经济集聚度，而中小型城市则应当不断推进经济集聚。

6. 研究启示与政策建议

经济活动的空间集聚发展模式对推动长江经济带整体区域经济水平大幅提升起到了促进作用，充分表明“中心-外围”理论中国化在这一特定区域内得到验证。但在促进经济集聚过程中不能忽视规模效应对环境质量的影响，不能走西方国家“先污染，后治理”的道路，而必须在可持续发展理念下实现经济增长与环境质量相协调，推动长江经济带高质量发展。因此，需要从三方面着手：第一，在充分重视区位异质性和规模异质性前提下，形成长江经济带差异化的环境污染治理思路；第二，在“共抓大保护，不搞大开发”的经济发展和环境保护理念下，实施长江经济带环境污染跨区域协调联动治理的策略方案；第三，在推动长江经济带高质量发展国家战略下，构建环境综合治理制度和提供切实有效的机制保障。

本书是在本人博士学位论文基础上修改完善而成。特别感谢我的博士指导老师中国地质大学（武汉）邓宏兵教授和东华理工大学朱青教授，他们从论文选题、框架设计、思路方法以及撰写技巧等方面都倾注了热情和心血，一步步指引我奋力前行。在此，我向他们致以最诚挚的敬意和谢意！感谢东华理工大学经济与管理学院熊国保教授、郑鹏博士、曾浩博士、彭永樟博士、赵建彬博士、张启尧博士、才凌惠博士、高明博士。他们为本书提供了重要的修改意见。感谢我的同门文超博士、肖滢博士、谢伟伟博士、郑坤博士，他们都是我的良师益友，为完善本书提供了不少建设性的建议。感谢我的妻子张维博士，正是她在生活上对我无微不至的关照，使我充分感受到家庭的温馨甜蜜；在学术上给我的启示，帮助我抛开烦恼、忘却痛苦、砥砺前行。

由于作者学术水平有限，本书难免存在部分缺陷和不足之处，敬请读者同仁批评指正。

张 帆

2021 年 7 月

目　录

第一章　绪　论 …… 1

1.1　研究背景与意义 …… 1

1.1.1　研究背景 …… 1

1.1.2　研究意义 …… 5

1.2　文献综述 …… 6

1.2.1　经济集聚与污染排放的关系研究 …… 6

1.2.2　经济集聚对污染排放的影响研究 …… 9

1.2.3　长江经济带经济集聚和污染排放的空间效应研究 …… 12

1.2.4　简要述评 …… 15

1.3　研究内容 …… 15

1.4　研究思路与方法 …… 19

1.4.1　研究思路 …… 19

1.4.2　研究方法 …… 21

1.5　创新之处 …… 22

第二章　经济集聚影响污染排放的空间效应理论分析 …… 23

2.1　经济集聚特征与方式的理论阐释 …… 23

2.2　经济集聚影响污染排放的空间效应作用机理 …… 25

2.3　经济集聚影响污染排放的空间效应理论模型 …… 28

2.3.1　基于“中心-外围”模型构建的基础理论模型 …… 28

2.3.2　经济集聚空间分布稳定性的均衡解 …… 30

2.3.3　引入污染排放变量的拓展理论模型 …… 32

2.3.4　经济集聚对污染排放空间分布的影响及其空间关联 …… 34

2.4 经济集聚影响污染排放的空间效应相关研究假设 …… 35
第三章 长江经济带经济集聚与污染排放的空间关联 …… 38
3.1 研究区域与数据说明 …… 38
3.1.1 研究区域 …… 38
3.1.2 数据说明 …… 39
3.2 长江经济带经济集聚与污染排放的空间格局和集聚特征 …… 41
3.2.1 探索性空间数据分析 …… 41
3.2.2 长江经济带经济集聚与污染排放的空间分布格局分析 …… 42
3.2.3 长江经济带经济集聚与污染排放的空间集聚特征分析 …… 46
3.3 长江经济带经济集聚与污染排放的时空演化趋势 …… 55
3.3.1 长江经济带经济集聚与污染排放的时序演化趋势 …… 55
3.3.2 长江经济带经济集聚与污染排放的空间演化趋势 …… 61
3.4 长江经济带经济集聚与污染排放的空间重心迁移轨迹模拟 …… 66
3.4.1 空间重心迁移曲线模型设定 …… 67
3.4.2 长江经济带经济集聚与污染排放的空间重心移动轨迹的测算 …… 67
3.4.3 长江经济带经济集聚与污染排放的空间关联性测度 …… 75
3.5 小结 …… 77
第四章 长江经济带经济集聚影响污染排放的溢出效应 …… 80
4.1 空间面板计量模型设定 …… 80
4.1.1 空间面板计量模型构建 …… 81
4.1.2 空间权重矩阵设定 …… 83
4.2 长江经济带经济集聚影响污染排放的溢出效应驱动因素识别 …… 84
4.2.1 主要驱动因素识别及分析 …… 84
4.2.2 数据说明与变量选取 …… 86
4.3 长江经济带经济集聚影响污染排放的溢出效应检验 …… 88
4.3.1 长江经济带经济集聚对污染排放影响的溢出效应结果分析 …… 88
4.3.2 溢出效应的稳健性检验 …… 93
4.4 长江经济带经济集聚影响污染排放的溢出效应分解 …… 94

4.4.1　溢出效应的偏微分分解 …… 94
4.4.2　长江经济带经济集聚对污染排放影响的溢出效应分解结果 …… 95
4.4.3　溢出效应分解的稳健性检验 …… 98
4.5　异质性条件下经济集聚影响污染排放的溢出效应分解对比 …… 98
4.5.1　区位异质性条件下溢出效应分解结果及分析 …… 101
4.5.2　规模异质性条件下溢出效应分解结果及分析 …… 113
4.6　小结 …… 120
第五章　长江经济带经济集聚影响污染排放的门槛效应 …… 123
5.1　面板门槛回归模型设定与检验 …… 123
5.1.1　面板门槛回归模型设定与参数估计方法 …… 124
5.1.2　数据说明 …… 125
5.2　长江经济带经济集聚影响污染排放的门槛效应显著性检验 …… 127
5.3　长江经济带经济集聚影响污染排放的门槛效应真实性检验 …… 129
5.4　异质性条件下经济集聚影响污染排放的门槛效应对比 …… 132
5.4.1　区位异质性条件下门槛效应检验结果及分析 …… 132
5.4.2　规模异质性条件下门槛效应检验结果及分析 …… 137
5.5　小结 …… 140
第六章　长江经济带经济集聚影响污染排放的反馈效应 …… 142
6.1　面板向量自回归模型设定、变量选取和数据检验 …… 142
6.1.1　面板向量自回归模型设定 …… 143
6.1.2　变量选取与数据说明 …… 144
6.1.3　面板数据的单位根检验和协整检验 …… 145
6.2　长江经济带经济集聚影响污染排放的反馈效应检验 …… 147
6.2.1　广义矩估计 …… 147
6.2.2　脉冲响应分析 …… 149
6.2.3　预测方差分解 …… 152
6.3　异质性条件下经济集聚影响污染排放的反馈效应对比 …… 155
6.3.1　区位异质性条件下反馈效应检验结果及分析 …… 155
6.3.2　规模异质性条件下反馈效应检验结果及分析 …… 168

6.4 小结 …………………………………………………………… 177
第七章 结论与建议 ……………………………………………… 179
7.1 研究结论 …………………………………………………… 179
7.2 政策建议 …………………………………………………… 182

参考文献 ……………………………………………………………… 185
附录一 长江经济带 110 个地级及以上城市区域划分表 ………… 202
附录二 长江经济带 110 个地级及以上城市细分样本代码表 …… 203
附录三 长江经济带经济集聚影响污染排放的溢出效应稳健性检验 ………………………………………… 206
附录四 长江经济带经济集聚影响污染排放的溢出效应分解稳健性检验 ……………………………………… 209

第一章　绪　论

1.1　研究背景与意义

1.1.1　研究背景

经济活动的空间集聚现象是经济发展进程中的普遍状况，大量理论与实践证实经济集聚可以促进经济增长获得动态效率，有利于一国经济的长期繁荣[1]。世界银行发布的《世界发展报告 2009：重塑经济地理》中描述："世界上大部分生产活动都集中在大城市、领先省份以及富裕国家。半数的生产活动位于 1.5%的陆地区域。开罗的产值占埃及 GDP 的一半以上，所使用的土地面积仅占该国总面积的 0.5%。巴西中南部三个州的土地面积占该国总面积的 15%，但生产活动却占全国的一半以上。北美、欧盟和日本的人口不到 10 亿，却拥有全世界 3/4 的财富。"[2] 从世界经济发展的演变趋势来看，诸如美国、欧洲和日本等发达国家和地区大多都经历过促进经济活动空间集聚的发展阶段。自 20 世纪 80 年代起的近 40 年间，北美自由贸易协定国、欧盟和东亚这三个区域的生产总值之和始终保持着世界占比 70%以上[1]。以日本为例，东京、名古屋和阪神三大都市圈以 10.4%的国土面积承载了日本国 48.6%的人口、66.2%的生产总值和 68.9%的工业产值占比[3]。经济集聚促进城市规模扩大、人口迁移与集中以及集聚区内专业化生产，由此产生的市场力量对经济水平提升起到了关键作用。经济集聚还能够吸引人才、汇聚资本和拉近产品与市场的距离，有效降低了企业的生产成本和运输成本，为实现地区与城市更大规模的专业化提供了契机，使得规模经济收益取代资源禀赋差异成为贸易的坚实基础[2]。经济集聚通过空间溢出效应惠及集聚区的邻近地区，促进消费水平趋同，从而实现社会经济利益的整体提升。当前，世界范围内包括东亚、南亚和东欧等多数国家与地区正沿着先行者的成功轨迹积极促进经济集聚。

西方学者对经济集聚与区域非均衡发展的研究有着较为悠久的历史。Thünen 的农业区位论构建了著名的圈层布局，提出农业经营方式应该由粗放经营转向集约经营。农业布局应该根据自然要素禀赋的特点，种植最适合本地生长的作物，农业布局与距离有关的地租、运费等是重要的决定因素。Weber 的工业区位论将影响工业区位的因素分为区域性因素和集聚因素，并解释了工业如何布局于各个区域。Christaller 的“中心-地方”理论系统阐述在均质条件下，城市为什么出现、城市发展的决定因素是什么，以及城市发展的区域次序排列问题，并认为权衡规模经济和运输成本之后，生产者集聚在一起才形成了城市，中心城市的出现依赖于较大规模的城市能够支撑更大的经济活动。Losch 的经济区理论将一般均衡应用于空间，认为市场区是供给区域和需求区域的结合，受各种因素影响但却都与距离有关。直到 20 世纪 90 年代，以 Krugman、Fujita 和 Venables 为代表的空间经济学家创立了新经济地理学，改变了主流经济学完全竞争市场与规模收益不变的假设条件，解释了地理空间中经济活动的集聚以及区域非均衡发展现象。这些经济理论解说对于中国经济发展有着重要的参考价值，将西方理论结合中国经济发展现状进行本土化，服务于解决中国区域非均衡发展问题成为国内学者的重要研究议题。

中国实施改革开放政策已有 40 余年，经济发展水平得到了大幅提升，经济活动的空间分布也发生了巨变，其中政策力量和市场力量发挥了重要的推动作用。由于历史原因，中国在改革开放之前处于封闭的计划经济时代，国家发展政策作为主导力量，倾向于支持农业和重工业发展以解决人民温饱问题和推动国家基础建设。政府通过实施严格的户籍制度限制农业人口流向城市，将企业由沿海城市疏散到中西部地区，通过政策力量促进区域经济分散化均衡发展，这在当时生产力较低和区域发展极为不均的国情之下是合意策略[4]。由于缺乏市场力量引导，经济集聚的重要性并未凸显，城市化发展缓慢也使得城市规模普遍偏小，经济活动无法充分享受规模报酬，人口和经济集聚不足造成土地利用效率低下[5,6]。伴随中国工业化和城市化的快速发展，市场力量得以充分展现，使得经济规模和收入水平得到显著提升，经济集聚作为城市化的空间形态表现则成为促进区域经济水平提升的有效方式之一[7]。2014 年至 2019 年间，国务院印发《国家新型城镇化规划（2014—2020 年）》《全国国土规划纲要（2016—2030）》和《关于建立国土空间规划体系并监督实施的若干意见》等文件，为国土空间开发制定了战略性、基础性和约束性目标，也强化了政策力量与市场力量的结合。国家发展改革委印发的《2019 年新型城镇化建设重点任务》通知中提出“加快农业转移人口市民化、优化城镇化布局形态、推动城市高质量发展”等几项重点任务[8]，体现了国家对户籍改革的政策力度。从制度层面放松对人口要素自由流动的限制，明确了在市场力量引导下对中国未来城市可持续发展的方向。可以预见，人口将继续向城市集中、从而加速推进城市化进程。国家政策导向由原先促进区域经济分散化均衡发展转向重视经济活动空间集聚和空间结构总体布局，开始针对集聚式发展的都市圈和城市群实施分层推进的建设策略。在重视市场经济的前提下，尽可能充分发挥集聚效率高、辐射作用大、城镇体系优、功能互补强等重要作用[9-11]。

然而，经济集聚过程中凸显的环境污染问题成为制约经济可持续发展的瓶颈。现实情况表明经济集聚程度较高的长三角、京津冀、珠三角地区同时也是环境污染较为严重的地区[12-14]。中国居民五分之一以上的医疗支出用于防治由环境污染导致的疾病，每年因环境问题导致的经济损失高达国民生产总值的 10%[15]，仅北京地区，因雾霾污染带来的健康总成本从 2003 年的 30.85 亿元增加到 2013 年的 111.36 亿元，累计经济损失总额高达 700 多亿元[16,17]，国家已为环境污染付出了高昂的代价。中国特色社会主义发展进入了新时代，经济转型升级迫在眉睫，以往“高污染、高能耗、高排放”的粗放式发展模式已不合时宜。在城市化进程中实现经济与环境协调发展成为当前政界和学界探讨的一项重要议题，不仅关系到中国城市化发展的战略模式选择，更关系到民生福祉和社会福利[14]。2018 年 6 月 24 日，中共中央国务院发布《关于全面加强生态环境保护坚决打好污染防治攻坚战的意见》，对我国生态环境保护的要求提出了一系列具体指标："全国细颗粒物（PM2.5）未达标地级及以上城市浓度比2015年下降18%以上，地级及以上城市空气质量优良天数比率达到80%以上，全国地表水Ⅰ类～Ⅲ类水体比例达到70%以上，劣Ⅴ类水体比例控制在5%以内，近岸海域水质优良（一、二类）比例达到70%左右，二氧化硫、氮氧化物排放量比2015年减少15%以上，化学需氧量、氨氮排放量减少10%以上。通过加快构建生态文明体系，确保到2035年节约资源和保护生态环境的空间格局、产业结构、生产方式、生活方式总体形成，生态环境质量实现根本好转，美丽中国目标基本实现。到本世纪中叶，生态文明全面提升，实现生态环境领域国家治理体系和治理能力现代化"[18]，彰显了国家全面制定和实施环境保护政策的决心。当前，在以"都市圈-城市群-经济带"为典型代表的中国经济活动的空间集聚式发展模式下，如何践行习近平总书记提出的"绿水青山就是金山银山"理念，赋予其理论解释并为政策实施提供决策依据将是学术界的时代任务和重要使命。

推动长江经济带发展是党中央做出的重大决策，是关系国家发展全局的重大战略。中共中央国务院印发《关于依托黄金水道推动长江经济带发展的指导意见》与《长江经济带发展规划纲要》，标志着国家对长江经济带"一轴、两翼、三极、多点"空间总体布局初步形成，政策上开始重视经济活动空间集聚式发展。长江经济带覆盖的三大区域已形成经济活动的空间集聚发展，并带动区域整体经济水平提升。然而，人口不断向城市集中和众多污染密集型重化工产业在长江沿岸集聚，给长江经济带环境质量带来了巨大压力。2019年《中国生态环境状况公报》显示，长江经济带所辖区域酸雨污染、PM2.5污染均较为严重，长江中游地区的水环境质量面临"化工围江"的考验[19]。习近平总书记多次强调"推动长江经济带发展必须走生态优先、绿色发展之路，涉及长江的一切经济活动都要以不破坏生态环境为前提，共抓大保护、不搞大开发"，体现了党中央对长江经济带可持续发展的政策重心与实施决心。然而在促进经济集聚和加强环境治理的现实情况中仍存在诸多问题值得深思，其中尤其需要重视的是空间因素所发挥出的重要作用。那么，长江经济带经济集聚与污染排放各自在地理空间上存在何种特征？它们之间又存在怎样的空间关联？经济集聚影响污染排放的空间效应作用机理是如何实现的？在这一影响过程中存在哪些关键驱动因素？它们的影响方向和影响程度又如何？此外，长江经济带经济集聚对污染排放影响的空间效应呈现出的独特特征有哪些？如何针对这些特征制定和实施精准的环境治理政策？以上问题需要通过严格的理论分析和恰当的实证检验才能给出答案。

1.1.2 研究意义

（1）理论意义

在经济集聚对污染排放影响效应的“特征-方式-机理”分析逻辑下，基于“中心-外围”模型，从产业结构、劳动力要素流动、运输冰山成本、城市规模演变和地理距离差异等方面阐释经济集聚的空间演化特征。从规模经济和范围经济两方面阐释经济集聚对污染排放的影响效应作用方式，依据集聚外部性解析经济集聚对污染排放的影响效应，由于正向外部性和负向外部性的相互作用而形成动态非均衡状态的作用机理。通过构建经济集聚对污染排放影响效应的理论模型，揭示其内在联系与一般规律，并为实证研究提供理论依据。

（2）现实意义

长江经济带上中下游地区地理位置、自然条件、经济发展水平和资源禀赋基础均存在较大差异，经济集聚和污染排放表现出明显的空间异质性。现实情况表明经济集聚与污染排放均可能存在空间溢出效应从而呈现空间依赖性，使得二者在空间上发生某种关联且在时空演化过程中会形成特定发展规律和演变趋势。经济集聚对污染排放影响的空间效应又会呈现出溢出效应、门槛效应和反馈效应等不同特征。在考虑区位和规模异质性条件下对长江经济带进行细分样本时，经济集聚对污染排放影响的空间效应呈现出的各种特征与总体样本分析相比又有一定差异。因此，对长江经济带经济集聚和污染排放的空间异质性与空间依赖性进行详细考察，对二者间的空间关联和演化趋势进行经验研究，从实证层面充分检验长江经济带总体样本和细分样本经济集聚对污染排放影响的空间效应的不同特征和表现形式，分析影响过程中关键驱动因素所发挥出的重要作用，在不同条件下探索污染减排的实现路径，提供差异化环境污染治理和跨区域联动治理等针对性和有效性的实施策略，为长江经济带制定精准的环境污染治理政策提供决策依据。

1.2 文献综述

经济集聚是指生产、交易、消费等经济活动在某一地理区域内相对集中的现象[20,21]。目前学术界关于经济集聚的研究尺度划分主要包括企业层面、产业层面和城市层面三种类型[22]。企业集聚和产业集聚通常是侧重于从微观层面衡量企业和产业在某一特定地理区域内的集中程度，而经济集聚则主要是从中观层面衡量某一地理区域内整体经济活动的集中程度[23]。三种不同层面的集聚在形成机理上存在较为显著的差异，不能予以混淆[24]。企业集聚和产业集聚常用区位熵、Gini 指数、Hoover 指数、EG 指数作为衡量指标[25-29]，而经济集聚则常采用就业密度或经济密度进行测度[30,31]。经济集聚关注的范围和尺度较之企业集聚和产业集聚更加宽广。不同产业部门的众多企业在区域或城市空间范围内集聚，对于企业和产业而言表现出来的是外在的集聚经济，但是对于区域或城市而言这种集聚形式却是内在的[23]。国内外现有研究集中在经济集聚和污染排放的关系、经济集聚对污染排放的影响及其主要因素等方面，近年来伴随国家将推动长江经济带发展上升为国家战略，国内学者开始针对长江经济带这一特定区域进行广泛研究，而关于经济集聚与污染排放的空间效应研究也逐渐成为学术界聚焦的重点。

1.2.1 经济集聚与污染排放的关系研究

Grossman 和 Krueger 在进行北美自由贸易协定（NAFTA）的研究中首次提出环境库兹涅茨曲线（EKC）假说，认为经济水平提升将会改善环境质量[32]。Shafik 认为经济规模扩大的初期阶段确实造成了环境质量恶化，但随着经济水平不断提升，居民环境诉求、节能环保技术与环境治理投资等因素会促使政府采取更严格的环境保护措施，从而降低污染排放[33]。Panayotou 发现经济增长与环境质量之间存在非线性倒 U 型关系，经济发展初期阶段环境污染会随经济增长而上升，但当经济发展水平越过某一拐点之后，环境质量会随经济增长而改善，证实了 EKC 倒 U 型曲线的存在[34]。此后，EKC 假说被广泛用于探讨经济发展与环境质量之间关系的研究中。

在关于经济增长和环境质量之间关系的定量研究中，EKC 假说认为经济增长过程中的规模效应、结构效应和技术效应会对环境质量产生综合作用[32,35]。经济规模扩大使得污染物排放量增加从而恶化环境[36,37]，经济结构转变使得污染物的种类、排放总量和排放强度发生变化从而改变环境质量[34,38]，技术进步促进经济生产的效率提升，通过提高资源利用效率和资源投入的循环利用实现污染减排效果[39]。但经济增长对环境质量的改善作用并不会自发形成，而需要通过环境规制来实现对污染排放的调节效果[40-42]，市场机制逐步完善和经济自由化水平提升带来的经济增长同样可以改善环境质量[36,43,44]。事实表明，经济集聚与经济增长是一个相伴而生难以割裂的过程，二者间存在高度相关性已得到广泛证实[23,45,46]。现有对经济集聚和污染排放之间的关系研究大多是基于 EKC 分析框架下展开，并形成了几种不同的观点。

支持经济集聚加剧污染排放的观点认为，经济活动空间集聚和城市人口集中的规模效应是导致环境恶化的主要原因。Ciccone 和 Hall 认为工业化和城市化进程有效地促进了经济集聚，但也增加了对地区资源和能源的消耗，由此带来污染物过度排放[47]。Coyle 从企业集聚层面研究了苏联和中东欧的大型企业发展情况，发现这些国家在特定区域内形成了大规模工业集聚，导致集聚区空气、土壤和水资源严重污染[48]。Virkanen 研究了芬兰南部工业集聚情况，结果显示工业集聚导致的污染排放规模增加是造成该地区水污染和大气污染的直接原因[49]。Verhoef 和 Nijkampa 从产业集聚层面采用单一中心城市空间均衡模型研究了产业集聚与环境质量的关系，发现产业集聚导致环境恶化并促使城市空间分化[50]。刘军、程中华和李廉水的研究也表明产业集聚显著加剧环境污染，产业集聚与环境污染之间存在 EKC 倒 U 型曲线，而我国多数城市经济水平没有跨越倒 U 型曲线的拐点，未能实现理论意义上经济发展促进污染减排的目标[51]。王兵和聂欣通过匹配河流水质观测点与开发区的地理信息，研究开发区产业集聚对周边水环境的影响情况。认为设立开发区后，排放污染的企业出现规模扩张，集聚加剧污染物集中排放，导致周边河流水质出现明显恶化[52]。卢东斌、李佐军、陶长琪等学者认为我国城市经济保持高速增长得益于经济集聚，但较高的人口集聚水平成为环境恶化的主要原因之一，由此衍生出能源消费增长产生的碳排效应和生态破坏弱化了生态系统自净能力，加剧了环境污染[53-55]。

支持经济集聚抑制污染排放的观点则认为，经济集聚主要通过技术效应和结构效应实现降低污染排放的效果，其中知识溢出和共享经济发挥了重要作用，具体表现在经济集聚利于本地区吸纳外商直接投资（FDI）中环保理念与节能减排的技术转移，也利于本地区企业竞争与合作共享进而促进技术进步和知识溢出实现经济结构转型升级等方面。陈建军和胡晨光认为技术进步构成区域产业差异化优势和竞争力，促使部分传统型污染产业向集聚区外转移，从而降低污染排放总量，实现环境质量的改善[56,57]。刘胜和顾乃华认为生产性服务业通过Jacobs外部性和Porter外部性对城市工业污染减排具有显著的技术溢出效应，产业融合、互补与竞争有助于促进技术溢出效应，进而减少城市工业污染排放[58]。Zeng和Zhao、Karkalakos、曾贤刚、Baomin、Berliant等学者认为产业集聚在促进经济增长和技术进步的同时，也会增强居民和政府的环保意识，从而改善环境，而且环境治理的规模经济同样能够发挥降低污染排放的效果[59-63]。He、孙浦阳、Costantini、Koster等学者认为经济集聚能够形成良好的产业发展环境，有利于FDI流入并带来先进的环保理念和环保技术，更高的环保标准和市场竞争会淘汰部分高污染企业，促进集聚区内产业转型升级从而改善环境[64-67]。邓玉萍和许和连的研究表明，FDI引入后显著降低了区域污染排放强度，Mar外部性和Jacobs外部性进一步增强了FDI的污染减排效应[68]。Matthew和Neumayer、Hankey和Marshall、方齐云和陶守来等学者认为人口与经济活动的空间集聚只要在企业之间可以共享、分摊或提高资源利用率，就能够降低单位GDP的污染排放[69-71]。

此外，也有部分学者在考察经济集聚与污染排放之间的非线性关系之后，提出不同于以上两种观点的新看法，认为二者间关系非常复杂，在时间跨度选择、环境污染指标与数据选取、区域的范围和样本设定、目标国家或地区的经济结构和市场化机制等差异条件下可能会呈现U型、倒U型、N型和倒N型等不同形态。闫逢柱发现产业集聚在短期内可以降低环境污染，但长期来看二者之间并不存在必然的因果关系[72]。Dean、Efthymia、刘习平等认为，随着城市规模扩大，产业集聚所带来的环境改善效应也会增加。对于特大城市来说，产业集聚和人口过度集中则会恶化城市环境[73-75]。张天舒、宋马林、王舒鸿等学者的研究表明，经济集聚能够促进产出效率提高，但通过技术进步带来的产出效率提高也可能仅仅是增加了单位产出，却并没有达到改善环境污染的目的[76,77]。李筱乐以市场化水平作为门槛变量考察工业集聚与污染排放的关系，发现市场化水平较低时，工业集聚会加剧环境污染，当市场化水平跨越较高门槛值后，工业集聚则会改善环境[78]。Henderson、李伟娜、杨仁发、齐亚伟等学者的研究显示产业集聚对污染排放的影响具有显著的门槛特征，不同的集聚程度对污染排放的影响存在差异[79-82]。杨敏则认为经济集聚与城市环境污染排放之间除门槛特征之外还存在着平滑转换机制效应，二者间因转换机制的不同而呈现出差异化的非线性关系[83]。

从文献梳理中可以看出，国内外学者已对经济集聚与污染排放之间关系进行了深入而广泛的探讨，涉及不同的区域范围、时间跨度、指标参数、政策制度、市场因素等条件，但研究结论呈现出较大差异，无法得出普适性结论。因此，关于经济集聚与污染排放的关系研究，应当具体情况具体分析，根据研究内容和研究目标的侧重点来确定适合的研究区域与设定适宜的参数指标，才有可能得出较为精准的研究成果。需要特别注意的是，上述研究忽略了经济集聚与污染排放可能存在的空间关联，以及二者各自在邻近空间区域的溢出效应，忽视对空间关联和空间效应的考察将使得研究结果与现实情况产生一定的偏差。

1.2.2 经济集聚对污染排放的影响研究

随着研究进一步深入，国内外学术界关注焦点从考察经济集聚与污染排放的关系转向研究经济集聚对污染排放的具体影响因素和影响程度。大量研究表明，经济集聚对污染排放的影响不是单一因素造成的，而是多种因素交织产生的综合影响效果。其中环境规制、产业转移、人口密度、城市规模、外部性、劳动生产率、技术溢出、治污成本、外商直接投资、经济结构、能源消耗和技术水平等因素受到了学界的特别关注[84-96]。

Copeland 和 Taylor、List 和 Fredriksson 等认为发达国家环境规制标准普遍

高于发展中国家，容易导致污染型产业从发达国家转移至发展中国家，从而加剧后者的环境污染[97,98]。Birdshall、Dietz 和 Rosa、Lonngren 和 Bai、Jiang 和 Hardee 等学者发现人口密度与城市环境存在直接关联，城市人口密度增加会显著恶化空气质量[99-102]。付云鹏和马树才等学者还发现城市人口规模、家庭户规模和人口年龄等因素对污染排放的影响较大[103]。马素琳和杨肃昌认为城市人口密度的增加会显著恶化空气质量，城市产业水平加速提升、技术进步以及集聚程度提升会对空气质量产生改善作用，城市绿化因素总体上对空气质量起到了改善作用，但是作用效果并不明显[104]。Seto 和 Satterthwaite 研究了亚洲、非洲、拉丁美洲发展中国家的环境污染问题，认为城市规模增大可以缓解环境污染，而小城市由于规模不足的原因使得环境污染情况严重[105]。陆铭和冯皓发现城市规模差距对工业污染排放强度的影响显著为负，经济活动的空间集聚确实促进了工业污染减排[4]。王少剑采用空间马尔可夫概率转移矩阵研究了中国碳排放绩效的时空演变，认为地理因素在碳排类型转移中发挥了重要作用[106]。沈能采用 SBM 模型分析工业集聚的环境减排效率，认为集聚的环境负外部性、Mar 外部性和 Jacobs 外部性的动态均衡状态引致了经济集聚和环境减排效率在维度上的 U 型轨迹关系[107]。邓玉萍和许和连认为发挥集聚外部性是当前我国利用外资实现节能减排目标的重要途径[68]。张可和汪东芳研究表明经济集聚和污染排放之间存在双向作用机制，且均与劳动生产率密切相关[13]。豆建明和张可从治污成本分摊、治污技术溢出、治污集中监管、治污专业化分工四个方面实证分析经济集聚对污染排放的影响效应[108]。原毅军和谢荣辉认为技术创新在产业集聚对污染排放的影响因素中起到了关键作用，长期发展过程中技术溢出和知识溢出会产生污染减排效应[109]。陶长琪、马海良、刘耀彬等学者的研究发现产业集聚过程中的经济密度、城镇化率、人均收入、能源工业投资、人口密度、产业结构等因素对工业污染的影响会随着集聚度的变化和地理区域的不同而呈现较大差异[55,110,111]。

随着空间计量经济学的快速发展，实证方法更趋完善，不少学者已开始重视经济集聚和污染排放的空间溢出效应以及空间因素在经济集聚对污染排放影响过程中发挥的作用。许和连和邓玉萍采用空间误差模型和空间滞后模型实证分析了 FDI 对我国环境污染的影响，结果显示 FDI 在地理上的集群有利于改善环境质量，“污染避难所”假说在中国并不存在[112]。刘满凤和谢晗进认为经济集聚是引起污染集聚的决定因素，能源消费、城镇化进程、外商直接投资均显著促进污染排放的集聚，技术创新则会显著降低污染排放的集聚，产业结构对污染排放集聚的作用不显著，人口集聚度高未必会直接导致污染排放的高度集聚[113]。邵帅、张可、豆建民将能源消费和碳排放纳入生产密度函数，采用空间面板杜宾模型检验经济集聚和能源强度对碳排放强度的非线性影响。结果表明当经济集聚达到特定阀值时，对节能和减排起到双重效应[114]。陈祖海和雷朱家华运用 EKC 模型、Moran's *I* 指数、LMDI 指数将污染排放的经济因素分解为规模效应、结构效应、能源消费效应、能源开发效应和技术污染效应，并予以具体测算[115]。韩楠和于维洋的研究表明，中国各省域工业废气排放存在空间依赖性和正向空间溢出效应，经济发展、产业结构与工业废气排放之间呈现显著的正相关关系。技术进步和国家政策对工业废气排放具有抑制作用，人口增长对工业废气排放的影响并不显著[116]。邵帅采用空间计量模型研究了我国城市化进程中的雾霾污染情况，结果表明我国东部大部分省份处于雾霾污染随经济增长水平提高而加剧的阶段，产业结构和能源结构不良、人口快速集聚以及公路交通运输强度增大共同加剧雾霾污染，技术进步并未发挥出应有的减霾效果[117]。丁绪辉采用时空双固定空间杜宾模型检验长江经济带用水效率、环境规制和 FDI 集聚等因素，发现它们均存在空间溢出效应，合理引导 FDI 集聚方式，促进产业转型升级与技术创新能够有效提高用水效率[118]。周侃研究了经济集聚对水污染中的化学需氧量（COD）和氨氮排放的影响效应，认为经济集聚能够降低 COD 和氨氮排放强度，且经济集聚的减排作用存在显著的空间溢出效应[119]。陶长琪和彭永樟采用空间杜宾模型考察我国城市人口集聚、绿化水平对环境污染的影响，认为人口集聚会增加污染排放，绿化水平提升能减缓污染排放，而且绿化水平还能够通过与人口集聚的交互效应来实现污染减排，它们对环境污染的溢出效应随着地理距离的增大而减弱，随城市面积的增大而增强[55]。蔡海亚和徐盈之采用 SYS-GMM 模型研究了产业协同集聚与制造业效率对雾霾污染的影响，结果显示提升产业协同集聚和制造也效率能够有效抑制雾霾污染，应根据生产性服务的行业细分情况制定差异化降霾政策[120]。张可、何文举采用空间联立方程研究发现空间集聚密度对污染排放的影响存在异型性，空间集聚密度增大显著降低人均二氧化硫的排放，而空间集聚密度与人均烟尘排放却存在倒 U 型曲线[121,122]。

从文献梳理中可以看出，多数关于经济集聚对污染排放的影响因素研究侧重于通过实证方法分解出影响因素，并定量测算出各因素的影响程度，但关于经济集聚对污染排放影响的理论分析却显得相对薄弱，尤其缺少对内在影响机理的深层剖析。缺乏对经典理论的深入挖掘会使得研究成果的理论支撑不足、研究过程的系统性也不够完善以及对现实经济发展政策和环境治理策略的指导性有限。因此，可以对这些内容予以补充与完善，加深关于经济集聚对污染排放影响的空间效应的理论探讨。

1.2.3 长江经济带经济集聚和污染排放的空间效应研究

推动长江经济带高质量发展已上升为国家战略，如何促进长江经济带经济集聚与环境质量协调发展成为国内学术界高度关注的热点问题。学者们分别从城市发展、空间布局、产业状况和结构调整等多个视角对长江经济带经济集聚和污染排放的空间效应展开研究[123-127]。

陈昆仑采用 ESDA 和 LMDI 等方法分析长江经济带工业废水排放的主要驱动因素和时空格局演化，认为经济发展和技术进步是影响工业废水排放量的主要因素，产业结构和人口规模对工业废水排放量的影响不显著。工业废水排放量在时间维度上呈现先升后降趋势，在空间维度上自长江下游向中上游转移，在规模维度上由大城市向小城市扩散并呈现空间集聚状态[128]。程晨采用双重差分法检验了经济集聚对城市经济发展质量的影响，认为应加快中小城市的集聚发展水平，适度控制大城市和超大城市的集聚程度[129]。张陈俊和许静茹将长江经济带用水量和用水强度的时空差异分解为经济规模效应、产业结构效应和技术进步效应，发现技术进步和产业结构调整抑制了用水量和用水强度，而经济增长对其起到持续推动的作用，且长江经济带三大区域在空间上存在显著差异[130]。陈明华对长江经济带城市污染排放的空间分布动态及趋势进行了实证分析，结果表明长江经济带中游、下游和总体区域的污染排放强度均有提升，高污染和低污染水平城市污染排放的内部流动性较低，污染排放向相邻类型城市转移的概率较大[131]。汪克亮和刘蕾用泰尔指数解释长江经济带大气污染排放效率地区差距，认为大气污染排放效率较低且维持下降趋势，提升第三产业占比、增加研发投入强度、改善能源消费结构、提高对外开放水平对于长江经济带大气污染排放效率具有明显提升作用[132]。吴传清和宋子逸研究了长江经济带农业碳排放的时空差异特征，发现长江经济带中游地区农业碳排放量和强度都高于上下游地区，碳排放结构的省际差异与流域分布密切相关[133]。曾冰考察了长江经济带渔业经济碳排放效率的时空格局，发现渔业经济碳排放效率总体上升，在空间上呈现由上游向下游递减的梯度变化态势，空间依赖呈现出向“低-高”型和“低-低”型省际空间动态过渡趋势[134]。

戴胜利和云泽宇对长江经济带省级经济空间集聚与工业污染进行了考察，结果显示经济发展与工业废水、工业废气的差距不断缩小，区域经济集聚程度越高对工业污染的负向影响愈加显著[135]。滕堂伟考察了长江经济带科技创新和绿色发展的耦合协调水平，发现二者之间的协调性存在显著的空间溢出，促进科技创新可以驱动区域绿色发展[136]。陈长江和成长春考察了空间溢出效应情况下的长江经济带污染排放特征，结果表明废水和二氧化硫排放呈现倒 U 型曲线特征，氨氮和工业粉尘排放不符合倒 U 型曲线，政府污染治理投资的污染减排作用显著，但减排效果却随着经济发展水平提升而递减[137]。胡美娟构建了城市资源环境压力评价体系对泛长三角地区进行考察，发现消费水平、固定投资、贸易水平对资源环境压力有正向影响，环境规制与能源消费的影响却不显著[138]。吴传清和邓明亮考察了长江经济带高耗能产业集聚的特征及影响因素，发现高耗能产业整体集聚趋势显著而细分行业集聚趋势存在差异。高耗能产业动态集聚水平与资源禀赋、基础设施、人力资源正相关，而与环境规制、财政政策负相关[139]。孙博文采用动态面板回归方法检验了长江经济带市场一体化对环境污染物排放的非线性影响，认为不同污染物排放均具有动态滞后累积效应，市场一体化对污染排放的非线性影响结果依赖于样本的时间阶段、地区差异以及污染物种类的变化[140]。吴传清的研究表明长江经济带制造业集聚水平与环境效率存在显著的地区空间差异，制造业集聚对环境效率提高具有正向驱动效应，应加强优势产业集聚，推动产业结构优化和转型升级[141]。

任雪通过构建非线性面板门槛回归模型考察长江经济带经济增长对雾霾污

染的非线性影响，结果表明经济增长对雾霾污染存在单门槛效应。以人均 GDP 和工业增加值作为门槛变量时，经济增长对雾霾污染的负效应有所放缓，以人口密度和对外开放作为门槛变量时，经济增长对雾霾污染的影响程度明显增加[142]。郝国彩采用 SBM 模型验证长江经济带绿色经济绩效具有显著的空间依赖和空间集聚特征，经济发展水平、产业结构升级、资源禀赋与绿色经济绩效的正向溢出直接相关，外商直接投资对绿色经济产生负向溢出效应，技术进步对绿色经济绩效未能产生促进作用[143]。吴新中和邓明亮运用 SBM 模型和泰尔指数测算了长江经济带省际工业绿色全要素生产率，并检验了地区差异和空间溢出特征，认为工业绿色全要素生产率整体呈现上升趋势，技术创新改进和技术规模效率是重要的驱动力，空间溢出效应随空间距离增加而逐渐减弱[144]。孔凡斌和李华旭研究了长江经济带省际尺度的产业空间转移对环境污染的影响，发现随着产业集聚度增加，多数省份承接工业产业转移规模也快速扩大从而增强了环境负面效应，第二产业比重增加进一步恶化区域环境，劳动生产率和环境规制能够抑制环境污染[145]。丁婷婷和葛察忠等采用偏离份额分析法研究了长江经济带污染产业的空间转移，认为上游地区存在轻度污染产业转入，中游地区存在中度和轻度污染产业转入，下游地区为污染产业转出地，产业结构变化对污染产业转移贡献度较大[146]。

上述文献从不同的研究目标、研究视角和研究内容展示了当前国内学术界对长江经济带经济集聚与污染排放空间效应研究的最新成果，但仍存在不足之处。首先，未能有效区分经济集聚和产业集聚的概念致使研究尺度选择上存在较大差异，研究结论可能存在一定程度上的偏误。而对于空间效应研究来说尺度选择尤为重要，将直接影响研究精度和准度。其次，未充分考虑长江经济带所辖区域的异质性，尤其缺乏对区位异质性和规模异质性的判定与区分，因而难以实现细分样本的差异性分析和对比性分析。最后，部分研究没有关注到经济集聚对污染排放的影响可能存在反馈效应，忽视对反馈效应的考察将影响到实证分析精度。上述缺陷都可能影响后续环境治理政策的精准性。因此，可以对上述内容的不足之处予以适当修正。

1.2.4 简要述评

国内外学者对于经济集聚与污染排放的关系、经济集聚对污染排放的影响和经济集聚与污染排放的空间效应等方面的相关研究做出了积极探索并积累了丰富的研究成果。在EKC框架下分析了经济集聚与污染排放之间的非线性关系，从对多种因素的综合考察入手，采用多种实证方法检验经济集聚对污染排放的影响方向及其影响程度。以长江经济带这一特定地理空间作为研究区域，从多个视角展开对经济集聚和污染排放空间效应的考察。虽然研究结论不尽相同，但无论如何这些工作为进一步深入研究奠定了前期基础并提供了诸多启发。

回顾和梳理文献发现，现有关于长江经济带经济集聚影响污染排放的空间效应研究存在几点不足：首先，部分研究缺乏关于经济集聚的特征与方式的深入探讨和缺少对经济集聚影响污染排放的空间效应作用机理的深度剖析，因而缺少系统性分析过程和缺乏强有力的理论支撑。其次，部分实证研究在尺度选择方面尚存欠缺，以省域、产业或企业作为研究尺度在精度上难以有效测度空间效应，也难以准确契合经济集聚的概念界定。部分研究未能深入分析经济集聚对污染排放影响的空间效应所呈现出的空间溢出特征和非线性门槛特征，分析过程中忽视了对反馈特征的有效检验。这些欠缺均可能影响实证分析的精准程度，致使研究结果与现实情况存在一定的偏差。最后，由于未充分考虑长江经济带所辖区域的区位异质性和规模异质性，因而缺少必要的样本细分研究，导致最终给出的污染减排相关建议较为泛化且缺乏针对性和可操作性，难以为长江经济带差异化环境污染治理和跨区域联动治理提供有效的决策支持。以上不足之处正是需要重点关注的内容和进一步展开研究的方向。

1.3 研究内容

围绕“长江经济带经济集聚影响污染排放的空间效应”这一研究主旨，按照“理论分析-实证检验-政策建议”的逻辑顺序，从“经济集聚影响污染排放的空间效应理论分析”“长江经济带经济集聚影响污染排放的空间效应实证检验”和“长江经济带经济集聚的污染减排路径和环境治理的政策建议与制度保障”三方面阐述主要内容。

第一个方面为经济集聚影响污染排放的空间效应理论分析，按照“经济集聚特征与方式的理论阐释—经济集聚影响污染排放的空间效应作用机理—经济集聚影响污染排放的空间效应理论模型”分析框架展开。

以“中心-外围”模型作为解释依据阐释经济集聚的特征。从外部规模经济和外部范围经济两方面阐释经济集聚的空间效应呈现方式。外部规模经济使得经济集聚程度较高的城市可以给周边地区带来示范作用，周边地区通过模仿和学习以获取技术与知识的空间溢出。经济集聚能够引发新的产业和企业进入形成竞争格局，经济发展将通过技术创新、产业升级转型和改进管理方式来保持竞争优势。外部范围经济能够促使产业间形成“向前关联”和“向后关联”，扩大经济集聚的生产范围，形成集聚区与周边城市的协作关系，完善专业分工和产业价值链，同时可能迫使低端产业失去竞争力而离开集聚区域。

借助集聚外部性理论解析经济集聚对污染排放的影响效应作用机理。经济集聚由于资本、劳动力、技术进步和知识溢出等因素而存在外部性，对污染排放的影响效应会形成正向外部性和负向外部性。当集聚的环境正向外部性大于负向外部性时，生产要素在集聚向心力的作用下会流向集聚区域，污染减排效应将得以实现。当经济集聚超过一定程度时，环境污染发挥出离心力作用产生“拥挤效应”，即经济集聚对污染排放空间效应可能存在非线性门槛特征，当集聚度跨越一定门槛值时，经济集聚的污染减排作用将弱化。经济集聚对污染排放的影响还存在反馈效应，污染排放的总量和强度的增大会对经济集聚产生一定的冲击响应，污染排放释放出来的离散作用将得到强化，从而对经济集聚产生反馈作用且在不同阶期呈现的效果存在差异。

将经济集聚的环境效应纳入“中心-外围”模型并对其予以拓展，构建经济集聚影响污染排放的空间效应理论模型揭示一般规律，为后续实证研究提供理论依据，并提出与研究内容直接相关的五个研究假设。

第二个方面为长江经济带经济集聚影响污染排放的空间效应实证检验，按照“空间关联检验-溢出效应检验-门槛效应检验-反馈效应检验”的逻辑顺序展开。

考察长江经济带经济集聚与污染排放的空间关联。以2003—2017年长江经济带110个地级及以上城市经济集聚与污染排放的平衡面板数据作为数据基础。采用探索性空间数据分析（ESDA）的Moran's *I* 检验长江经济带经济集聚和污染排放各自的全局空间自相关和局域空间自相关，分析二者的空间分布格局和空间集聚特征。采用时空序列分析和首位度分析方法考察长江经济带总体样本和三大区域细分样本的经济集聚与污染排放的时空演化趋势，掌握二者在时间维度和空间维度上所呈现出来的发展规律。采用空间重心迁移曲线模型，详细刻画出经济集聚与污染排放空间重心的迁移方向和迁移距离，定性比对二者空间重心迁移轨迹的拟合程度，并定量测算经济集聚与污染排放空间重心经纬度的空间关联特征与属性，综合判定二者之间的空间关联。

检验长江经济带经济集聚影响污染排放的溢出效应。在STIRPAT模型基础上进行拓展，构建空间面板计量模型，以地理距离矩阵作为空间权重矩阵。选取污染排放总量和排放强度作为被解释变量，以经济集聚度作为核心解释变量，以人口密度、经济发展水平和技术水平为解释变量，以包括产业结构、对外开放和交通便利程度为控制变量合集纳入模型，进行回归分析检验空间溢出效应。采用偏微分分解方法测算空间溢出的直接效应和间接效应，在区位异质性和规模异质性条件下对比空间溢出效应的差异性。

检验长江经济带经济集聚影响污染排放的门槛效应。构建面板门槛回归模型，以经济集聚度作为门槛变量，进行单一门槛值和多重门槛值检验并测算出相应门槛区间，考察不同门槛区间内经济集聚对污染排放的影响效果，在细分区位异质性和规模异质性条件下对比门槛效应的差异性。

检验长江经济带经济集聚影响污染排放的反馈效应。构建面板向量自回归模型，采用脉冲响应函数考察长江经济带经济集聚对污染排放的冲击响应过程与响应程度。采用预测方差分解方法，解析长江经济带经济集聚对污染排放的方差分解和反馈贡献度，在细分区位异质性和规模异质性条件下对比反馈效应的差异性。

第三个方面为长江经济带经济集聚的污染减排路径和环境治理的政策建议与制度保障。在前述理论分析和实证检验的基础上总结全文的主要观点和重要结论。探索经济集聚的污染减排实现路径，提出区域差异化环境污染治理和跨区域联动治理的污染减排实施策略以及相应的制度保障，为实现长江经济带高质量和可持续发展提供决策参考。

章节安排为：

第一章，绪论。概述世界经济和中国经济发展演进中经济活动空间集聚趋势及其发展进程中凸显的环境污染问题等一系列现实背景。从经济集聚与污染排放之间的关系、经济集聚对污染排放的影响以及长江经济带经济集聚和污染排放的空间效应三个方面对国内外研究现状进行梳理与评述，进而提出研究思路、研究内容、技术路线、研究方法以及创新之处。

第二章，经济集聚影响污染排放的空间效应理论分析。在“特征-方式-机理”的分析框架下，阐释经济集聚的特征与方式，经济集聚影响污染排放的空间效应作用机理，构建理论模型以揭示其内在关系和一般规律。

第三章，长江经济带经济集聚与污染排放的空间关联。以长江经济带所辖110个地级及以上城市为研究区域，采用探索性空间数据分析、时空序列分析和空间重心迁移曲线模型等方法对其经济集聚与污染排放的空间格局和集聚特征、时空演化趋势和二者之间的空间关联进行经验研究。

第四章，长江经济带经济集聚影响污染排放的溢出效应。采用空间面板计量模型和偏微分分解方法考察经济集聚影响污染排放的溢出效应及其直接效应和间接效应的分解，在区位异质性和规模异质性条件下进行溢出效应的差异性比对。

第五章，长江经济带经济集聚影响污染排放的门槛效应。采用面板门槛回归模型，以经济集聚度作为门槛变量，考察经济集聚影响污染排放的非线性门槛特征，在区位异质性和规模异质性条件下进行门槛效应的差异性比对。

第六章，长江经济带经济集聚影响污染排放的反馈效应。采用面板向量自回归模型以及脉冲响应函数和预测方差分解方法测算经济集聚影响污染排放的反馈效应响应程度和反馈贡献度，在区位异质性和规模异质性条件下进行反馈效应差异性比对。

第七章，结论与建议。总结主要观点和结论。结合理论分析和实证检验的结果，探索长江经济带经济集聚的污染减排路径选择，提出长江经济带差异化环境污染治理和跨区域联动治理的策略与建议以及相应的制度保障。

1.4 研究思路与方法

1.4.1 研究思路

沿着“文献梳理→实地调研→理论分析→实证检验→政策建议”这一脉络展开研究。

第一，梳理国内外相关文献，查阅长江经济带发展规划纲要和政策文件，掌握国内外研究现状、研究趋势和研究动态，理解“已知”与探索“未知”。

第二，实地考察长江经济带所辖中心节点城市和重要节点城市经济集聚与环境污染特征状况，调研了解和掌握现实情况，系统收集和整理相关数据与资料。

第三，分析经济集聚的特征和方式以及剖析经济集聚影响污染排放的空间效应作用机理，构建经济集聚影响污染排放的空间效应理论模型，探索其内在关系与一般规律并提出研究假设为后续实证分析夯实基础。

第四，探索长江经济带经济集聚与污染排放的空间格局和集聚特征，考察二者在时空双维度上的发展规律和演化趋势以及详细检验二者之间的空间关联。

第五，检验经济集聚影响污染排放的空间效应，重点聚焦溢出效应、门槛效应和反馈效应等空间效应的三大特征。并在区位异质性和规模异质性条件下考察空间效应及其三大特征的差异性，为后续环境治理政策设计提供决策依据。

第六，结合理论分析与实证检验的结果，从政策层面提出长江经济带经济集聚的污染减排路径选择，并从区域差异化环境治理和跨区域联动治理两方面提出污染减排的实施策略及其相应制度保障。

技术路线图如图 1.1 所示。

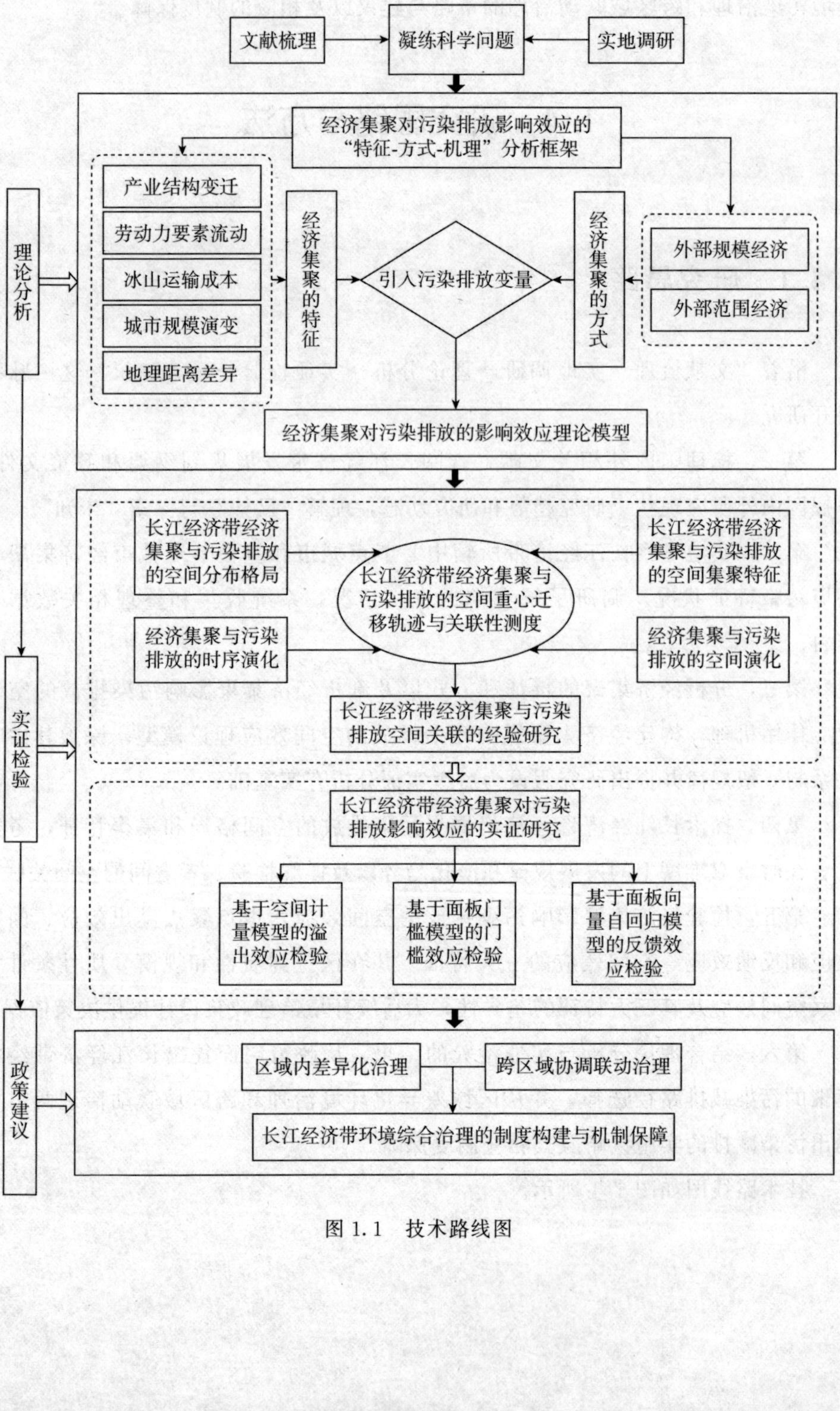
文献梳理
凝练科学问题
实地调研
经济集聚对污染排放影响效应的“特征-方式-机理”分析框架
理论分析
产业结构变迁
劳动力要素流动
冰山运输成本
城市规模演变
地理距离差异
经济集聚的特征
引入污染排放变量
经济集聚的方式
外部规模经济
外部范围经济
经济集聚对污染排放的影响效应理论模型
长江经济带经济集聚与污染排放的空间分布格局
长江经济带经济集聚与污染排放的空间重心迁移轨迹与关联性测度
长江经济带经济集聚与污染排放的空间集聚特征
经济集聚与污染排放的时序演化
经济集聚与污染排放的空间演化
实证检验
长江经济带经济集聚与污染排放空间关联的经验研究
长江经济带经济集聚对污染排放影响效应的实证研究
基于空间计量模型的溢出效应检验
基于面板门槛模型的门槛效应检验
基于面板向量自回归模型的反馈效应检验
政策建议
区域内差异化治理
跨区域协调联动治理
长江经济带环境综合治理的制度构建与机制保障

图 1.1 技术路线图

1.4.2 研究方法

（1）常规方法

常规研究方法包括文献分析、实地调研、理论分析、定性分析以及经验研究等。对已有文献的系统梳理掌握国内外研究进展，对研究区域进行实地调研掌握一手资料，对理论剖析和模型推导掌握内在机理，对现象观察做出定性分析和经验判断。

（2）探索性空间数据分析（ESDA）和空间重心迁移曲线

长江经济带所辖区域由于存在地理位置、自然条件、经济水平和资源禀赋等个体差异，呈现较为显著的空间异质性和空间依赖性。采用 ESDA 中的 Moran's *I* 对经济集聚和污染排放的全局空间自相关和局域空间自相关性进行检验，考察研究样本的空间分布特征与差异性演化趋势。

采用空间重心迁移曲线分别对经济集聚和污染物排放的重心移动轨迹进行模拟，运用 Stata15.1 软件对其空间重心迁移轨迹进行可视化处理，通过定性比对二者空间重心迁移轨迹的拟合程度，并采用相关系数定量测算空间重心经纬度相关性，揭示二者之间的空间关联。

（3）空间面板计量模型

采用空间面板杜宾模型对 STIRPAT 模型进行拓展，构建地理距离空间权重矩阵，将经济集聚度设定为核心解释变量，保留原模型的人口规模、富裕程度和技术水平三个解释变量，引入包括产业结构、对外开放和交通便利程度等控制变量合集，检验长江经济带经济集聚对污染排放影响的空间溢出效应。并采用偏微分分解方法测算空间溢出的直接效应和间接效应。

（4）面板门槛回归模型

长江经济带经济集聚对污染排放的影响可能存在非线性门槛效应。构建面板门槛回归模型，以经济集聚度作为门槛变量，采用自抽样法（Bootstrap）对经济集聚度进行单一门槛和多重门槛特征检验，测算出具体的门槛值个数、门槛值和门槛区间，在不同门槛值区间条件，检验长江经济带经济集聚对污染排放影响的门槛效应。

（5）面板向量自回归模型

经济集聚现象是由于“向心力”和“离心力”的相互作用而形成。经济集聚对污染排放产生影响的同时，污染排放也会对其产生反馈作用。通过构建面板向量自回归模型，采用脉冲响应函数和测算方差预测分解平均值方法，考察长江经济带经济集聚对污染排放影响的冲击响应过程和响应程度，解析预测方差和反馈贡献度，检验反馈效应。

1.5 创新之处

与已有研究相比，可能的创新之处体现在以下三个方面：

第一，在“特征-方式-机理”分析框架下，从产业结构、劳动力要素流动、运输冰山成本、城市规模演变和地理距离差异等方面阐释经济集聚的特征，从外部规模经济和外部范围经济两方面解析经济集聚影响污染排放的空间效应表现方式，从集聚的外部性解释经济集聚对污染排放产生正向和负向影响的动态非均衡状态。在引入环境污染因素条件下，对“中心-外围”模型进行拓展，构建经济集聚影响污染排放的空间效应理论模型，剖析作用机理，揭示一般规律，弥补现有部分研究存在理论支撑不足的缺陷。

第二，选择长江经济带这一特定区域，以地级及以上城市为研究尺度，分别采用空间面板计量模型、面板门槛回归模型和面板向量自回归模型实证检验经济集聚影响污染排放的空间效应，较为细致地考察了空间溢出效应、非线性门槛效应和反馈效应。在区位异质性和规模异质性条件下对长江经济带所辖区域进行样本细分，比对经济集聚对污染排放的影响效应的差异性，在完善实证方法的同时也充实了研究内容。

第三，在理论分析和实证检验的基础上，探索长江经济带经济集聚的污染减排实现路径，提出差异化环境污染治理和跨区域联动治理的策略与实施举措及其制度保障，弥补部分研究在政策建议中缺乏针对性的不足，为推动长江经济带高质量和可持续发展提供具有可操作性的政策方略与实施方案。

第二章　经济集聚影响污染排放的空间效应理论分析

基于新经济地理学和外部性理论，在经济集聚影响污染排放空间效应的“特征-方式-机理”分析框架下，阐释经济集聚的空间演化特征。从外部规模经济和外部范围经济两方面阐释经济集聚影响污染排放空间效应的作用方式，解析经济集聚对污染排放影响的空间效应由于正向外部性和负向外部性的相互作用而形成动态非均衡状态的作用机理。引入污染排放变量对“中心-外围”模型进行拓展，通过构建经济集聚影响污染排放空间效应的理论模型，揭示其内在联系与一般规律，为后续实证研究提供理论依据。

2.1　经济集聚特征与方式的理论阐释

经济集聚不仅会对经济活动的空间分布产生影响，也会对不同地理区位的经济增长产生影响。20世纪90年代，Fujita、Krugman和Venables等学者将经济增长和地理因素融合创立了新经济地理学（NEG），解释经济活动的地理结构和空间分布是如何通过“向心力”和“离心力”两种制衡力量相互作用而形成的[147]。他们改变了主流经济学基于完全竞争市场与规模报酬不变的假设条件，弥补了传统区位理论、区位科学等区域经济分析方法所缺乏的数学模型和计算工具的缺陷，将空间因素纳入一般均衡的分析框架中研究经济活动的空间分布规律，解释现实中存在不同规模、不同形式的生产空间集聚机制，探索区域经济增长的规律与途径。基于D-S垄断竞争模型、冰山成本模型、动态演化方法以及图灵机器方法，通过区域模型、城市体系模型和国际模型等三种模型解释经济活动空间集聚产生的原因[46,148]。在研究区域经济集聚时，Krugman构建了“中心-外围”模型，假定只存在农业和制造业两个部门，其中农业是完全竞争的且生产单一同质化农产品，制造业是垄断竞争的，供给具有差异化的工业产品且具有规模报酬递增的特征。两个部门使用劳动力作为唯一的生产要素，农业劳动力要素不可以自由流动，而制造业劳动力要素可以自由流动。农产品贸易没有运输成本，而制造业的工业产品存在“冰山成本”耗损。当运输成本足够低、制造业产品差异化较大且市场份额足够大时，经济活动集聚的“向心力”就会发挥作用，某个地区的优势将形成循环因果积累最终成为经济活动的集聚中心而另一个地区则变成非产业化的外围。经济活动的空间分布状况逐渐演化成为中心与外围格局。在研究城市经济集聚时他们将城市定义为制造业的集聚地其四周被农业地区包围。当人口增长时农业地区的边缘与中心距离增加，某些制造业便会向城市外迁移，从而导致新的城市形成。当城市的数量足够多时，城市的规模和城市间的地理距离在向心力与离心力共同作用下形成稳定状态。如果经济活动中存在大量规模各异和运输成本不同的行业时，经济活动将以产业层级分工的形式运转，城市空间结构演化趋势将取决于市场潜力。在研究国际贸易与集聚问题时，则主要探讨专业分工、贸易自由化和产业集聚等对一国内部经济地理的影响，与前述两种模型不同之处关键在于要素是否能够自由流动。现实中通常存在贸易壁垒，劳动力要素并不能在国家间自由流动从而形成集聚态势，但对于某些特定产业而言却能够形成专业分工实现空间集聚。

经济集聚现象可以部分地由地区间自然禀赋差异来解释，但却难以解释为什么两个原始自然禀赋差异不大的地区最终却可能形成不同的空间集聚形态。学者们经过多年研究发现，经济活动的空间集聚除自然禀赋差异外还具有的独特内生演化过程，即经济集聚是在外部性作用下所形成的空间分布结果。价格机制调节企业生产成本引致企业在地理位置上的迁移，从而导致经济活动的空间分布重构，产业或企业间因技术外溢和知识扩散引发相互竞争、相互模仿、相互学习，进而改变其空间分布，形成地理位置上的集聚状态，而劳动力市场共享、本地市场需求和前后向关联导致了外部性与经济集聚之间的内生互动[149]。要素流动模型、垂直关联模型和资本创造模型等三种代表性模型解释了经济集聚在外部性作用下的形成机制。要素流动模型的核心要义认为，经济集聚是本地市场效应和要素空间流动的互动结果。本地市场扩大导致产业重新定位，劳动要素流动产生前向成本关联和后向需求关联的循环积累和历史偶然选择产生的路径依赖等特征导致了经济集聚的空间演化结果。垂直关联模型承认要素流动是形成经济集聚的关键，但也指出产业中的上游部门与下游部门由于前后向关联导致其倾向于集中在同一区位[150]。资本创造模型则认为经济集聚的形成机制在于要素累积和要素耗散，贸易成本的变化使得地区间资本存量产生差异，从而引发中心与外围的空间分布变化。

经济集聚现象还有可能是基于知识与技术交流扩散的某种关联，这引发了学术界关于 Mar 外部性和 Jacobs 外部性的争论。在现实经济社会中两种外部性可能并存[149]。Mar 外部性认为在特定空间里某些行业形成的专业化集中能够促进技术和知识溢出催生更多的新的发明，而垄断利润则能够激发创新动力。Jacobs 外部性认为行业间存在显著差异，产业多样化与行业间充分竞争能够促进经济单元的互补性技术和知识溢出，激励行业持续创新以保持核心竞争力。

此外，经济集聚可以通过外部规模经济和外部范围经济两种方式影响空间分布结构。外部规模经济使得经济集聚程度较高的城市可以给周边地区带来示范作用，周边地区通过模仿和学习以获取技术与知识的空间溢出。经济集聚能够引发新的产业和企业进入形成竞争格局，经济发展通过技术创新和产业升级转型和改进管理方式来保持竞争优势。外部范围经济能够促使城市产业间形成“向前关联”和“向后关联”，扩大经济集聚的生产范围，形成集聚区与周边城市的协作关系，完善专业分工和产业价值链，同时可能迫使低端产业失去竞争力而离开集聚区域。

2.2　经济集聚影响污染排放的空间效应作用机理

“中心-外围”模型解释了经济活动的空间集聚趋势在何种程度上发生以及产业大规模集聚的现象，但却并未直接讨论环境污染问题。不少学者认为，环境污染确实发挥了抑制经济集聚的“离散力”作用，并在此基础上进一步探讨了环境污染作为离散力的表现之一究竟如何对经济集聚的空间分布产生影响。

Verhoef 和 Nijkampa 在单中心城市空间均衡模型的基础上探讨了环境污染对“中心-外围”空间结构分布的影响，结果表明工业生产加剧了环境质量的恶化，而努力改善环境状况将会抑制经济集聚水平，改变经济集聚的空间分布结构，促使“中心-外围”空间分布转向对称分布[50]。Maupertuis、Lange 和 Quaas 等学者将城市环境污染纳入“中心-外围”模型，解释环境污染会削弱大型城市工业企业的空间集聚。伴随环境污染程度提升，集聚程度将呈现递减趋势，进而引致集聚状态形成局部稳定均衡的空间结构。此外，环境污染还存在跨界影响的现象，当本地区和其他地区存在程度差异的环境污染时，将会对经济集聚的空间稳定性造成不同的影响[151,152]。Elbers 和 Withagen 研究表明，劳动力的区际流动不仅受到地区实际工资差距的影响，还会受到地区间环境质量差异的影响。他们发现环境污染会部分抵消经济集聚效果，也导致劳动力由重污染地区流向低污染或无污染地区[153]。还有学者从环境外部性和社区外部性等视角分析了在环境污染影响下产业、企业和居民的区位选择，均表明环境污染对经济集聚发挥了离散作用，改变了产业分布、企业选址和居民定居，从而导致经济集聚的空间分布重构[154-156]。

上述研究表明，经济集聚现象已超越简单的自然地理因素，而内生于经济活动之中。因此，可以借助集聚外部性理论解析经济集聚影响污染排放的空间效应作用机理（图 2.1）。首先，经济集聚促进城市层级化分工，加强城市中产业上下游之间的垂直关联，一个或多个上游部门为其下游部门生产提供中间投入品，使二者均集中于同一区位。产业内便于实现知识和技术的快速传递，由此形成本地区市场放大和共享态势，刺激本地区的资本生成与因果积累。这种城市层级化分工又进一步发挥出规模效应、集聚效应、竞争效应和比较优势，增强专业化发展，形成 Mar 外部性。通过直接效应和间接效应作用于包括学习示范、知识溢出和相互竞争为特点的外部规模经济形态，并传导至污染排放对其产生影响。其次，经济集聚通过多样化的要素投入、信息服务提供、经济基础设施和交通运输促进城市多样化分布，增强产业间知识集成、行业间信息共享、城市经济稳定性和综合立体便捷的交通运输，促进协同化发展形成 Jacobs

外部性。通过直接效应和间接效应作用于包括产业关联和产业转移为特点的外部范围经济传导至污染排放对其产生影响。简言之，经济集聚整合了经济活动中蕴含的空间因素并通过溢出效应最终作用于污染排放。

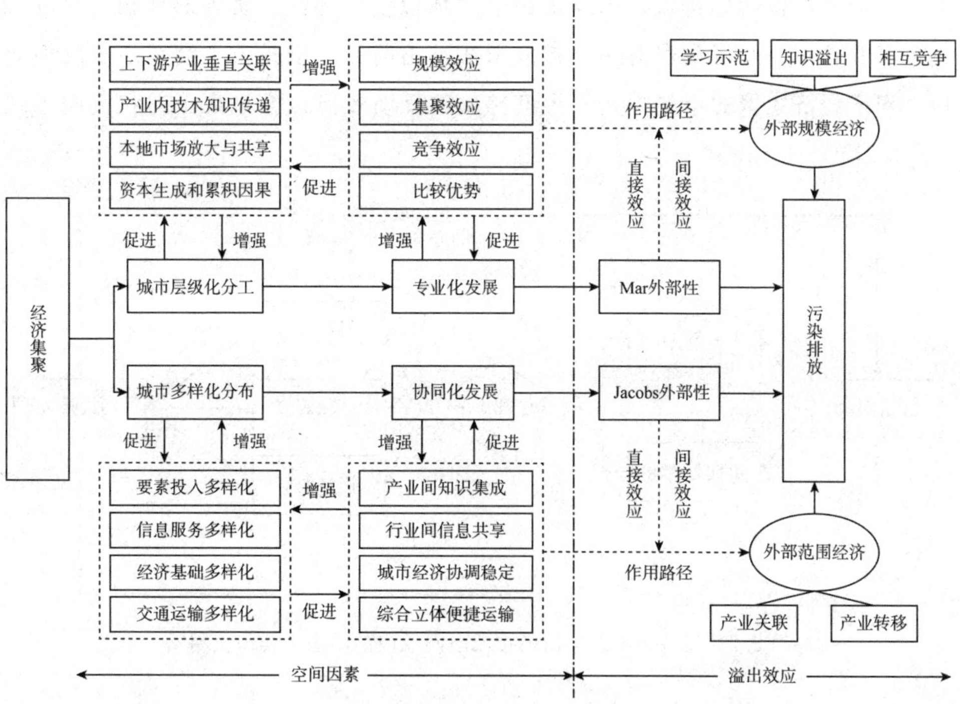

图 2.1　经济集聚影响污染排放的空间效应作用机理图

经济集聚对污染排放的影响作用既存在正向外部性也存在负向外部性。正向外部性来自三个方面：一是在集聚区域内，企业能够形成有效分工与合作以及良好的竞争，利于知识和技术的溢出与吸纳。高效的环保技术和管理水平提高了生产效率和改善工艺流程实现降低区域污染排放效果。二是集聚效应稳定了企业交易对象和空间范围，有效降低了企业经营风险成本，激发企业减排动力。三是集聚过程加强上下游垂直关联完善了产业链，中间投入品在循环经济的作用下实现污染物排放的减量效果。同时在规模经济效应下污染物和废弃物更容易实现集中治理。负向外部性主要体现在经济集聚带来的规模效应，经济集聚加速产能扩张和资源消耗，同时区域经济密度的提升产生的规模效应加剧了污染排放。

在正向和负向两种外部性共同作用下，经济集聚与污染排放处于动态非均衡状态。当经济集聚的环境正外部性大于负外部性时，向心力的作用促使集聚效应抑制污染排放。当经济集聚环境负外部性大于正外部性时，离心力产生的拥挤效应则加剧污染排放。当经济集聚的环境正外部性与负外部性相当时则会达到零和状态。经济集聚对污染排放形成冲击时，污染排放也会其产生反馈效应。对于经济集聚的不同冲击，污染排放的反馈效应也会呈现正向和负向表现（图 2.2）。

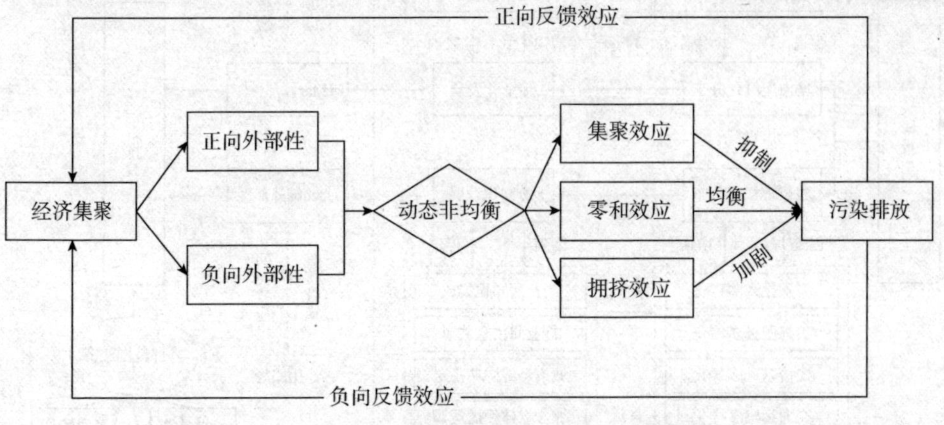

图 2.2　经济集聚影响污染排放空间效应的动态非均衡机制图

2.3　经济集聚影响污染排放的空间效应理论模型

借鉴何雄浪（2015）、伍骏骞（2016）和张可（2018）等学者的做法，将污染排放变量引入“中心-外围”模型并对其进行拓展，构建经济集聚影响污染排放的空间效应理论模型，揭示经济集聚影响污染排放的空间效应一般规律，为后续实证研究奠定理论基础，并提供理论支撑。

2.3.1　基于“中心-外围”模型构建的基础理论模型

规模报酬递增和垄断市场竞争是“中心-外围”模型最核心的前提假设，也是该理论认为经济集聚能够促进经济增长的关键要因[20,157]。基于此构建基础理论模型，基本假设为：分别存在两个地区 j 和 j^*，农业部门 A 和制造业部门 M，两个地区的农业部门 A 和制造业部门 M 均只有劳动 L 一种生产要素。农业部门 A 遵循瓦尔拉斯分析框架，即满足规模报酬不变、完全竞争市场、农产品为无差异同质产品和跨地区交易无成本等特征，而且农业部门 A 为清洁型部门，在农产品生产和加工过程中不会产生污染排放。制造业部门 M 遵循迪克希特-斯蒂格里茨分析框架，包括规模报酬递增、垄断竞争市场和冰山成本耗损等特征。制造业部门 M 满足不变边际生产和固定生产成本，在工业产品生产和加工过程中会产生污染排放。污染排放可以跨越地区的地理空间边界自由流动，不仅会影响本地区消费者福利，也会影响周边邻近地区消费者福利[158,159]。

地区 j 的消费者效用函数可采用柯布-道格拉斯形式表示为：

$$U_j = C_{Mj}^{\mu} C_{Aj}^{1-\mu} + v(G_j) - z(E_w) \tag{2.1}$$

式（2.1）中，C_{Mj} 表示对 M 部门工业产品的总体需求量，C_{Aj} 表示对 A 部门农产品的总体需求量，μ 表示工业产品在总支出中的支付份额（$0 \leqslant \mu \leqslant 1$）。$v(G_j)$ 表示政府公共支出 G_j 的总体福利，$z(E_w)$ 表示污染排放带来的效用损失[134]。$z(E_w)$ 是包括本地区和其他地区两个地区制造业部门 M 产生污染排放总量 E_w 的函数，表示来自本地区和其他地区的污染排放对个人效用造成的损失（$E_w = E_j + E_{j^*}$）。

制造业部门 M 的差异化工业产品集合体通过消费量指数 C_{Mj} 纳入消费者效用函数，其表达式为：

$$C_{Mj} = \left[\int_0^{N_j} c_{i,j}^{(\sigma-1)/\sigma} \mathrm{d}i\right]^{(\sigma-1)/\sigma} \tag{2.2}$$

式（2.2）中，N_j 表示地区 j 工业产品的品类总数，$c_{i,j}$ 表示第 i 种工业产品的数量，σ 表示不同产品间的不变替代弹性（$\sigma > 1$）。

农业部门 A 为规模报酬不变和完全竞争部门，假定生产单位数量的农产品需要投入 1 个单位的劳动要素。由于无差异农产品在地区间能够实现无成本的自由贸易，将这类农产品作为标准单位计价物（$p_A \equiv w \equiv 1$），w 为名义工资，地区 j 的收入全部来自工资，等于支付给劳动要素的报酬，消费者在工业产品上的支出占其收入的份额为 β，可以得到第 i 种工业产品的需求函数为：$x_{i,j} =$

$\frac{p_{i,j}^{-\sigma}}{P_j^{1-\sigma}}\beta L_j$。其中，$p_{i,j}$ 表示第 i 种工业产品的价格，L_j 表示地区总收入，P_j 表示工业产品价格指数，则有：

$$P_j=\left(\int_0^{N_j} p_i^{1-\sigma}\mathrm{d}i\right)^{1/(1-\sigma)} \tag{2.3}$$

多数情况下污染排放是一种非期望产出，将其与期望产出同时纳入生产函数[13,31]。因此，可以认为制造业企业同时产出工业品 $x_{i,j}$ 和污染物 $e_{i,j}$。地方政府对企业污染排放行为加以征税，税收收入纳入地方政府财政支出 G_j。企业需要额外雇佣劳动力来实现减排目标，假设企业用于减排的劳动力份额为 $\theta_{i,j}$（$0\leqslant\theta_{i,j}\leqslant 1$），则其两类生产函数可分别表示为：$x_{i,j}=(1-\theta_{i,j})\frac{l_{i,j}}{\eta}$ 和 $e_{i,j}=\varphi_i(\theta_{i,j})\frac{l_{i,j}}{\eta}$，$l_{i,j}$ 表示企业 i 的可变成本中的劳动投入量，η 表示劳动投入系数。污染治理函数所代表的技术水平决定了企业的污染排放强度：$\varphi_{i,j}=(1-\theta_{i,j})^{1/\alpha}$，其中 $\varphi_{i,j}(0)=1$，$\varphi_{i,j}(1)=0$，$\varphi_{i,j}'(\cdot)<0$，$0<\alpha<1$，$1/\alpha$ 体现了污染处理技术的效能。表达式为：

$$x_j=e_j^{\alpha}\left(\frac{l_j}{\eta}\right)^{1-\alpha} \tag{2.4}$$

固定成本和可变成本之和为总成本，表达式为：

$$C_j=F+\kappa(w\eta)^{1-\alpha}t_j^{\alpha}x_j \tag{2.5}$$

式（2.5）中，$\kappa=\alpha^{-\alpha}(1-\alpha)^{1-\alpha}$，取单位有效劳动，故 $\eta=1$。t_j 表示地区 j 政府对污染排放征收的税额。企业实现利润最大化条件下消费者价格可表示为：$p_{j,j^*}=\frac{\sigma}{\sigma-1}\tau_{j,j^*}\pi t_j^{\alpha}$。在 j 地区生产的工业产品集合体运输到 j^* 地区销售时需要消耗一定程度的冰山成本。假设 1 个单位的工业产品运输到 j^* 地区出售需要支付 τ_{j,j^*} 单位工业产品成本（$\tau_{j,j^*}>1$），假设两个地区之间的贸易成本相同（$\tau_{j,j^*}=\tau_{j^*,j}$）且 $\tau_{j,j}=\tau_{j^*,j^*}=1$，则可以去除贸易成本下标统一表示为 τ。同时，地区 j 的本地污染可以表示为：$\mathrm{E}_j=e_jn_j$。

2.3.2 经济集聚空间分布稳定性的均衡解

在基础理论模型上探索经济集聚空间分布的均衡状况，为了提高表达式的可读性，将 j 地区和 j^* 地区的分别替换为本地区 h 和其他地区 f，则两个地区所辖企业各自的超额利润可以分别表示为：

$$\pi_h = \frac{\beta L_w}{\sigma}\rho\kappa^{1-\sigma}\left(\frac{s}{\Delta h} + \phi\,\frac{1-s}{\Delta f}\right)t_h^{\alpha(1-\alpha)} - F \tag{2.6}$$

$$\pi_f = \frac{\beta L_w}{\sigma}\gamma\kappa^{1-\sigma}\left(\phi\,\frac{s}{\Delta h} + \frac{1-s}{\Delta f}\right)t_f^{\alpha(1-\alpha)} - F \tag{2.7}$$

式（2.6）和式（2.7）中，ρ，$\gamma = \left(\frac{\sigma}{\sigma-1}\right)^{1-\sigma}$，$\phi = \tau^{1-\alpha}$ 表示贸易自由度（$0 \leqslant \phi \leqslant 1$）。$s$ 与 $1-s$ 分别表示本地区和其他地区的收入份额（$s = L_h/L_w$；$1-s = L_f/L_w$），总收入为两地区收入之和（$L_w = L_h + L_f$）。

$$\Delta h = n_h p_h^{1-\sigma} + n_f \phi p_f^{1-\sigma},\ \Delta f = n_h \phi p_h^{1-\sigma} + n_f p_f^{1-\sigma} \tag{2.8}$$

均衡状态时本地区和其他地区企业的超额利润为零，即 $\pi_h = \pi_f = 0$，满足条件：$px - MC \times x = F$。因此，均衡状态时本地区 h 和其他地区 f 的企业产出规模为：$x_j^* = \frac{F(\sigma-1)}{\kappa t_j^{\alpha}}$。推导得出两个地区企业数量分别为：

$$n_h = \frac{\beta L_w\{[(1-s)\phi^2 + s]T^{\alpha(\sigma-1)} - \phi\}}{\sigma F[1-\phi T^{\alpha(\sigma-1)}][T^{\alpha(\sigma-1)} - \phi]} \tag{2.9}$$

$$n_f = \frac{\beta L_w T^{\alpha(\sigma-1)}[1-(1-\phi^2)s - \phi T^{\alpha(\sigma-1)}]}{\sigma F[1-\phi T^{\alpha(\sigma-1)}][T^{\alpha(\sigma-1)} - \phi]} \tag{2.10}$$

式（2.9）和式（2.10）中，$T = t_f/t_h$，表示本地区与其他地区的相对环境规制。上述两个表达式共同构成了企业的空间选址和空间分布因素，可以计算得出企业总数量为：

$$n^w = n_h + n_f = \frac{\beta L_w}{\sigma F} \tag{2.11}$$

本地和他地的企业总数量保持不变。综合式（2.9）、式（2.10）和式（2.11）可以推导得出：

$$s_n = \frac{n_h}{n_h + n_f} = \frac{\{[(1-s)\phi^2 + s]T^{\alpha(\sigma-1)} - \phi\}}{[1-\phi T^{\alpha(\sigma-1)}][T^{\alpha(\sigma-1)} - \phi]} \tag{2.12}$$

式（2.12）中，s_n 表示企业在空间分布格局中的相对集中程度，反映出企业在特定区域内经济集聚。因此，s_n 可作为测度经济集聚度一项指标。式（2.12）也反映出生产企业的地理空间选址与空间分布可能同时受到市场规模大小、环境规制强度、自由贸易程度、环境治理水平和污染减排技术等因素的综合影响[158,159]。

2.3.3 引入污染排放变量的拓展理论模型

为了考察经济集聚对污染排放影响的空间效应，采用谢泼德引理将污染排放变量引入基础理论模型并予以拓展[159,160]。企业污染排放的需求函数可以表示为：

$$e_j=\frac{\partial C_j}{\partial t_j}=\alpha\kappa t_j^{\alpha-1}x_j \tag{2.13}$$

企业的污染排放水平为：$e_j=\frac{\alpha F(\sigma-1)}{t_j}$，由式（2.13）可得企业的污染排放强度为：$\frac{e_j}{x_j}=\frac{\alpha\kappa}{t_j^{1-\alpha}}$。式（2.13）可以反映出污染税和节能减排技术水平越高，企业的污染排放总量和排放强度就越小。本地和地区的污染排放总量分别用 E_h 和 E_f 代表，区域总体污染排放总量 E_w 为：

$$E_h=n_he_h=\frac{\alpha(\sigma-1)\beta L_w\{[(1-s)\phi^2+s]T^{\alpha(\sigma-1)}-\phi\}}{\sigma t_h[1-\phi T^{\alpha(\sigma-1)}][T^{\alpha(\sigma-1)}-\phi]}=\frac{\alpha(\sigma-1)\beta L_w}{\sigma t_h}s_n \tag{2.14}$$

$$E_w=E_h+E_f=\frac{\alpha(\sigma-1)\beta L_w}{\sigma}\left(\frac{s_n}{t_n}+\frac{1-s_n}{t_f}\right) \tag{2.15}$$

地区的经济产出量 X_j 和总体区域经济产出总量 X_w 分别为：

$$X_h=n_hx_h=\frac{\beta L_ws_n}{\sigma F}\cdot\frac{F(\sigma-1)}{\kappa t_h^\alpha}=\frac{\beta L_w(\sigma-1)}{\sigma\kappa t_h^\alpha}s_n \tag{2.16}$$

$$X_f=n_fx_f=\frac{\beta L_w(1-s_n)}{\sigma F}\cdot\frac{F(\sigma-1)}{\kappa t_f^\alpha}=\frac{\beta L_w(\sigma-1)}{\sigma\kappa t_f^\alpha}(1-s_n) \tag{2.17}$$

$$X_w=X_h+X_f=\frac{\beta L_w(\sigma-1)}{\sigma\kappa}\left(\frac{s_n}{t_h^\alpha}+\frac{1-s_n}{t_f^\alpha}\right) \tag{2.18}$$

综合式（2.14）至式（2.18），可以推导出本地区和总体区域的污染排放强度分别为：

$$\frac{E_h}{X_h}=\frac{e_h}{x_h}=\frac{\alpha\kappa}{t_h^{1-\alpha}} \tag{2.19}$$

$$\frac{E_w}{X_w}=\frac{\alpha\kappa\left[s_n t_n^{-1}+(1-s_n)t_f^{-1}\right]}{s_n t_h^{-\alpha}+(1-s_n)t_f^{-\alpha}} \tag{2.20}$$

求偏导数可以得出经济集聚对污染排放总量和污染排放强度的影响：

$$\frac{\partial E_h}{\partial s_n}=\frac{\beta L_w(\sigma-1)}{\sigma\kappa t_h^{\alpha}}>0 \tag{2.21}$$

$$\frac{\partial E_w}{\partial s_n}=\frac{\beta L_w(\sigma-1)}{\sigma\kappa}\left(\frac{1}{t_h^{\alpha}}-\frac{1}{t_f^{\alpha}}\right) \tag{2.22}$$

$$\frac{\partial(E_w/X_w)}{\partial s_n}=\frac{\alpha\kappa(t_n t_f)^{\alpha-1}\left[t_h^{\alpha}(t_f-t_h)-t_h(t_f^{\alpha}-t_h^{\alpha})\right]}{\left[t_f^{\alpha}s_n+(1-s_n)t_h^{\alpha}\right]^2} \tag{2.23}$$

式（2.21）表示经济集聚将会加剧本地区污染总量，同时，企业为了节约交易成本获取更多的市场份额将会不断地向中心市场靠拢，企业生产和污染排放也将随之向中心市场集聚，从而表现出经济集聚对污染排放影响的规模效应。而规模效应的大小与市场规模、产品的可替代弹性、消费者对产品的偏好、环境规制以及污染治理的技术水平等综合因素密切关联。

式（2.22）和式（2.23）刻画了经济集聚对总体区域污染排放总量和污染排放强度的影响。当 T＜1 时，式（2.22）和式（2.23）的取值均呈现为负值，经济集聚显现出抑制污染排放作用。当本地区的环境规制弱于地区时，经济集聚度的提升会增加本地污染排放总量，当本地区环境规制强于地区时，经济集聚则会降低污染排放总量。在环境规制和节能减排技术水平得以逐渐提升的过程中，规模经济和各类正向溢出效应得以释放，经济集聚将仍然能够起到改善总体区域环境质量的作用。节能减排技术水平越高，本地环境规制越强时，经济集聚就越能够有效降低污染排放强度。为了获得本地市场效应，大量企业集聚有利于企业间污染治理设备的共享、污染治理的规模经济和污染的集中监管，有利于地区整体减排[158,159]。“波特”假说认为，本地区环境规制相对其他地区更高时，经济集聚将促进企业间的良性竞争，企业为了降低污染排放的成本更倾向于使用最新的环保技术来激励其减排动力。现实情况表明，地区之间通常存在着差异性的环境规制强度。因此，经济集聚对污染排放影响的同时存在负向的规模效应和正向的减排效应，究竟哪种效应占据上风，取决于二者共同作用的合力效果[159]。

区域的总体经济水平一般来说会经历不同的发展阶段，政府环境规制强度、地区间的自由贸易程度以及环境治理和节能减排技术也会发生不同程度的变化，经济集聚对污染排放影响方向和影响程度均会有所变化，经济集聚对污染排放的影响可能呈现出非线性特征。当区域经济发展处于较低水平时，当地政府一般来说会采取较低强度的环境规制力度，加之较低的经济水平限制了污染治理技术投入，经济集聚的各类技术溢出、设施共享、规模经济等综合效应较小，经济集聚对污染排放影响的负面规模效应成为主导力量。当经济发展进入较高水平之后，当地政府和居民的环境保护意愿得到提高，政府倾向于加强环境规制和引入低污染、低排放 FDI 并加大对环境污染治理技术的投入，生产企业也随之加强节能减排技术创新，经济集聚的技术溢出、设施共享、规模经济等正面效应得以释放，实现降低总体污染排放的目标。

2.3.4 经济集聚对污染排放空间分布的影响及其空间关联

经济集聚所涉及的信息多数与空间因素相关，而且这种相关性会随地理距离的变大而减弱。经济集聚的空间扩散性和伴随地理距离增大的衰减特征与探索性空间数据分析在某种程度上是契合的[160]。由式（2.14）和式（2.15）可以得到地区之间污染排放的关系为：

$$\frac{E_h}{E_f}=\frac{s_n}{1-s_n} \tag{2.24}$$

$$\frac{E_h}{E_w}=\frac{s_n}{s_n+(1-s_n)T'} \tag{2.25}$$

式（2.25）中 $T'=1/T=t_h/t_f$。式（2.24）表明地区间的污染排放存在空间正相关关系且空间相关程度与经济集聚度相关。经济集聚度越高，地区间的污染排放空间相关性就越大。经济集聚与污染排放之间通常表现出微观层面的共生性。经济集聚表现为单位面积上的经济产出水平，生产企业不断向中心市场地区靠拢以获取市场份额和提高收益，单位面积上聚集的企业数量增加，其经济产出也更为集中，而工业生产与加工是导致污染排放增加的主要诱因。由于经济集聚所形成的“中心-外围”空间结构将引致产业间的前向和后向关联，进一步促进产业的层级分工，处在不同产业层级中的企业均存在追求本地市场效应的强烈意愿。因此，地区间的污染排放也将呈现出显著的空间相关性。环境污染自身存在跨地区流动的自然属性也是导致其存在空间相关性的重要原因。比如工业废水、工业二氧化硫和工业烟粉尘等典型污染物，会随着空气和水域流动而扩散弥漫至周边地区从而对环境质量产生影响，但这种影响显现出的作用将随着地理距离增大而减弱。此外，污染排放空间相关性程度也受到地区环境承载力、自净能力和气候因素等自然条件影响。

2.4　经济集聚影响污染排放的空间效应相关研究假设

借助"中心-外围"模型解释了经济集聚的产生和演化过程，在结合现实依据的基础上描述经济活动空间集聚过程中所呈现出的独特特征和表现方式。借助集聚的金融外部性与技术外部性理论阐释经济集聚对污染排放影响的空间效应作用机理。将经济集聚的环境效应纳入"中心-外围"模型进行拓展，构建经济集聚影响污染排放的空间效应理论模型以揭示其一般规律。但理论模型分析是否能够充分解释现实情况中经济集聚对污染排放影响的空间效应？理论模型推导结果又是否与事实现象呈现一致性？仍需要通过严谨和规范的实证检验才能给出答案。为此，选取长江经济带这一特定研究区域，以经济集聚和污染排放的相关数据作为主要研究对象，展开关于长江经济带经济集聚影响污染排放的空间效应实证分析。在理论分析的基础上结合实证研究的主旨内容，提出五个研究假设，在后续论证中将对其进行逐一考察和验证，以期为长江经济带制定和实施相应的经济发展政策与环境保护政策提供坚实有力的决策依据和策略支持。

假设一：经济集聚与污染排放均存在空间异质性和依赖性且呈现关联趋势。

工业化和城市化进程快速推进使得区域环境状况与经济发展紧密相连。长江经济带所辖区域的经济集聚水平极不均衡，环境质量也存在较大差异。这是由于气候条件、环境状况和资源禀赋等自然因素以及人口迁移与集中、要素流动与汇聚、基础设施与公共服务等社会因素所共同导致。不同城市在地理空间上呈现较为明显的区位异质性和规模异质性。经济集聚现象属于空间经济学范畴，空间因素对本地城市与邻近城市的市场关联、产业分工和要素流动等方面均会产生作用。而污染排放在受到自然因素和社会因素的双重影响下也会在城市间发生迁移。因此，长江经济带所辖区域的经济集聚与污染排放在本地区与邻近地区之间存在一定程度上的空间依赖性。伴随时间推移，经济集聚与污染排放各自均会在时空双维度上发生变化，并可能形成较为密切的空间关联。

假设二：经济集聚对污染排放的影响存在溢出效应且具有空间交互特征。

空间依赖性呈现的效果表现为空间溢出效应。长江经济带所辖区域经济活动的空间集聚在一定区域内形成，并锁定为“中心-外围”结构，当存在空间溢出效应时，经济集聚自身及相关因素的变化不仅会对本地区污染排放产生影响，也会对邻近地区的污染排放产生影响。对本地区污染排放产生的影响表现为直接效应，对邻近地区污染排放产生的影响则为间接效应。在传统计量经济学的模型和方法条件下无法解释这种现象，但空间计量经济学却提供了适宜的模型，不仅能有效解析空间溢出效应，而且能较为精准地测算出其中的直接效应和间接效应，以及解释地区间的交互作用特征。

假设三：经济集聚对污染排放的影响存在门槛效应及阶段性作用效果。

多数情况表明，经济集聚对污染排放影响的空间效应存在非线性特征，学界常采用 EKC 分析框架来考察这种非线性影响。Hansen 在基于非连续函数条件下首次验证了门槛效应的存在。理论分析和现实情况均表明长江经济带经济集聚对污染排放的影响也可能存在非线性门槛效应。当经济集聚跨越特定门槛值后对污染排放的影响存在阶段性作用效果。采用面板门槛回归模型进行实证分析可以提供除 EKC 分析外研究经济集聚对污染排放非线性影响的另一种解释。

假设四：经济集聚对污染排放的影响存在反馈效应且具有差异化表现。

经济集聚的“中心-外围”格局是在“向心力”和“离心力”共同作用下形成的空间分布形态。经济集聚可视为促进经济活动集中的“向心力”，污染排放则表现为抑制经济活动集中的“离心力”。现实情况也表明，经济集聚由于资本、劳动力、技术进步和知识溢出等因素而存在外部性，对污染排放影响的空间效应形成正向和负向作用。当集聚的环境正向外部性大于负向外部性时，生产要素在集聚“向心力”的作用下会流向集聚区域，污染减排效应将得以实现。但当经济集聚超过一定程度时，环境污染发挥出“离心力”作用形成“拥挤效应”，即经济集聚对污染排放产生冲击影响时，污染排放释放出来的离散作用将进一步强化，从而对经济集聚产生反馈作用。这种反馈作用在冲击影响的不同阶期会呈现出差异性效果。

假设五：在异质性条件下经济集聚对污染排放影响的溢出效应、门槛效应和反馈效应均存在一定的差异。

长江经济带所辖区域的区位异质性和规模异质性虽然在表象上仅反映出地理位置和范围大小的差异，但更深层的本质差异却体现为区域对环境污染承载能力和对经济发展的支撑能力等诸多方面。地理位置与自然条件、资源禀赋密切相关，直接影响区域对污染排放天然的承载能力和净化能力。而规模大小更是直接决定了经济系统发挥出的集聚效应，包括人力资本、财政支出、基础设施、公共服务、资源配置和利用效率以及产业多元化和产业链分工等方面。因此，在区位异质性和规模异质性条件下，长江经济带经济集聚对污染排放影响的溢出效应、门槛效应和反馈效应均会表现出一定的差异性。

第三章　长江经济带经济集聚与污染排放的空间关联

掌握经济集聚和污染排放的空间分布格局与时空演化趋势是揭示二者在区域内空间关联特征的基础。对于长江经济带这一特定区域来说，由于地理位置、自然条件、经济水平和禀赋基础等方面存在较为明显的个体差异，经济集聚和污染排放均会呈现一定程度上的空间异质性和空间依赖性，在分别考察二者的空间分布格局和时空演化趋势的基础上检验二者之间的空间关联特征，为后续关于长江经济带经济集聚对污染排放影响的空间效应实证分析提供经验证据。同时，这些工作对于长江经济带制定相关的污染防治措施、污染减排策略和经济发展举措来说也具有重要的现实意义和参考价值。

3.1　研究区域与数据说明

3.1.1　研究区域

长江经济带横贯我国东中西三大区域，覆盖上海、江苏、浙江、安徽、江西、湖北、湖南、重庆、四川、云南、贵州等 11 省（市），所辖区域在地理位置、自然条件、资源禀赋、经济水平和基础设施等方面存在着较大差异。考虑到数据的可获得性和中国地级城市的行政区划变动，最终选取长江经济带 110 个地级及以上城市为研究区域[161,162]。此外，参照《关于依托黄金水道推动长江经济带发展的指导意见》和《长江中游城市群发展规划》，对长江经济带所辖的城市划分标准，将长江经济带划分为上游、中游、下游三大区域。上游地区包括重庆市和四川省、云南省、贵州省所辖地级及以上城市共计 33 个，中游地区包括湖北省、湖南省和江西省所辖地级及以上城市共计 36 个，下游地区包括上海市和安徽省、浙江省、江苏省所辖地级及以上城市共计 41 个（附录一）。

3.1.2 数据说明

在企业和产业层面中通常采用区位熵、空间基尼指数、Hoover 指数、EG 指数作为集聚衡量指标。但 Ciccone 和 Hall 等研究表明经济密度更能有效衡量区域经济活动的集聚程度[47]。世界银行发布的《2009 年世界发展报告：重塑世界经济地理》从经济密度、距离、分割三个维度系统描述全球经济发展格局，也引起学者们对于经济密度的关注[2]。当前国内外学者已经在研究区域经济发展方面引入了经济密度作为衡量经济集聚程度的指标，Ahlfeldt G. M.、Redding S. J.、Sturm D. M.、沈体雁、杨开忠、劳昕等学者认为，经济密度是研究经济集聚与分散、经济空间结构等区域经济发展的枢纽性指标，是区域经济研究的一种新视角[30]。邵帅、张可、豆建民、董直庆、王辉均采用非农产出经济密度作为经济集聚度的指标，研究区域经济发展、环境污染治理以及经济增长与环境质量相容性等议题[114,163]。因此，借鉴这些学者的做法，长江经济带所辖区域的经济集聚程度可以采用城市单位面积上的非农经济产出总量（即非农产出经济密度）来衡量[121,162,163]。关于污染排放的研究因研究目标和研究内容存在差异，所选指标包括二氧化碳、PM2.5、二氧化硫、废水、COD、废气、烟粉尘和废弃固体物等多种不同类别[4,116,121,139,164,165]。长江沿岸遍布重化工企业，这些企业在生产加工过程中的污染排放占据主体，其中工业废水、工业二氧化硫和工业烟粉尘排放对环境造成严重影响。考虑到污染排放数据的可获得性和连续性，选择以上三种能够较好表征环境污染的污染物排放种类作为研究对象。同时，为了能够关注到污染排放的体量和效率两方面情况，分别对上述三种污染物的排放总量和排放强度两种指标予以考察。

数据样本由 2003—2017 年长江经济带 110 个地级及以上城市面板数据构成[①]，原始数据来自 2004—2018 年《中国城市统计年鉴》《中国环境统计年鉴》《中国区域统计年鉴》以及长江经济带各省、市统计年鉴。样本城市的地理坐标数据和空间可视化分析所使用的矢量数据来源于国家基础地理信息 1∶400 万地形数据库，少量缺失数据采用插值法补齐，涉及价格的相关数据均以 2003 年作为基期，采用不变价格进行 CPI 平减以消除价格的影响。为消除异方差影响，对所选变量取自然对数。变量说明如表 3.1、表 3.2 所示。

表 3.1 变量定义与计算说明表

变量	指标	含义	代码
废水总量	工业废水排放总量	工业废水排放总量（万 t）	*twater*
二氧化硫总量	工业二氧化硫排放总量	工业二氧化硫排放总量（t）	*tso2*
烟粉尘总量	工业烟粉尘排放总量	工业烟粉尘排放总量（t）	*tdust*
废水强度	万元工业总产值废水排放量	工业废水排放量/工业总产值（万 t/万元）	*rwater*
二氧化硫强度	亿元工业总产值二氧化硫排放量	工业二氧化硫排放量/工业总产值（t/万元）	*rso2*
烟粉尘强度	亿元工业总产值烟粉尘排放量	工业烟粉尘排放量/工业总产值（t/万元）	*rdust*
经济集聚度	城市单位面积的非农产出	城市非农产出/城市行政国土面积（万元/km^2）	*agg*

表 3.2 变量的描述性统计表

变量	观察值	均值	标准差	最小值	最大值
ln*twater*	1650	8.496	1.074	4.094	11.359
ln*tso2*	1650	10.396	1.043	5.659	13.434
ln*tdust*	1650	9.660	0.960	5.557	14.114
ln*rwater*	1650	−7.417	1.119	−10.652	−3.823
ln*rso2*	1650	−5.519	1.352	−10.351	−1.047
ln*rdust*	1650	−6.250	1.311	−9.552	−1.132
ln*agg*	1650	6.394	1.316	2.444	10.408

① 注：本书研究的时间跨度内部分地级城市区划有所调整。其中，2007 年 1 月，云南省思茅市更名为普洱市，2010 年 11，湖北省襄樊市更名为襄阳市。由于城市更名并不影响相关数据采集，为了样本命名保持一致，本文统一以普洱市和襄阳市作为城市名不再另做区分；此外，2011 年 10 月，国务院（国函〔2011〕130 号和 131 号）批复撤销贵州省毕节地区和铜仁地区，设立地级毕节市和铜仁市。因此，本书对这两个地级城市 2012 年及后续年份的数据直接使用，而 2012 年以前的数据采用原毕节地区和铜仁地区所辖区域的数据进行加总。

3.2 长江经济带经济集聚与污染排放的空间格局和集聚特征

地理学第一定律描述，任何事物与其他事物都相关，只是相近的事物关联更紧密。即事物间在地理空间上存在普遍关联，而它们之间的关联程度随地理距离的增大而减弱。现实情况也表明，污染排放通常来说并非单纯的局域环境污染问题，在很大程度上受到流域扩散、大气环流和大气化学作用等自然因素以及产业转移、工业集聚、结构转变、交通运输等经济因素的共同影响，其在地理空间上呈现出向邻近地区扩散和转移的趋势，且与空间距离的远近程度直接相关[117]。经济集聚的形成和扩散也与空间因素相关，集聚在空间上存在路径依赖，集聚程度较高的地区可能向周边邻近地区辐射，而当集聚的空间格局形成后可能因强化作用进一步被锁定。

3.2.1 探索性空间数据分析

为考察长江经济带经济集聚和污染排放的空间分布格局和空间集聚特征，采用探索性空间数据分析（ESDA）中的 Moran's I 对经济集聚与污染排放的空间自相关进行检验。全局空间自相关 Moran's I 的计算公式为：

$$I=\frac{n\sum_{i=1}^{n}\sum_{j=1}^{n}\boldsymbol{w}_{ij}(x_i-\bar{x})(x_j-\bar{x})}{\sum_{i=1}^{n}\sum_{j=1}^{n}\boldsymbol{w}_{ij}\sum_{i=1}^{n}(x_i-\bar{x})^2} \tag{3.1}$$

式中，n 表示样本个数，x_i 表示样本变量，$\bar{x}$ 表示样本变量的均值，$\boldsymbol{w}_{ij}$ 表示空间权重矩阵。通常来说，空间权重矩阵采用二进制或欧式距离，以表示 n 个样本点的地理邻接关系，此处设定 $\boldsymbol{w}_{ij}$ 为空间邻接矩阵，采用一阶 rook 邻接确定矩阵关系，样本在地理上邻接则取值为 1，非邻接则取值为 0。全局 Moran's I 的取值在-1～1，取值为正表示变量在空间上存在正相关性，取值越大则空间相关性越显著，且变量之间具有相似的属性。取值为负表示变量在空间上存在负相关性，取值越小则空间差异性越大，且变量之间存在相反的属性。取值为 0 则表示变量之间无相关性，空间上呈现出随机性。全局空间自相关可以检验变量在整体区域范围内的空间依赖程度，但如果仅用全局空间自相关检验，可能会忽视变量在局域地区范围内。由于地理位置不同而存在的空间异质性。因此，还需要采用局域空间自相关做进一步检验。局域空间自相关 Moran's I 的计算公式为：

$$I=[(x_i-\bar{x})/S^2]\cdot\sum_{j\neq i}w_{ij}(x_j-\bar{x}),\ S^2=\left[\sum_i(x_i-\bar{x})^2\right]/n \tag{3.2}$$

局域空间自相关检验可以考察变量在局域空间内与其邻近地区之间的相关关系和空间集聚特征，呈现变量在局域空间内集聚的聚类分布状况。一般包括"高-高"型，即高值区域被高值区域围绕；"低-低"型，即低值区域被低值区域围绕；"高-低"型，即高值区域被低值区域围绕；"低-高"型，即低值区域被高值区域围绕等四种分布状况[113,166]。

3.2.2 长江经济带经济集聚与污染排放的空间分布格局分析

全局 Moran's I 可看作是观测值与其空间滞后项的相关系数，为了进行严格检验，全局 Moran's I 的渐进分布需满足服从渐近标准正态分布条件[167]。同时，为了使检验结果具有可比性和消除异方差，对长江经济带经济集聚与污染排放等变量取自然对数后再进行全局 Moran's I 检验[168]。

经济集聚度全局 Moran's I 均为正值且全部通过 1%显著性水平检验（表 3.3），说明长江经济带经济集聚存在显著正向空间相关性，即对于经济集聚度较高地区来说，周边邻近地区的经济集聚度也相对较高。同理，对于经济集聚度较低地区，其周边邻近地区的经济集聚度也同样较低。经济集聚度全局 Moran's I 值在连续 15 年考察期内均超过 0.5，在 0.513～0.542 的区间范围内呈现窄幅波动，最小值 0.513 出现在 2015 年，最大值 0.542 出现在 2007 年。整体而言，长江经济带经济集聚的空间分布格局在 2003—2017 年间基本保持较为持续和稳定状态，且正向空间自相关性处于相对较高水平，呈现较强的正向空间依赖性。

表 3.3　2003—2017 年长江经济带经济集聚度全局 Moran's *I* 指数表

年份	Moran' *I*	*E*（*I*）	*sd*（*I*）	*z*	*p*
2003	0.531	−0.009	0.068	7.951	0.000
2004	0.537	−0.009	0.068	8.039	0.000
2005	0.535	−0.009	0.068	8.006	0.000
2006	0.539	−0.009	0.068	8.058	0.000
2007	0.542	−0.009	0.068	8.104	0.000
2008	0.537	−0.009	0.068	8.025	0.000
2009	0.535	−0.009	0.068	8.001	0.000
2010	0.534	−0.009	0.068	7.995	0.000
2011	0.529	−0.009	0.068	7.907	0.000
2012	0.522	−0.009	0.068	7.813	0.000
2013	0.518	−0.009	0.068	7.762	0.000
2014	0.519	−0.009	0.068	7.774	0.000
2015	0.513	−0.009	0.068	7.681	0.000
2016	0.532	−0.009	0.068	7.961	0.000
2017	0.525	−0.009	0.068	7.861	0.000

注：*E*（*I*）为−1/（n−1），表示 *I* 的期望值；*sd*（*I*）表示 *I* 值的方差；*z* 为 *I* 值的 *z* 检验值，*p* 值为其伴随概率。

表 3.4　2003—2017 年长江经济带污染排放总量全局 Moran's *I* 指数表

年份	工业废水排放总量				工业二氧化硫排放总量				工业烟粉尘排放总量			
	Moran's *I*	*E*（*I*）	*sd*（*I*）	*p*	Moran's *I*	*E*（*I*）	*sd*（*I*）	*p*	Moran's *I*	*E*（*I*）	*sd*（*I*）	*p*
2003	0.168	−0.009	0.068	0.009	0.051	−0.009	0.068	0.375	0.160	−0.009	0.068	0.012
2004	0.173	−0.009	0.067	0.007	0.057	−0.009	0.068	0.328	0.180	−0.009	0.068	0.005
2005	0.234	−0.009	0.068	0.000	0.108	−0.009	0.068	0.084	0.175	−0.009	0.068	0.007
2006	0.304	−0.009	0.068	0.000	0.102	−0.009	0.067	0.101	0.268	−0.009	0.068	0.000
2007	0.311	−0.009	0.068	0.000	0.082	−0.009	0.068	0.182	0.214	−0.009	0.068	0.001
2008	0.340	−0.009	0.068	0.000	0.108	−0.009	0.068	0.085	0.200	−0.009	0.068	0.002
2009	0.314	−0.009	0.068	0.000	0.106	−0.009	0.068	0.091	0.187	−0.009	0.068	0.004
2010	0.309	−0.009	0.068	0.000	0.157	−0.009	0.068	0.014	0.157	−0.009	0.068	0.014
2011	0.310	−0.009	0.068	0.000	0.078	−0.009	0.068	0.201	0.080	−0.009	0.066	0.190

续表

年份	工业废水排放总量				工业二氧化硫排放总量				工业烟粉尘排放总量			
	Moran's *I*	*E*（*I*）	*sd*（*I*）	*p*	Moran's *I*	*E*（*I*）	*sd*（*I*）	*p*	Moran's *I*	*E*（*I*）	*sd*（*I*）	*p*
2012	0.260	−0.009	0.067	0.000	0.111	−0.009	0.068	0.075	0.098	−0.009	0.068	0.114
2013	0.276	−0.009	0.068	0.000	0.133	−0.009	0.068	0.036	0.130	−0.009	0.068	0.041
2014	0.248	−0.009	0.067	0.000	0.074	−0.009	0.068	0.221	0.160	−0.009	0.068	0.013
2015	0.227	−0.009	0.068	0.000	0.073	−0.009	0.068	0.221	0.155	−0.009	0.067	0.014
2016	0.220	−0.009	0.068	0.001	0.069	−0.009	0.068	0.248	0.133	−0.009	0.068	0.037
2017	0.246	−0.009	0.068	0.000	0.078	−0.009	0.068	0.197	0.160	−0.009	0.068	0.013

注：*E*（*I*）为−1/（n−1），表示 *I* 的期望值；*sd*（*I*）表示 *I* 值的方差；*p* 值为其伴随概率。

长江经济带污染排放总量的全局 Moran's *I* 检验结果显示（表 3.4），从全局 Moran's *I* 值的属性来看，工业废水、工业二氧化硫和工业烟粉尘三种污染物排放总量的全局 Moran's *I* 均为正值。其中，工业废水排放总量的全局 Moran's *I* 值均通过 1%显著性水平检验，工业二氧化硫排放总量的全局 Moran's *I* 值虽然在部分年份未通过 10%显著性水平检验，在统计意义上不显著。但现实情况中，工业生产导致的二氧化硫排放物难以通过处理技术完全消除，或多或少会随着空气流动会扩散至邻近区域。因此，从现实意义上讲，仍能够认为工业二氧化硫排放存在一定程度的空间依赖。工业烟粉尘排放总量的全局 Moran's *I* 值仅有 2011 年和 2012 年未通过 10%显著性水平检验，其余均通过了 5%显著性水平检验。从整体情况来看，长江经济带三种污染物排放总量在 2003—2017 年连续 15 年考察期内大部分时候都存在正向空间相关性。从全局 Moran's *I* 值的波动情况来看，三种污染物排放总量全局 Moran's *I* 值在分别在 0.168～0.340、0.106～0.157 和 0.130～0.268 区间内波动，相较于经济集聚而言，虽然污染排放总量的空间自相关性水平整体较低且在考察期内波动幅度较大，平稳性较弱，但仍呈现出正向空间依赖性。

表 3.5　2003—2017 年长江经济带污染排放强度全局 Moran's *I* 指数表

年份	工业废水排放总量				工业二氧化硫排放总量				工业烟粉尘排放总量			
	Moran's *I*	*E*（*I*）	*sd*（*I*）	*p*	Moran's *I*	*E*（*I*）	*sd*（*I*）	*p*	Moran's *I*	*E*（*I*）	*sd*（*I*）	*p*
2003	0.424	−0.009	0.068	0.000	0.356	−0.009	0.068	0.000	0.447	−0.009	0.068	0.000
2004	0.438	−0.009	0.068	0.000	0.376	−0.009	0.068	0.000	0.454	−0.009	0.068	0.000

续表

年份	工业废水排放总量				工业二氧化硫排放总量				工业烟粉尘排放总量			
	Moran's *I*	*E*（*I*）	*sd*（*I*）	*p*	Moran's *I*	*E*（*I*）	*sd*（*I*）	*p*	Moran's *I*	*E*（*I*）	*sd*（*I*）	*p*
2005	0.465	−0.009	0.067	0.000	0.466	−0.009	0.068	0.000	0.442	−0.009	0.068	0.000
2006	0.387	−0.009	0.068	0.000	0.386	−0.009	0.068	0.000	0.425	−0.009	0.068	0.000
2007	0.345	−0.009	0.068	0.000	0.449	−0.009	0.068	0.000	0.382	−0.009	0.068	0.000
2008	0.291	−0.009	0.068	0.000	0.449	−0.009	0.068	0.000	0.312	−0.009	0.068	0.000
2009	0.301	−0.009	0.068	0.000	0.438	−0.009	0.068	0.000	0.311	−0.009	0.068	0.000
2010	0.281	−0.009	0.068	0.000	0.492	−0.009	0.068	0.000	0.349	−0.009	0.068	0.000
2011	0.364	−0.009	0.067	0.000	0.438	−0.009	0.068	0.000	0.229	−0.009	0.067	0.000
2012	0.355	−0.009	0.067	0.000	0.525	−0.009	0.068	0.000	0.326	−0.009	0.068	0.000
2013	0.337	−0.009	0.067	0.000	0.527	−0.009	0.068	0.000	0.291	−0.009	0.068	0.000
2014	0.308	−0.009	0.067	0.000	0.429	−0.009	0.068	0.000	0.519	−0.009	0.068	0.000
2015	0.380	−0.009	0.067	0.000	0.448	−0.009	0.068	0.000	0.291	−0.009	0.068	0.000
2016	0.384	−0.009	0.067	0.000	0.442	−0.009	0.068	0.000	0.306	−0.009	0.068	0.000
2017	0.187	−0.009	0.068	0.004	0.443	−0.009	0.068	0.000	0.380	−0.009	0.068	0.000

注：*E*（*I*）为−1/（n−1），表示 *I* 的期望值；*sd*（*I*）表示 *I* 值的方差；*p* 值为其伴随概率。

长江经济带三种污染物排放强度全局 Moran's *I* 检验结果均为正值（表 3.5），但与污染物排放总量情况相比存在两方面差异：第一是显著性水平方面的差异，三种污染物排放强度全局 Moran's *I* 值均通过 1%显著性水平检验，即呈现较为显著的空间自相关性。第二是全局 Moran's *I* 绝对数值大小的差异，三种污染物排放强度的全局 Moran's *I* 值普遍高于其排放总量的全局 Moran's *I* 值，工业废水排放强度、工业二氧化硫排放强度和工业烟粉尘排放强度的 Moran's *I* 取值区间分别为 0.187～0.465、0.356～0.527 和 0.291～0.519，说明三种污染物排放强度的正向空间相关性水平整体高于其排放总量，因而有更强的空间自相关性。此外，从污染排放总量和排放强度全局 Moran's *I* 的取值区间来看，污染排放强度的波动要明显大于污染排放总量。长江经济带经济集聚和污染排放全局 Moran's *I* 值在 2003—2017 年期间的时序演变趋势显示，经济集聚与污染排放均在不同程度上呈现出空间正相关属性，表明它们均存在较为显著的空间依赖性（图 3.1）。

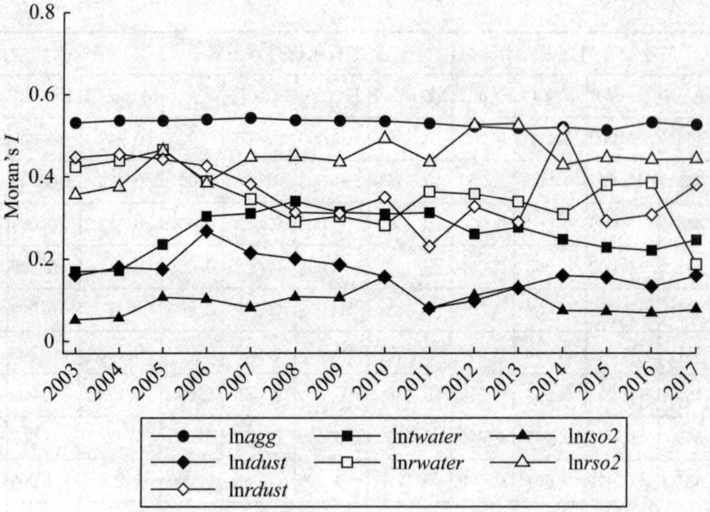

图 3.1　2003—2017 年长江经济带经济集聚与污染排放全局 Moran's *I* 时序演变图

3.2.3　长江经济带经济集聚与污染排放的空间集聚特征分析

全局空间自相关检验从整体层面考察了长江经济带经济集聚与污染排放的空间相关性，但却无法呈现其局域范围内空间集聚特征。因此，进一步采用局域空间自相关检验对其空间聚类分布状况进行考察，通过分析样本落于局域空间相关散点图中四个象限的位置来判定其局域空间关系。局域空间聚类散点图的Ⅰ、Ⅱ、Ⅲ、Ⅳ象限分别对应“高-高”型、“低-高”型、“低-低”型和“高-低”型四种聚类分布特征，散点图横轴 z 为标准化后变量指标，纵轴 Wz 为其空间滞后值。此处选取 2003 年和 2017 年两个时间截面的局域空间聚类散点图进行对比分析。

长江经济带经济集聚在 2003 年和 2017 年两个时间截面的空间聚类分布规律无明显差异，样本在四个象限中保持较为稳定的分布特征（图 3.2）。其中，“高-高”型分布的典型城市多位于以上海、南京、苏州、杭州为核心城市的长三角城市群和以武汉、长沙、南昌为核心的长江中游城市群。“低-低”型分布的典型城市则多处于四川、云南、贵州地区，其中较为特殊的是重庆、成都、贵阳和昆明等城市，呈现“高-低”型分布，显然作为西南地区的直辖市和省会城市其经济集聚度要远高于周边邻近城市。其余呈现出“低-高”型和“高-低”型分布的城市多为中游地区距下游较近的城市以及中游地区距上游较近的城市[①]，这是因为中游地区城市经济集聚度普遍低于下游地区城市而高于上游地区城市。

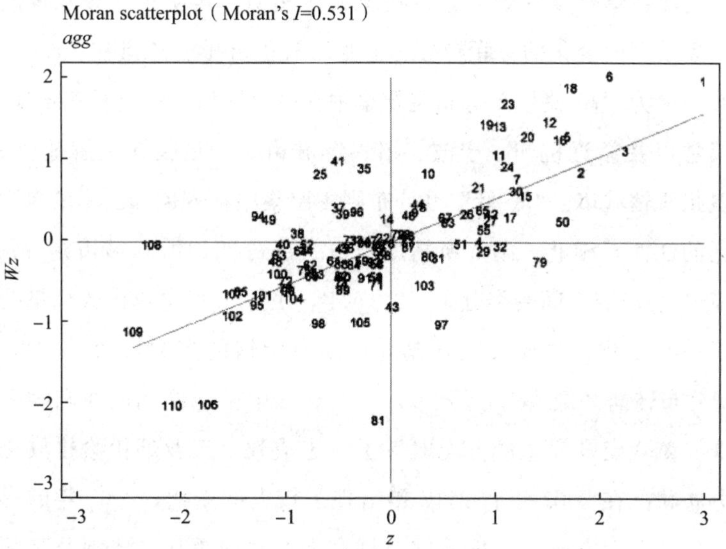

（a）2003年

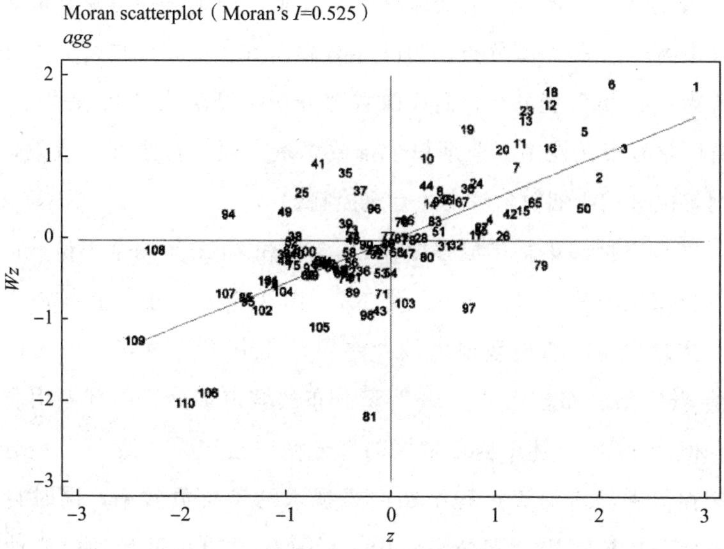

（b）2017年

图 3.2　2003 年和 2017 年长江经济带经济集聚局域空间聚类散点分布图

① 注：散点图中数字为样本城市对应的代码，代码排序参见附录二。

长江经济带三种污染物排放总量在2003年和2017年两个年份截面的局域空间聚类散点分布情况显示（图3.3、图3.4、图3.5），工业废水排放总量的局域空间聚类散点图与经济集聚度的聚类分布状况大体相似，表明工业废水排放总量与经济集聚度呈现出同向变化的关联趋势。工业二氧化硫排放总量在2003年的局域空间聚类分布呈现为“高-高”型分布主要集中在两个区域，一是长三角地区的上海、南京、苏锡常以及靠近杭州、宁波、绍兴等城市，二是长江上游地区邻近重庆、成都以及贵州所辖城市。“低-低”型分布则主要集中在安徽和云南的多数城市。长江中游地区的江西、湖北、湖南所辖城市以及部分四川所辖城市则分属“低-高”型和“高-低”型局域空间聚类分布。2017年，工业二氧化硫排放总量的聚类分布状况出现了一些变化，主要反映在湖北、湖南所辖的多数城市从“低-高”型和“高-低”型分布转向“低-低”型分布，表明长江中游地区的湖北和湖南所辖城市在控制工业二氧化硫排放总量方面取得了一定成效。工业烟粉尘排放总量的局域空间聚类分布状况在2003年和2017年出现了较大的变化，2003年的局域散点图显示中游地区的湖南省所辖长株潭城市群和上游地区重庆、成都及其邻近城市处于“高-高”型分布。下游地区的安徽省所辖合肥、芜湖、蚌埠及其周边城市和云南省多数城市为“低-低”型分布。2017年，湖南省多数城市脱离了“高-高”型分布区域，转为“低-低”型分布，而江西省部分城市则进入“高-高”型分布区域。表明湖南省所辖城市在控制工业烟粉尘排放总量方面取得了突出成效，江西省的部分城市则忽视对工业烟粉尘污染的有效控制。

长江经济带三种污染物排放强度在2003年和2017年两个年份截面的局域空间聚类散点分布情况显示（图3.6、图3.7、图3.8），工业废水排放强度的局域空间聚类分布较之排放总量呈现出较大差异。其中，2003年长三角地区多数城市呈现“低-低”型分布，而“高-高”型分布的城市多处于中部湖南省和西部四川省境内，但2017年上述中西部地区的部分城市已转为“低-低”型分布。表明长三角地区在促进经济集聚过程中始终重视水污染排放效率，同时自国家实施长江经济带发展战略以来，部分长江中上游地区城市也开始通过产业升级和结构转型等方式控制工业废水排放强度并取得一定成效。工业二氧化硫和工业烟粉尘排放强度方面呈现出非常相似的聚类分布变化趋势，集中表现为中游地区湖南省所辖的众多城市和成渝城市群从2003年到2017年逐渐脱离“高-高”型分布区域转向其他分布区域，但云南省所辖城市则全部转入“高-高”型聚类分布。表明中部地区的湖南省和成渝城市群已逐渐开始重视控制工业二氧化硫和工业烟粉尘排放效率，而云南省则因推进工业化进程，选择粗放式发展模式，未能有效控制工业二氧化硫和工业烟粉尘排放强度。

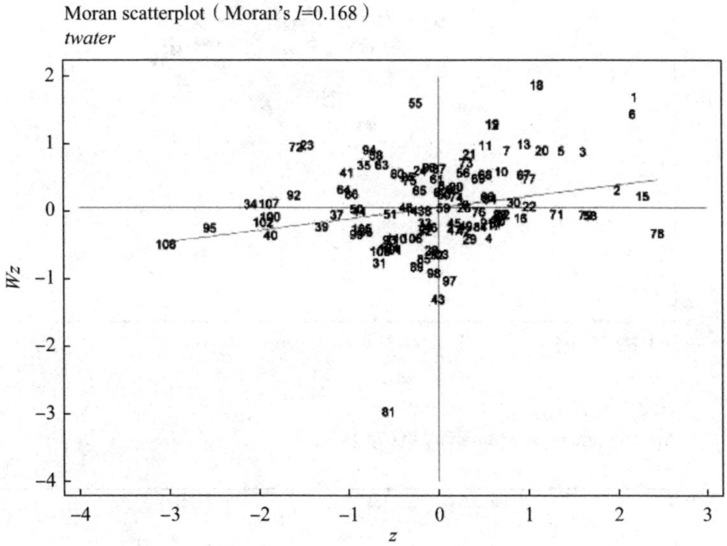

（a）2003年

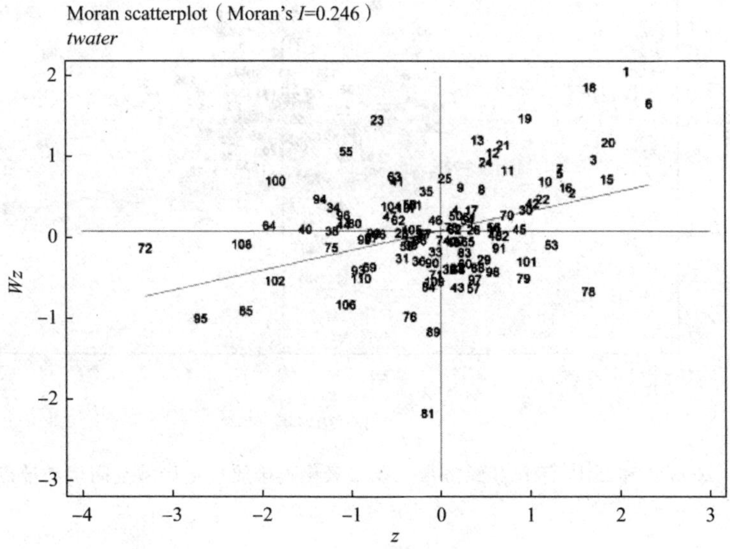

（b）2017年

图 3.3　2003 年和 2017 年长江经济带工业废水排放总量局域空间聚类散点分布图

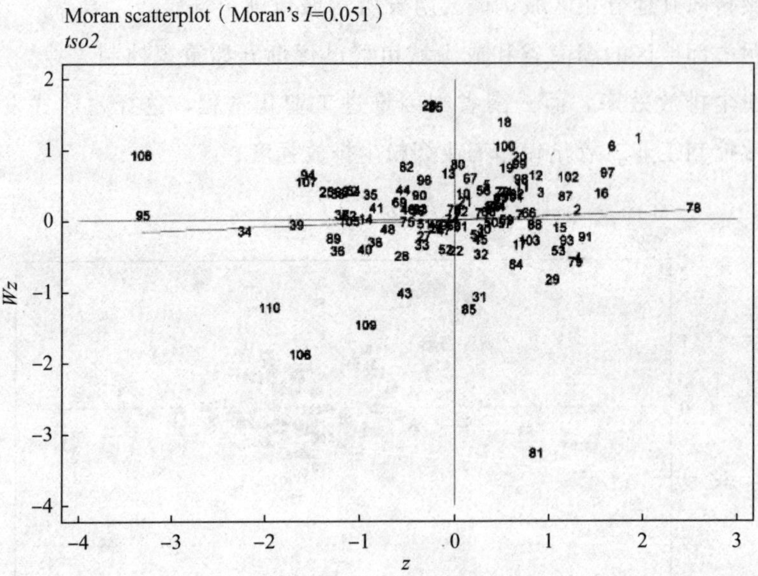

（a）2003年

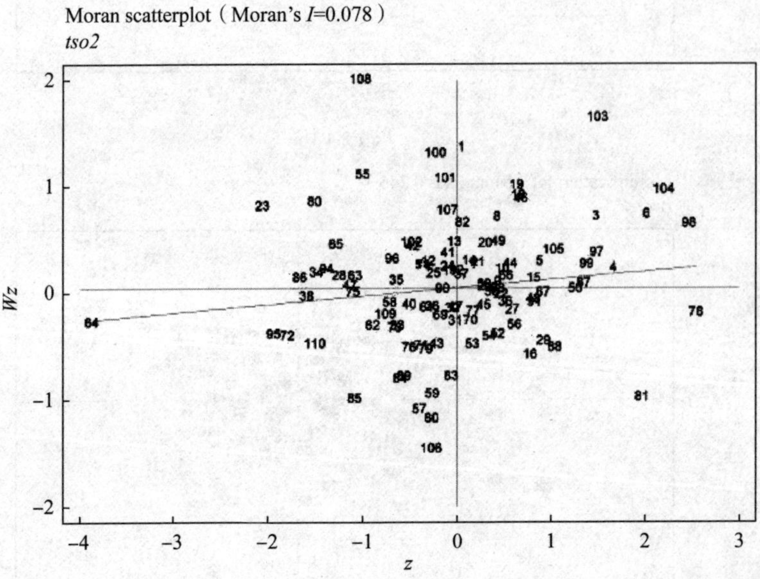

（b）2017年

图 3.4　2003 年和 2017 年长江经济带工业二氧化硫排放总量局域空间聚类散点分布图

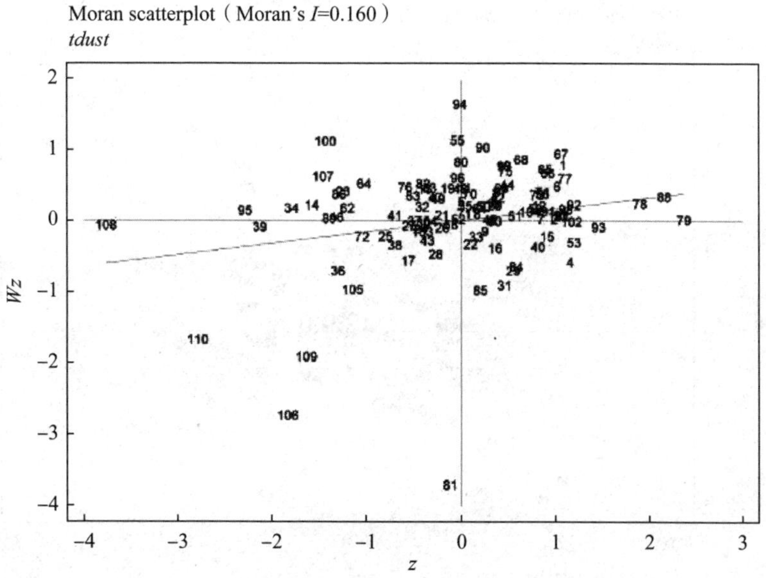

（a）2003年

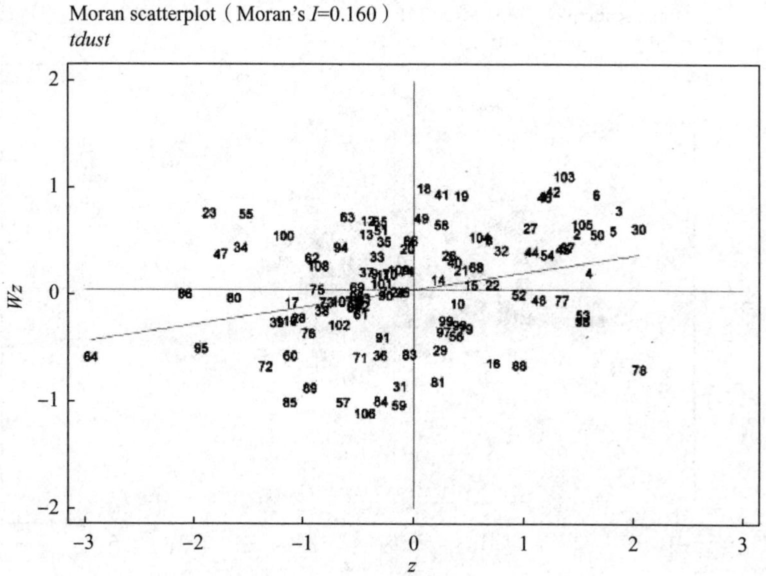

（b）2017年

图 3.5　2003 年和 2017 年长江经济带工业烟粉尘排放总量局域空间聚类散点分布图

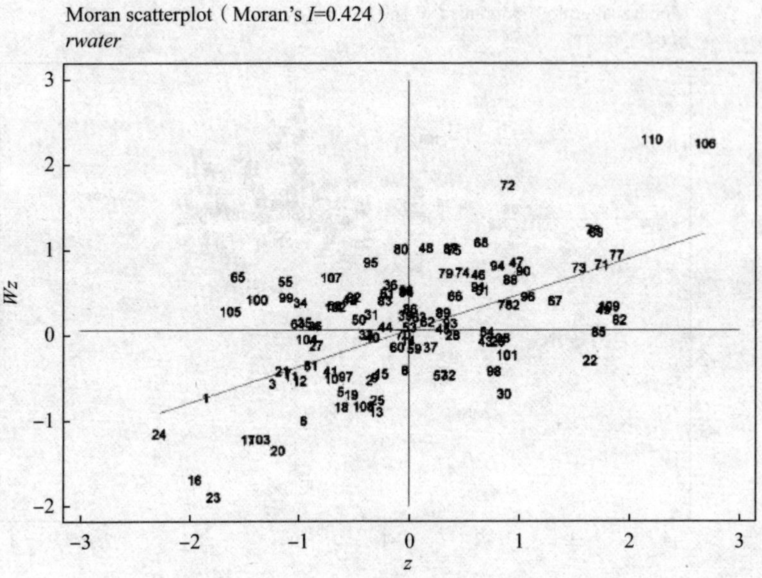

（a）2003年

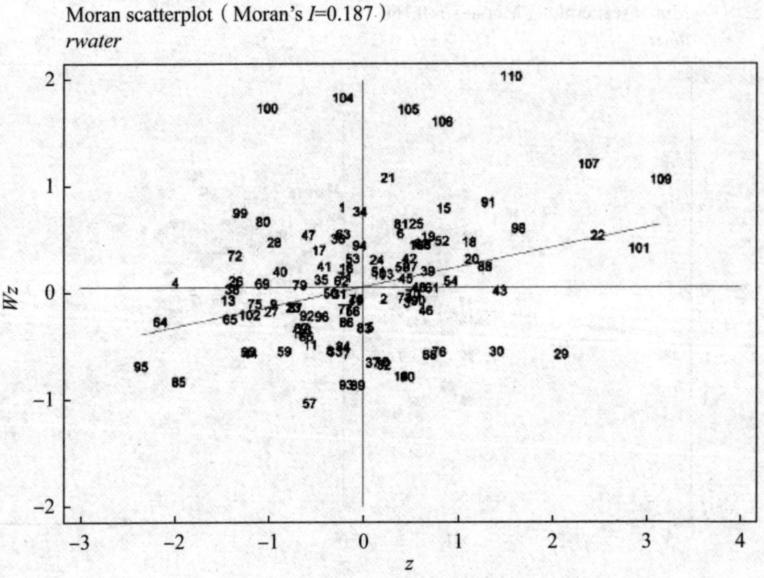

（b）2017年

图 3.6　2003 年和 2017 年长江经济带工业废水排放强度局域空间聚类散点分布图

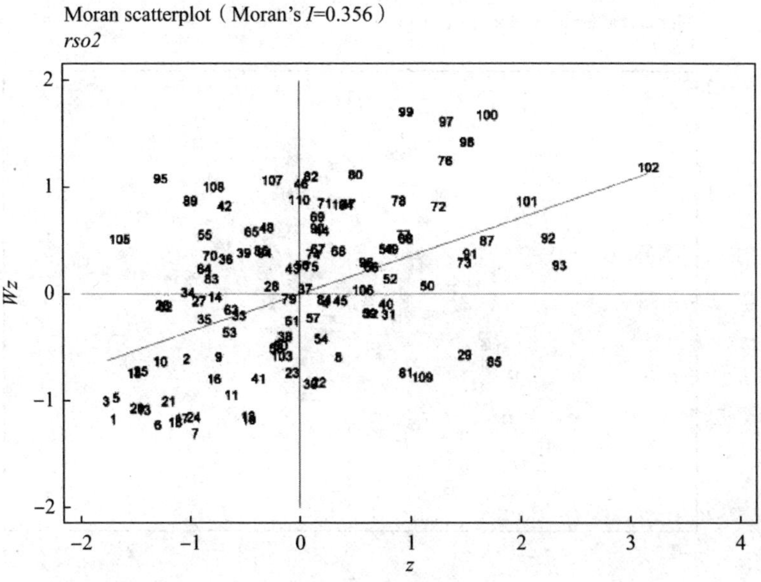

（a）2003年

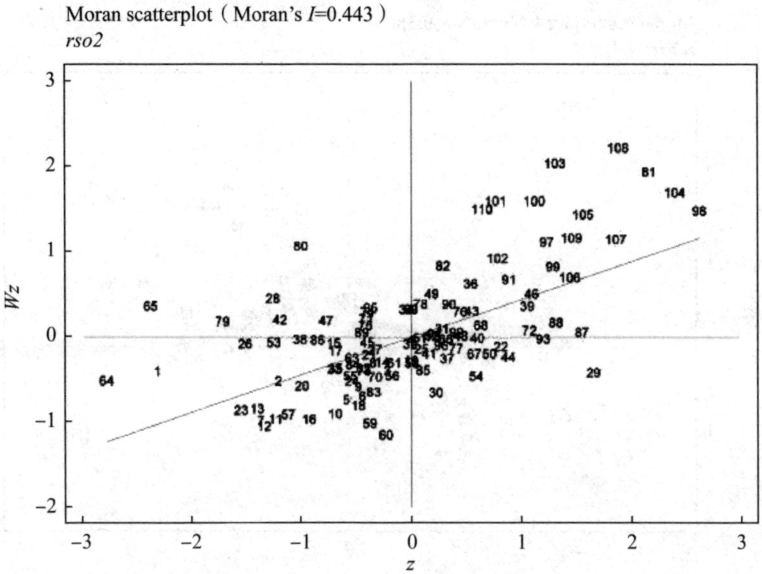

（b）2017年

图 3.7　2003 年和 2017 年长江经济带工业二氧化硫排放强度局域空间聚类散点分布图

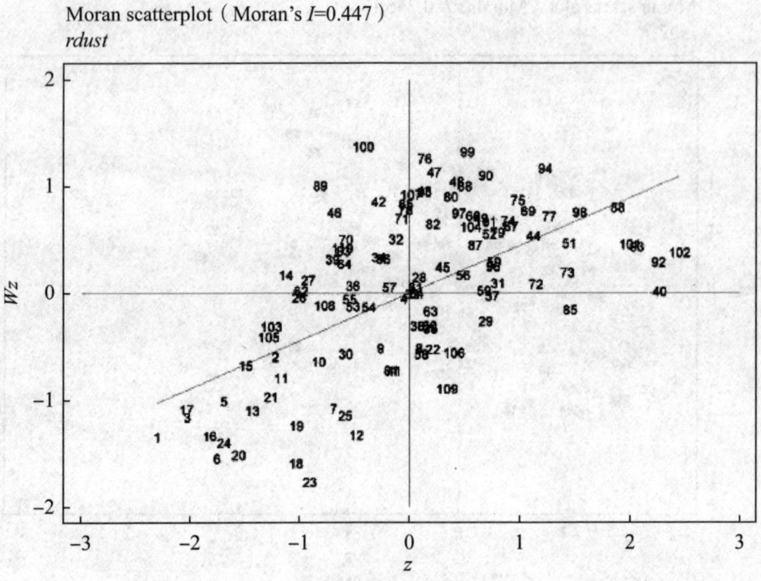

（a）2003年

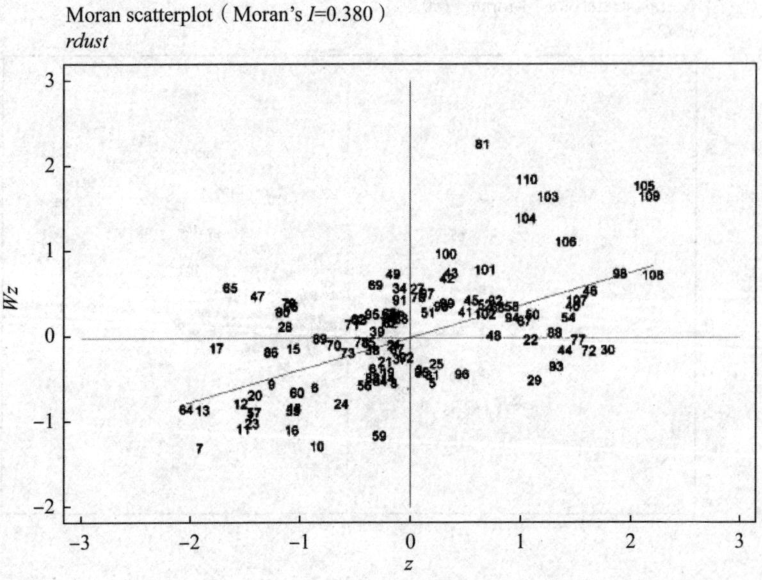

（b）2017年

图 3.8　2003 年和 2017 年长江经济带工业烟粉尘排放强度局域空间聚类散点分布图

3.3 长江经济带经济集聚与污染排放的时空演化趋势

长江经济带经济集聚与污染排放的空间分布格局和空间集聚特征可能伴随着时间的推移而呈现出某种特定的演化趋势和演化规律，了解和掌握这些演化趋势与规律能够为后续实证研究提供有效的客观依据。因此，可以分别考察2003—2017年长江经济带总体样本和上中下游三大区域细分样本经济集聚与污染排放各自的时空演化趋势。

3.3.1 长江经济带经济集聚与污染排放的时序演化趋势

基于长江经济带总体区域以及上中下游地区细分样本的经济集聚和污染排放相关数据的平均值，运用Stata15.1软件绘制2003—2017年经济集聚与污染排放的时序演化趋势。

长江经济带总体区域和上中下游细分样本经济集聚度平均值的时序演化趋势显示（图3.9），就经济集聚度绝对值而言，由高到低排序依次呈现为下游地区→总体区域→中游地区→上游地区，且在连续15年考察期内各个时间节点内下游地区经济集聚程度均处于绝对领先态势，中游地区和下游地区经济集聚度则均处于长江经济带总体经济集聚度水平之下。其中绝对值的最大差距出现在2017年，该年份长江经济带下游地区经济集聚度平均值约为中游地区的3倍和上游地区的4.5倍（该年份下游地区经济集聚度均值为4509.9万元/km^2，中游地区为1580.7万元/km^2，上游地区为995.4万元/km^2）。表明长江经济带下游地区经济集聚程度在考察期内始终领先于中游和上游地区，且它们之间的差距呈现扩大趋势。就经济集聚度的波动情况而言，中游地区和上游地区在考察期内呈现出较为平稳的持续上升趋势，而下游地区虽然整体呈现上升趋势，但在2010年至2012年间出现了一个较为明显的转折点，即2010—2011年出现了下降趋势，而2011—2012年又回归上升趋势，并由此带动长江经济带总体区域经济集聚度的波动。可能的原因是因为2010年至2012年期间恰逢欧洲债务危机爆发之际，长江经济带下游地区多数企业为外向型企业，欧洲债务危机影响到本地企业的产品出口状况，进而影响该区域的经济集聚状况。而长江经济带下游地区的经济密度在总体区域中占比较大，对长江经济带整体的经济集聚贡献也较大，但是长江经济带上游地区和中游地区多为内向型企业，欧洲债务危机对其经济集聚的影响不是特别明显。就经济集聚度的时序演化趋势而言，长江经济带总体区域以及三大地区细分样本的经济集聚度均保持了整体上升态势，表明长江经济带经济活动的空间集聚状况在2003年至2017年期间呈现显著集中趋势，这一期间由于绝大多数城市区划面积并未出现特殊变化。因此，可以认为经济集聚变化与城市经济发展水平保持较为一致的趋势。

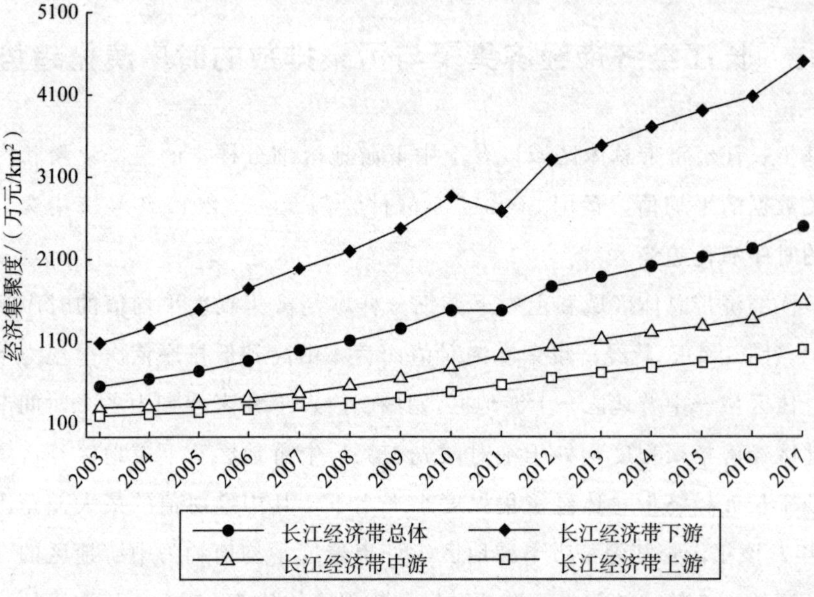

图3.9　2003—2017年长江经济带经济集聚时序演化图

长江经济带工业废水、工业二氧化硫和工业烟粉尘三种污染物的排放总量在2003—2017年期间的时序演化趋势图显示了以下特征（图3.10）。

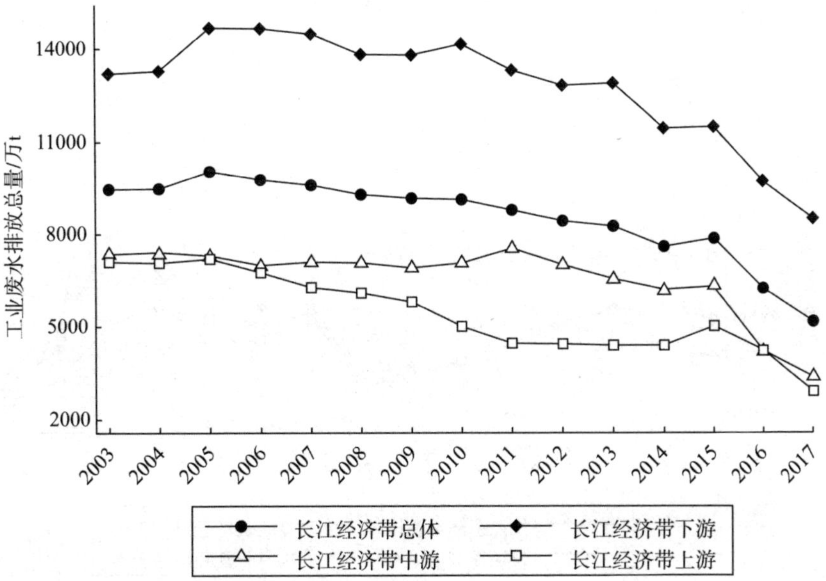
14000
11000
8000
5000
2000
工业废水排放总量/万t
2003
2004
2005
2006
2007
2008
2009
2010
2011
2012
2013
2014
2015
2016
2017
长江经济带总体
长江经济带下游
长江经济带中游
长江经济带上游

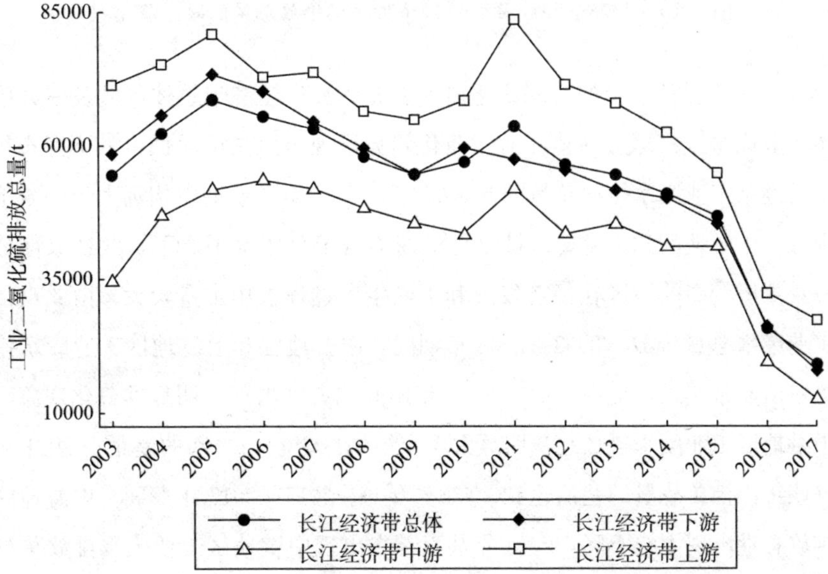
85000
60000
35000
10000
工业二氧化硫排放总量/t
2003
2004
2005
2006
2007
2008
2009
2010
2011
2012
2013
2014
2015
2016
2017
长江经济带总体
长江经济带下游
长江经济带中游
长江经济带上游

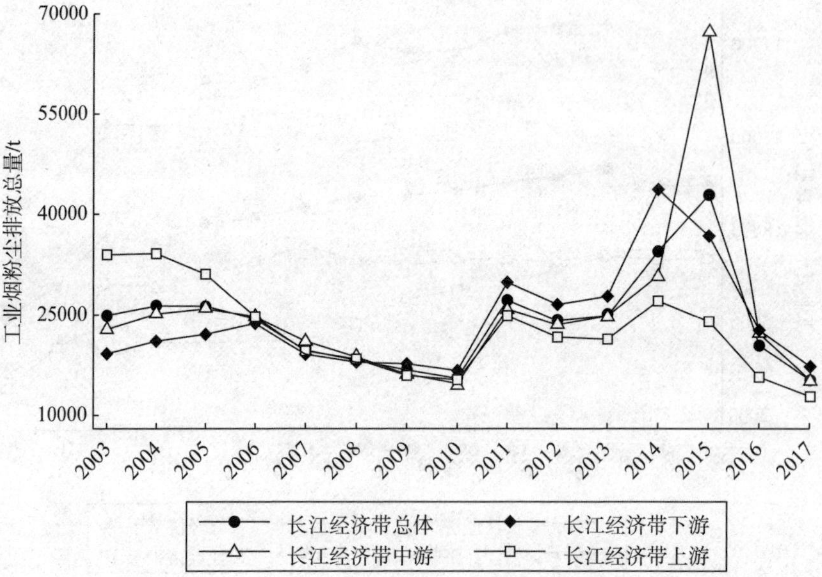

图 3.10　2003—2017 年长江经济带污染排放总量的时序演化图

从工业废水排放总量的时序演化情况来看，长江经济带总体区域及三大区域细分样本工业废水排放总量的整体时序演化趋势呈现出由高位向低位的下降态势。其中，下游地区工业废水排放总量的绝对值在连续 15 年考察期内均远大于中游地区和上游地区，中游地区和上游地区排放总量则均处于总体水平之下，此现象部分反映出经济集聚度较高的地区在经济发展和工业生产过程中用水量较大，由此也伴随着较高工业废水总量排放。2003—2006 年期间，中游地区和上游地区工业废水排放总量的绝对值非常接近，但在 2007—2015 年期间二者则出现了明显的分化现象，这一期间中游地区工业废水排放总量明显大于上游地区，它们之间的差距在 2011 年达到峰值（该年份排放总量的差值达到 3075.7 万 t）。2015—2017 年期间，中游地区工业废水排放总量出现大幅下降，2016 年甚至首次出现中游地区工业废水排放总量略低于上游地区的情况（该年份中游地区为 4183.1 万 t，上游地区为 4236.2 万 t），2016—2017 年中游地区和上游地区工业废水排放总量的绝对值再次趋同，且这一期间均处于考察期内相对最低值区段。出现这种趋势的原因可能是伴随国家提出的中部崛起政策，长江经济带中游地区实现了快速的工业化，导致工业生产和加工过程中废水排放总量增大。但随着 2014 年至 2016 年国家多项针对长江经济带可持续发展和高质量发展的纲要文件的颁布与实施，长江经济带中游地区所辖省市政府重视环境污染治理，着力控制工业废水污染排放总量的成效开始显现。

从工业二氧化硫排放总量的时序演化情况来看，上游地区工业二氧化硫排放总量的绝对值始终居于首位，中游地区排放总量的绝对值处于末位，下游地区居中且与长江经济带总体水平基本持平。表明在经济集聚过程中，上游地区在控制工业二氧化硫排放总量的成效远远落后于其他地区，粗放式发展模式处于主导地位。上中下游三个地区工业二氧化硫排放总量大体上呈现相似的先增后降的时序演化总体趋势，即在2003—2005年期间三个地区排放总量均为上升趋势，2006—2009年期间均为下降趋势。2009—2011年上游地区和下游地区工业二氧化硫排放总量已开始由下降转为上升趋势，并分别在2011年和2010年达到阶段性高点，而中游地区则是从2010年开始由下降转为上升趋势，工业二氧化硫排放总量的阶段性高点出现在2011年。2011—2017年期间，长江经济带三大区域工业二氧化硫排放总量均又重现下降趋势。表明长江经济带整体层面自2006年之后开始着力控制工业二氧化硫排放总量，但在效果上存在时滞和一定程度上的反复，直至2011年才显现对工业二氧化硫排放总量的整体掌控成效。

从工业烟粉尘排放总量的时序演化情况来看，长江经济带三大区域在整体趋势上呈现出非常相似的演变态势。2003—2010年期间三大区域工业烟粉尘排放总量大体呈现下降趋势。上游地区和下游地区工业烟粉尘排放总量在2010—2014年期间均出现整体攀升态势并于2014年达到峰值后大幅回落，而中游地区的上升态势出现在2010—2015年期间，并于2015年达到顶峰后大幅回落。需要特别指出的是，2006—2013年间三大地区工业烟粉尘排放总量绝对值呈现出极为相近的拟合状态，分化现象则出现在考察期的前后两端，分别是2003—2006年期间和2013—2017年期间。

与经济集聚时序演化趋势不同的是三种污染物排放总量在考察期内波动幅度较大，其中工业烟粉尘排放总量的波动最为显著，但它们在总体上仍呈现下降趋势，下降趋势最为显著的时间段均集中在2015—2017年间。这一时间段恰好与国家出台《长江经济带规划纲要》推进长江经济带绿色发展，生态优先，共抓大保护，不搞大开发的实施策略相吻合，体现出长江经济带各省市较好地执行了中央的环境保护政策。

长江经济带总体及上中下游工业废水、工业二氧化硫和工业烟粉尘三种污染物的排放强度在2003—2017年期间的时序演化趋势图显示（图3.11），除2011年工业烟粉尘排放强度出现了一个较大幅度的起伏转折点之外，三大地区三种污染物排放强度大体保持一致的平稳下降趋势，其绝对值大小排序同样呈现出大体相同的状态，由高位到低位排序均呈现为上游地区→中游地区→下游地区，长江经济带总体区域污染排放强度均值均与中游地区较为吻合。表明考察期内长江经济带所辖省市在控制三种污染物排放效率方面取得了不错的效果。

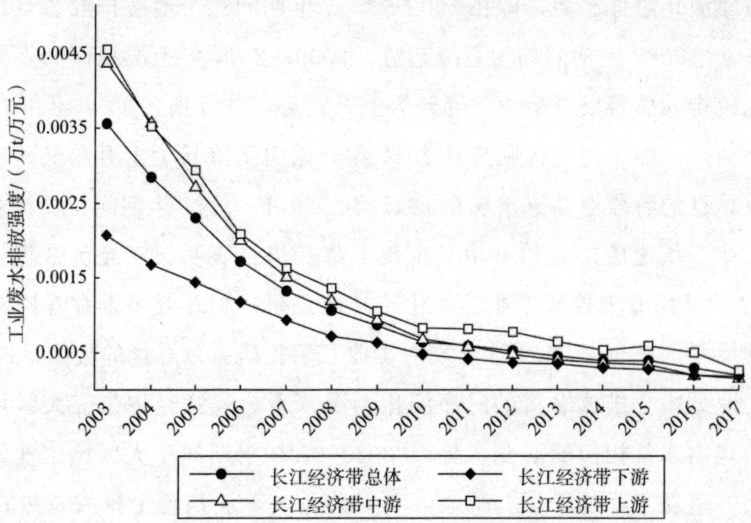

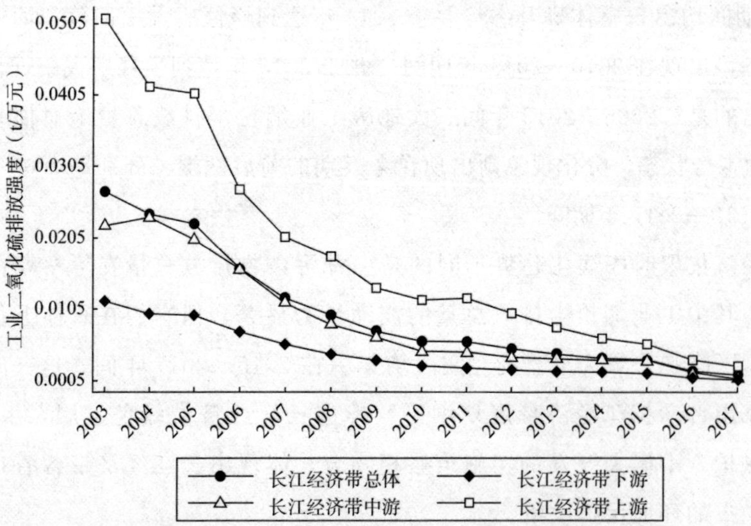

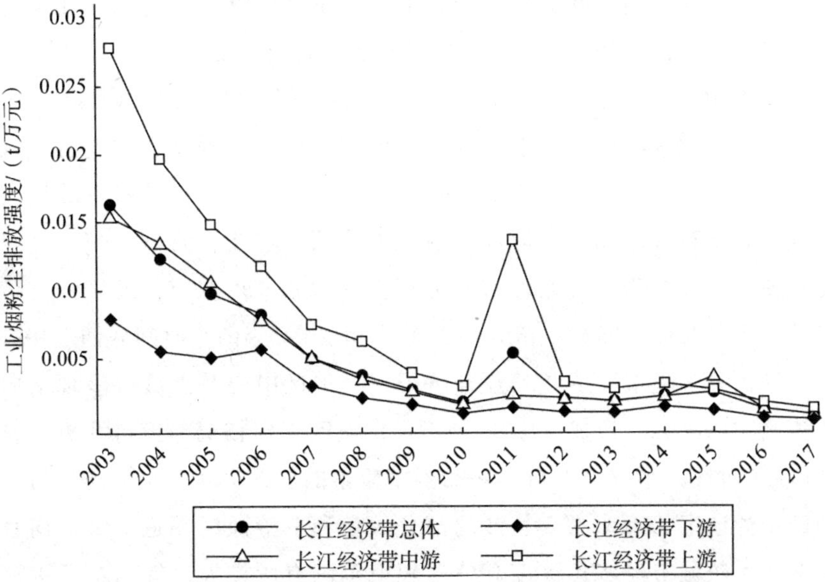

图 3.11　2003—2017 年长江经济带污染排放强度的时序演化图

综上所述，2003—2017 年连续 15 年考察期内，长江经济带总体和三大地区细分样本经济集聚的时序演化呈现总体上升态势，区域经济发展水平与经济活动的空间集聚保持较为一致的趋势，而污染排放的时序演化呈现出总体向下，但中间呈现一定的波动情况。说明在考察期内长江经济带所辖省市逐渐从粗放式发展模式向集约式发展模式转变，尤其是 2014 年以后开始重视和落实国家提出的长江经济带可持续和高质量发展政策，在加大环境治理力度和着重控制污染物排放成效方面做出了积极努力。

3.3.2　长江经济带经济集聚与污染排放的空间演化趋势

长江经济带经济集聚与污染排放除了在时间上呈现出一定的演化趋势之外，在空间上也会呈现出一定的演化规律，可以分别从经济集聚和污染排放数据的绝对值与相对值两方面变化来刻画其空间演化规律。绝对值变化方面，主要是通过运用 ArcGIS10.5 软件采用 Jenks 自然断点分级法对长江经济带经济集聚和污染排放的相关数据进行分级，考察集聚程度较高区域变化趋势，从而呈现其空间演化规律。相对值变化方面，则是通过首位度测算方法呈现长江经济带总体区域和细分样本区域经济集聚和污染排放的空间演化规律。

从2003年和2017年长江经济带经济集聚度的空间格局分布可以看出（表3.6），长江经济带三大地区经济集聚度空间分布的高值地区分别集中在上游地区的四川省成都一带、中游地区三省省会城市南昌、长沙、武汉一带和下游地区的上海市，江苏省南京、苏州、无锡以及浙江省杭州、宁波、温州一带，这些经济集聚度高值地区大多为各自区域核心城市群的中心节点城市。长江经济带三大地区经济集聚的整体空间分布格局在2003年和2017年两个时间截面上保持了较高的稳定性。经济集聚度围绕长江经济带三大地区中心节点城市呈现出向外围辐射并逐渐减弱态势，形成“中心-外围”的空间锁定格局。值得注意的是，相较于2003年而言，2017年长江经济带经济集聚的局部空间分布呈现出特定变化趋势，即中游地区邻近南昌、长沙的部分城市和下游地区邻近上海、南京、苏州、无锡的多数城市经济集聚度高值区辐射范围有所扩大，特别是下游地区江苏省南部所辖的多数城市经济集聚度都逐渐进入高值范围，而江苏省北部所辖城市经济集聚度也有明显提升。表明该地区所辖城市的总体经济水平得到持续快速发展，经济集聚程度上升较快且范围较广，但长江经济带上游地区经济集聚的空间分布格局没有特别变化，仍然保持较为稳定的空间分布惯性。

表3.6　2003年和2017年长江经济带经济集聚与污染排放总量高值区域分布表

变量	2003年	2017年
agg	成都 德阳 长沙 湘潭 南昌 宜春 武汉 鄂州 上海 南京 镇江 常州 无锡 苏州 南通 杭州 宁波 温州	成都 德阳 长沙 湘潭 南昌 宜春 抚州 武汉 鄂州 上海 南京 镇江 常州 无锡 苏州 南通 扬州 泰州 杭州 宁波 温州 绍兴 嘉兴
twater	重庆 成都 德阳 绵阳 遵义 武汉 宜昌 马鞍山 长沙 常德 怀化 南昌 九江 合肥 上海 苏州 无锡 常州 杭州 嘉兴	重庆 成都 毕节 六盘水 昆明 南昌 九江 吉安 宜春 抚州 上海 南京 苏州 无锡 常州 扬州 嘉兴 杭州 衢州 金华 宁波 台州 绍兴
tso2	重庆 成都 自贡 乐山 宜宾 贵阳 安顺 昆明 曲靖 武汉 襄阳 黄石 怀化 娄底 九江 宜春 上海 南京 南通 苏州 无锡 杭州 宁波 嘉兴	重庆 贵阳 遵义 昆明 曲靖 宜春 九江 台州 扬州 苏州 无锡 常州 盐城 南通
tdust	重庆 成都 乐山 宜宾 毕节 贵阳 铜仁 长沙 益阳 株洲 郴州 宜昌 武汉 徐州 上海 南通 南京 杭州 娄底 衡阳	重庆 成都 乐山 昆明 曲靖 六盘水 铜仁 武汉 宜昌 娄底 衡阳 南昌 九江 吉安 赣州 上海 徐州 连云港 苏州 无锡 宁波 杭州 金华

注：采用Jenk自然断点分级法对变量绝对值划分为五级，表中仅列出处于第一级的高值区城市；污染排放强度高值区域覆盖城市较多，未在此表中逐一列举。

从 2003 年长江经济带工业废水排放总量来看，总体绝对高值地区主要分布在上游地区重庆市和四川省、中游地区湖南省和下游地区上海市、江苏省和浙江省。上游地区主要集中在重庆市，四川省绵阳、德阳、眉山、乐山、自贡、宜宾、泸州和贵州省遵义等城市。中游地区主要集中在湖北省襄阳、宜昌、武汉、黄石、咸宁和湖南省湘西大部分城市以及江西省九江、南昌、吉安等城市。下游地区主要集中在上海市，安徽省合肥市、马鞍山市，江苏省徐州、盐城、淮安、苏锡常等城市和浙江省杭州、嘉兴、宁波、绍兴、湖州、金华、衢州、温州等城市。至 2017 年上述工业废水排放总量的空间分布演化趋势出现了一些变化，主要体现在上游地区成都及周边城市工业废水排放总量有所下降，而贵州省毕节、六盘水以及云南省昆明等城市工业废水排放总量则进入高值区域，中游地区原来处于高值区的湖南省湘西地区多数城市的工业废水排放总量下降明显，而江西省大部分地区则进入高值区域，下游地区上海市，江苏省和浙江省全境均进入高值区域。通过对比可以发现，长江经济带中下游工业废水排放总量高值地区的空间分布出现整体向东移动的趋势。

从 2003 年长江经济带工业二氧化硫排放总量来看，高值区域主要集中在上游地区重庆市，四川省成都、达州、广安、广元、绵阳、乐山、资阳、宜宾，贵州省贵阳、遵义、毕节、安顺、六盘水，云南省昆明、曲靖等城市。中游地区湖北省武汉、襄阳、宜昌、荆门、黄石和湖南省湘西大部分城市以及江西省九江、宜春等城市。下游地区上海市，江苏省南京、徐州、连云港、南通、苏锡常等城市以及浙江省除丽水之外的几乎所有城市。至 2017 年长江经济带工业二氧化硫排放总量高值地区的空间分布格局总体呈现范围缩小且更为集中的趋势，主要体现在上游高值地区缩小至重庆市，贵州省贵阳、遵义、六盘水和云南省昆明、曲靖、玉溪等城市。中游高值地区的主要变化是从湖南湘西地区向江西省移动。下游绝对高值地区范围缩小至苏锡常地区，而浙江省温州、台州退出高值地区，取而代之的是江苏省盐城、南通等城市。

从 2003 年长江经济带工业烟粉尘排放总量来看，高值区域主要集中在上游地区重庆市，四川省成都、广元、绵阳、达州、广安、眉山、内江、乐山、宜宾和贵州省铜仁、遵义、毕节、六盘水以及云南省曲靖等城市。中游地区湖北省武汉和西部地区大部分城市以及湖南省全境，江西省北部多数城市。下游地区安徽省东部和江苏省北部地区、浙江省北部地区以及上海市。至 2017 年长江经济带工业烟粉尘排放总量的空间分布格局呈现较大的变化，主要体现在上游地区整体高值地区范围大幅缩小，并集中于重庆市，四川省成都、乐山和云南省曲靖、昆明、玉溪以及贵州省六盘水、铜仁等城市。中游地区高值地区缩小至湖北省武汉、宜昌等城市，湖南省高值区域仅有娄底与衡阳，但江西省除抚州、鹰潭外几乎所有城市都进入绝对高值区域。下游地区高值区域缩小至上海市，江苏省徐州、连云港、苏锡常地区以及浙江省宁波、杭州、衢州、金华等城市。通过对比发现，长江经济带烟粉尘排放总量下降趋势显著且空间分布格局趋向小范围集中。

2003 年和 2017 年长江经济带污染排放强度的空间格局演变状况显示以下特征：2003 年长江经济带工业废水排放强度高值地区主要分布在上游地区四川省广元、泸州，云南省保山、临沧、普洱和中游地区，湖南省娄底、邵阳、怀化、常德、湘潭、益阳，江西省吉安以及下游地区浙江省衢州等城市。至 2017 年上述工业废水排放强度的空间分布的高值地区空间分布有所变化，主要体现在上游地区高值区域发生了迁移，主要集中于云南省临沧、普洱、昭通和贵州省毕节、六盘水等城市。中部地区高值区域从湖南境内迁移至江西省南昌、九江、上饶、景德镇、赣州、抚州一带和湖北省武汉、黄石、咸宁、随州、荆门、宜昌等城市。下游地区浙江省大部分城市和江苏省南京、苏锡常、盐城、宿迁等城市进入高值区范围。通过对比，可以发现长江经济带中下游工业废水排放强度高值地区的空间分布整体东移且范围却更为集中。

2003 年长江经济带工业二氧化硫排放强度高值区域在上游地区和中游地区的空间分布较广，几乎涵盖了重庆、云贵川三省和湖南（除张家界、怀化、常德以外）、湖北（除咸宁以外）、江西（除赣州、九江以外）的大部分城市。但下游地区高值区域空间分布范围较小，主要集中在安徽省六安、马鞍山、铜陵、淮北、宿州、蚌埠，浙江省衢州以及江苏省徐州、连云港等城市。至 2017 年长江经济带工业二氧化硫排放强度的高值地区空间分布格局的演化趋势主要体现在中游地区湖北省多数城市脱离了高值区域。

2003 年长江经济带工业烟粉尘排放强度高值区域的空间分布主要集中在上游地区和中游地区的绝大部分城市以及下游地区安徽省以及江苏省苏北地区的

城市。至 2017 年长江经济带工业烟粉尘排放总量的空间分布格局呈现显著变化，主要体现在上游地区高值地区范围缩小并且集中于四川省达州、广安、乐山、内江，云南省全境和贵州六盘水，而中游地区和下游地区高值区域范围显著缩小。由此可见，长江中下游大部分城市有效控制了工业烟粉尘排放效率，但上游地区却显然未能实现效率优化。

此外，长江经济带经济集聚与污染排放的空间格局演变趋势还可以从相对值的变化情况得以体现。通过测算长江经济带总体区域和三大区域细分样本经济集聚与污染排放的首位度呈现区域主导性指标，显示其相对集中程度（表 3.7）。

表 3.7　2003 年和 2017 年长江经济带经济集聚与污染排放的首位度排序表

变量	排序	2003 年								2017 年							
		总体		上游地区		中游地区		下游地区		总体		上游地区		中游地区		下游地区	
		城市	首位度	城市	首位度	城市	首位度	城市	首位度	城市	首位度	城市	首位度	城市	首位度	城市	首位度
agg	1	上海	16.9%	成都	22.8%	宜春	18.3%	上海	22.0%	上海	12.1%	成都	19.4%	宜春	17.7%	上海	17.9%
	2	无锡	6.4%	德阳	7.7%	南昌	7.9%	无锡	8.7%	无锡	5.6%	贵阳	9.0%	长沙	10.5%	无锡	8.3%
	3	苏州	5.3%	贵阳	7.1%	十堰	7.2%	苏州	7.3%	苏州	4.9%	德阳	6.2%	南昌	8.1%	苏州	7.3%
twater	1	重庆	7.9%	重庆	35.0%	武汉	13.0%	杭州	12.5%	苏州	7.5%	重庆	20.0%	武汉	9.8%	苏州	12.2%
	2	杭州	6.5%	成都	14.0%	常德	8.6%	上海	11.3%	上海	5.6%	毕节	9.0%	南昌	7.6%	上海	9.1%
	3	上海	5.9%	泸州	4.9%	娄底	6.0%	苏州	11.1%	绍兴	4.4%	成都	8.6%	九江	6.5%	绍兴	7.2%
tso2	1	重庆	10.0%	重庆	25.5%	武汉	8.9%	上海	12.6%	重庆	6.7%	重庆	15.5%	宜春	9.1%	苏州	11.5%
	2	上海	5.0%	贵阳	8.7%	株洲	6.2%	苏州	9.1%	六盘水	6.2%	六盘水	14.4%	湘潭	6.5%	徐州	8.2%
	3	苏州	3.6%	宜宾	6.7%	荆门	4.7%	宁波	7.9%	曲靖	4.8%	曲靖	11.1%	赣州	5.9%	无锡	6.8%
tdust	1	成都	7.4%	成都	17.9%	武汉	6.9%	徐州	6.8%	重庆	4.1%	重庆	16.3%	宜春	8.8%	马鞍山	9.6%
	2	乐山	5.9%	乐山	14.3%	娄底	6.2%	上海	6.3%	马鞍山	4.0%	六盘水	10.0%	武汉	7.7%	无锡	8.1%
	3	重庆	4.4%	重庆	10.7%	湘潭	5.9%	苏州	5.9%	无锡	3.4%	玉溪	9.9%	湘潭	6.8%	常州	7.7%
rwater	1	保山	5.6%	保山	14.5%	娄底	7.3%	衢州	11.2%	普洱	6.4%	普洱	16.2%	景德镇	7.3%	衢州	11.5%
	2	临沧	3.8%	临沧	9.9%	吉安	6.6%	马鞍山	6.0%	毕节	5.4%	毕节	13.8%	黄石	5.1%	淮南	8.7%
	3	泸州	3.0%	泸州	7.8%	常德	6.5%	六安	5.9%	衢州	4.0%	昭通	9.4%	上饶	4.7%	马鞍山	5.4%
rso2	1	铜仁	11.8%	铜仁	20.1%	益阳	8.4%	淮南	14.2%	六盘水	8.7%	六盘水	14.2%	新余	8.1%	淮南	16.2%
	2	达州	5.3%	达州	9.4%	怀化	7.1%	淮北	7.2%	曲靖	6.8%	曲靖	11.1%	张家界	7.9%	亳州	8.4%
	3	广安	4.8%	广安	8.5%	张家界	6.7%	池州	7.1%	攀枝花	5.3%	攀枝花	8.6%	萍乡	6.4%	衢州	6.5%
rdust	1	铜仁	8.5%	铜仁	16.7%	抚州	8.2%	池州	38.2%	丽江	5.1%	丽江	11.1%	新余	9.1%	马鞍山	14.6%
	2	池州	6.9%	广安	13.2%	益阳	8.0%	淮北	6.4%	普洱	4.9%	普洱	10.7%	张家界	9.0%	池州	10.6%
	3	广安	6.8%	达州	10.4%	娄底	6.6%	宿州	6.0%	玉溪	4.7%	玉溪	10.2%	娄底	8.2%	淮南	7.5%

从2003年和2017年长江经济带总体区域经济集聚和污染排放首位度测算结果的对比情况来看，经济集聚的首位度没有明显变化，排序靠前的城市均集中在长三角城市群的几个中心节点城市，表明经济集聚的总体空间分布格局较为稳定，长三角城市群经济集聚的极化作用较为显著。污染排放总量的首位度演化情况均出现了分异。工业废水排放总量首位度排序方面，重庆市退出首位度排序前五的行列，排序靠前的城市集中在苏、浙两省。工业二氧化硫排放总量首位度方面，重庆市始终排序第一，上游地区部分城市的首位度排序取代了原先排序靠前的下游地区城市。工业烟粉尘排放总量首位度排序方面，则是下游地区部分城市取代了原先排序靠前的上游地区城市。污染排放强度的首位度演化状况保持了大体稳定的趋势，在总体层面的三种污染物排放强度的首位度排序前五位大多都集中在上游地区城市，部分反映出在控制污染物排放效率方面，长江经济带上游地区的多数城市没有取得明显的效果。总体而言，2003年和2017年长江经济带经济集聚与污染排放的绝对值对比与相对值对比均保持了较为一致的演化趋势，凸显其空间分布格局的演化趋势。

3.4 长江经济带经济集聚与污染排放的空间重心迁移轨迹模拟

探索性空间数据分析（ESDA）方法可以对长江经济带经济集聚与污染排放的空间连续性随机现象和空间相关性进行研判，时空序列分析方法可以掌握其空间分布格局与空间集聚特征的演化规律。但长江经济带所辖区域随着经济发展水平、产业转移、结构调整以及对外开放程度等因素变化，其经济集聚度和污染排放重心也会在空间上迁移，空间重心迁移能够反映二者之间的空间关联状况。因此，通过深入研究长江经济带经济集聚和污染排放空间重心迁移的具体情况以及定量测算二者之间空间重心经纬度的相关性，能够判定其空间关联状况，对于制定有针对性的绿色发展政策和污染减排与污染防治措施来说具有重要的现实参考价值。

3.4.1　空间重心迁移曲线模型设定

采用空间重心迁移曲线模型可以定量测算长江经济带经济集聚与污染排放的空间重心迁移轨迹、迁移方向和距离以检验二者间的空间关联性，为后续研究提供更为精确和可靠的分析依据。通过加权重心、重心迁移曲线分析长江经济带所辖城市的经济集聚度和污染排放的迁移特征，测算出空间重心的迁移方向和迁移距离[169,170]；再通过定性比对经济集聚和污染排放的重心迁移轨迹拟合程度和定量测算二者重心经纬度相关性两种视角来揭示它们之间的空间关联状况[171]。空间重心的计算公式如下：

$$\overline{X_t}=\frac{\sum_{i=1}^{n}W_{it}X_i}{\sum_{i=1}^{n}W_{it}};\overline{Y_t}=\frac{\sum_{i=1}^{n}W_{it}Y_i}{\sum_{i=1}^{n}W_{it}} \tag{3.3}$$

式中，i 表示单个样本，t 表示年份，n 表示样本总数，（$\overline{X_t}$，$\overline{Y_t}$）表示 t 年份相应变量总体空间重心的经度和维度，X_i 和 Y_i 表示单个样本的经度和纬度，W_{it} 表示第 i 个样本在 t 年份相应变量的取值。

3.4.2　长江经济带经济集聚与污染排放的空间重心移动轨迹的测算

基于长江经济带所辖 110 个城市的经、纬度坐标数据，运用 Stata15.1 软件，依据空间重心计算公式测算出 2003—2017 年经济集聚和污染排放的总体空间重心坐标，并将其按照年份时序连接起来，呈现出连续的空间重心迁移轨迹模拟图，测算其空间重心迁移的方向和距离，并以此为基础考察二者之间的关联程度。

（1）长江经济带经济集聚的空间重心演变轨迹

根据 2003—2017 年长江经济带经济集聚的空间重心演变轨迹情况（图 3.12），按照空间重心迁移幅度的大小程度，可以将经济集聚的空间重心移动轨迹分为 2003—2010 年和 2011—2017 年两个阶段。

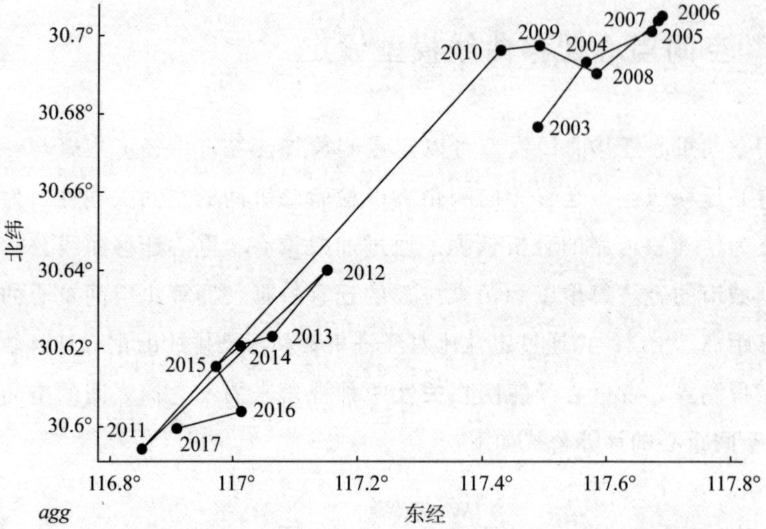

图 3.12 2003—2017 年长江经济带经济集聚度的空间重心迁移轨迹图

在 2003—2010 年的第一阶段内，经济集聚的空间重心迁移幅度较小，主要集中在东经 117.43°～117.69°之间和北纬 30.67°～30.70°之间的范围之内，其坐标对应的行政区域地理范围集中在安徽池州一带。在 2011—2017 年的第二阶段内，空间重心开始向东经 116.85°～117.15°和北纬 30.59°～30.63°范围内迁移，坐标对应的行政区域地理范围集中在安徽安庆一带。长江经济带经济集聚的空间重心在 2003—2017 年期间，主要呈现从东向西的迁移趋势，而南北方向的迁移并不显著。总体呈现东西方向迁移的幅度大于南北向，说明长江经济带经济集聚差距扩大的方向主要是在东西方向上，南北方向上的差距并不明显，而且空间重心在考察期内均处于长江下游地区安徽境内，并呈现向中游地区方向移动趋势。

2003—2017 年长江经济带经济集聚的空间重心迁移方向和迁移距离显示(表 3.8)，空间重心在经度和纬度上均有波动，即东北、西南、西北、东南各个方向上均出现了迁移，且经度上发生的迁移程度要大于纬度。空间重心向西南方向迁移的频率最高，向东北方向迁移频率次之。连续 15 年考察期内空间重心向西南方向迁移次数达到 8 次，向东北方向迁移次数达 4 次，西北和东南方向迁移各 1 次。空间重心的迁移距离和迁移速度存在差异，2010—2011 年期间空间重心迁移距离远大于其他年份达到最大值 56.36 km，2011—2012 年迁移距离为 29.12 km，而其余年份空间重心迁移距离大多小于 10 km。此外，在 2013—2017 年期间，空间重心迁移趋势由剧烈变动趋向缓和，表明经济集聚的总体空间重心迁移趋势趋于稳定。

表 3.8　2003—2017 年长江经济带经济集聚空间重心的迁移方向和迁移距离情况表

年份	经度	纬度	方向	距离/km
2003	117.49	30.68	—	—
2004	117.57	30.69	东北	7.63
2005	117.67	30.70	东北	10.13
2006	117.69	30.71	东北	1.66
2007	117.68	30.70	西南	0.60
2008	117.58	30.69	西南	9.61
2009	117.49	30.70	西北	8.77
2010	117.43	30.70	西南	6.03
2011	116.85	30.59	西南	56.36
2012	117.15	30.64	东北	29.12
2013	117.06	30.62	西南	8.61
2014	117.01	30.62	西南	4.82
2015	116.97	30.62	西南	4.00
2016	117.01	30.60	东南	4.24
2017	116.91	30.60	西南	10.10

（2）长江经济带污染排放总量的空间重心演变轨迹

2003—2017 年长江经济带污染排放总量的空间重心演变轨迹情况显示（图 3.13），从污染排放总量的空间重心迁移地理范围来看，工业废水排放总量的空间重心集中在东经 114.88°～116.13°和北纬 30.15°～30.31°之间，其坐标对应的行政区域地理范围集中在湖北黄石至安徽安庆一带。工业二氧化硫排放总量的空间重心集中在东经 111.76°～113.34°和北纬 29.25°～29.88°之间，其坐标对应的行政区域地理范围集中在湖南常德至湖北荆州一带。工业烟粉尘排放总量的空间重心集中在东经 111.70°～114.21°和北纬 29.27°～29.98°之间，其坐标对应的行政区域地理范围集中在湖南常德至湖北咸宁一带。可见，三种污染物排放总量的空间重心在考察期内的大部分年份位于长江经济带中游地区（仅工业废水的空间重心在 2017 年移动到长江经济带下游地区的安徽境内）。从空间重心迁移的演变轨迹来看，工业废水和工业烟粉尘排放总量的空间重心总体呈现由西向东的迁移趋势，而工业二氧化硫则恰好相反，总体呈现由东向西的迁移趋势，表明三种污染物排放总量的空间重心迁移趋势出现了较为明显的分化现象。

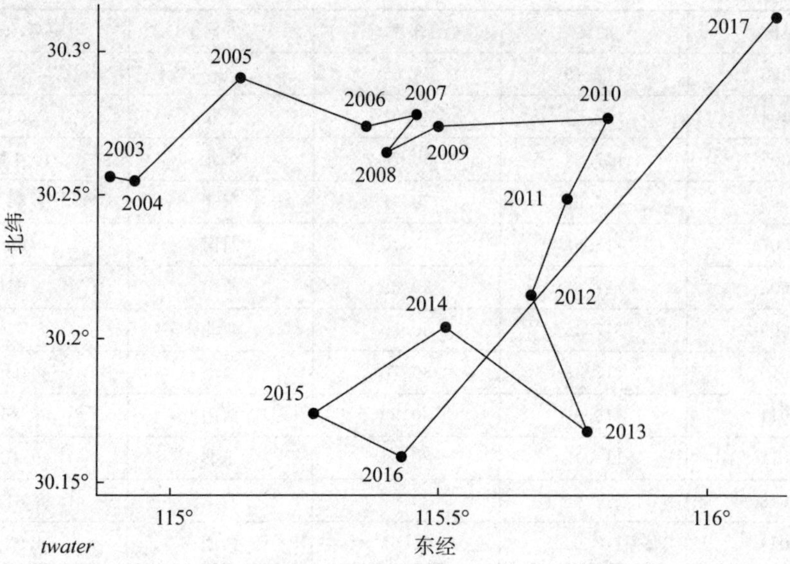

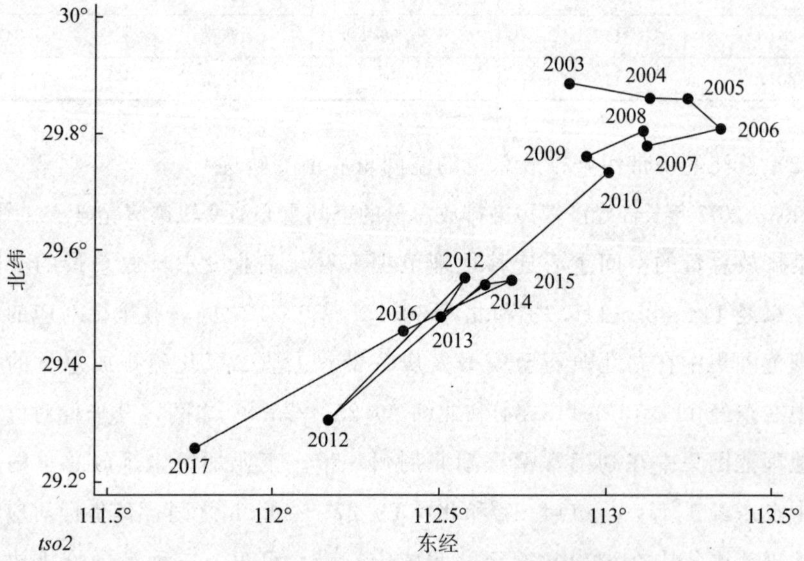

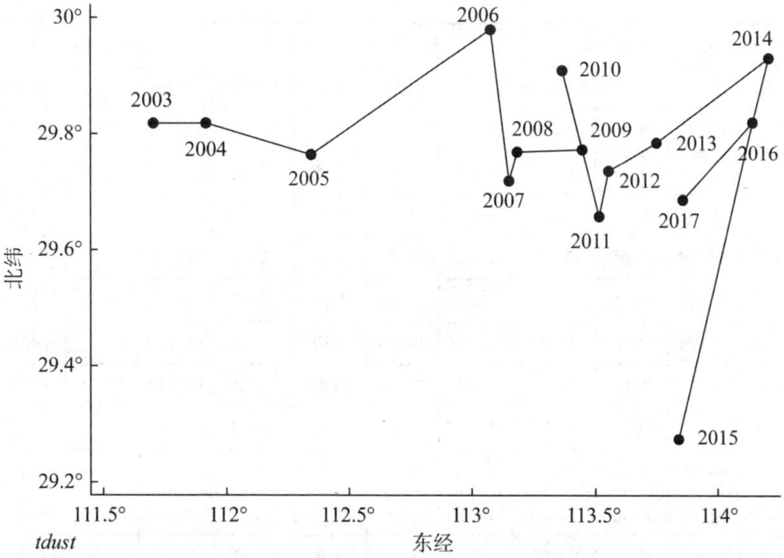

图 3.13 2003—2017 年长江经济带污染排放总量的空间重心迁移轨迹图

2003—2017 年长江经济带污染排放总量空间重心的迁移方向和迁移距离显示（表 3.9），从迁移方向上来看，工业废水和工业烟粉尘排放总量的空间重心迁移多为东南和东北方向，而工业二氧化硫排放总量的空间重心迁移则多为西南方向。从迁移距离上来看，工业废水和工业二氧化硫排放总量空间重心的迁移距离总体较小（多数时间里平均移动距离均在 20 km 以内），而工业烟粉尘则明显大于另外两种（移动距离达到或大于 20 km 的次数达到 10 次）。从迁移距离的波动幅度上来看，工业废水排放总量空间重心迁移距离的波动较为平稳（连续年份内的移动距离差值较小），而工业二氧化硫和工业烟粉尘排放总量空间重心迁移距离的波动幅度较大，工业二氧化硫和工业烟粉尘排放总量空间重心迁移距离的大波动幅度均出现在 2011—2017 年期间。

表 3.9 2003—2017 年长江经济带污染排放总量空间重心的迁移方向和迁移距离情况表

年份	工业废水排放总量				工业二氧化硫排放总量				工业烟粉尘排放总量			
	经度	纬度	方向	距离/km	经度	纬度	方向	距离/km	经度	纬度	方向	距离/km
2003	114.89	30.26	—	—	112.89	29.89	—	—	111.71	29.82	—	—
2004	114.93	30.25	东南	4.36	113.13	29.86	东南	23.49	111.92	29.82	东	20.54

续表

年份	工业废水排放总量				工业二氧化硫排放总量				工业烟粉尘排放总量			
	经度	纬度	方向	距离/km	经度	纬度	方向	距离/km	经度	纬度	方向	距离/km
2005	115.13	30.29	东北	19.52	113.24	29.86	东	11.17	112.35	29.76	东南	41.73
2006	115.37	30.27	东南	22.62	113.34	29.81	东南	11.17	113.07	29.98	东北	73.88
2007	115.46	30.28	东北	9.04	113.12	29.78	西南	21.73	113.15	29.72	东南	29.94
2008	115.40	30.26	西南	5.56	113.11	29.80	西北	3.05	113.18	29.77	东北	6.24
2009	115.50	30.27	东北	9.29	112.94	29.76	西南	17.17	113.45	29.77	东	25.45
2010	115.81	30.28	东北	30.07	113.00	29.73	东南	7.18	113.37	29.91	西北	16.83
2011	115.74	30.25	西南	7.86	112.17	29.31	西南	93.72	113.51	29.66	东南	31.31
2012	115.67	30.22	西南	7.28	112.58	29.55	东北	48.01	113.55	29.74	东北	9.65
2013	115.78	30.17	东南	11.32	112.50	29.48	西南	10.52	113.75	29.78	东北	19.69
2014	115.51	30.20	西北	25.59	112.64	29.54	东北	14.56	114.21	29.93	东北	47.36
2015	115.27	30.17	西南	23.79	112.71	29.55	东北	7.45	113.84	29.28	西南	81.16
2016	115.43	30.16	东南	15.84	112.39	29.46	西南	32.57	114.15	29.82	东北	67.45
2017	116.13	30.31	东北	68.82	111.77	29.26	西南	64.71	113.86	29.69	西南	31.68

(3) 长江经济带污染排放强度的空间重心演变轨迹

2003—2017年长江经济带污染排放强度的空间重心演变轨迹情况显示(图3.14)，从污染排放强度的空间重心迁移地理范围来看，工业废水排放强度的空间重心集中在东经109.30°～111.59°和北纬28.09°～29.18°之间，其坐标对应的行政区域地理范围集中在贵州铜仁至湖南常德一带。工业二氧化硫排放强度的空间重心集中在东经108.44°～110.32°和北纬28.10°～29.07°之间，其坐标对应的行政区域地理范围集中在贵州铜仁至湖南张家界一带。工业烟粉尘排放强度的空间重心集中在东经106.18°～111.16°和北纬28.41°～29.84°之间，其坐标对应的行政区域地理范围集中在贵州遵义至湖南常德一带。与污染排放总量的空间重心所在区域不同，三种污染物排放强度的空间重心在考察期内的大部分年份均落在长江经济带上游和中游地区。从空间重心迁移的演变轨迹来看，工业废水排放强度的空间重心整体呈现由东向西迁移趋势，但在2017年出现大幅向东回迁的态势，工业二氧化硫排放强度的空间重心迁移轨迹与工业废水相似，同样表现为整体呈现由东向西迁移趋势，工业烟粉尘排放强度的空间重心迁移轨迹除2011年外的其余年份变动不大。

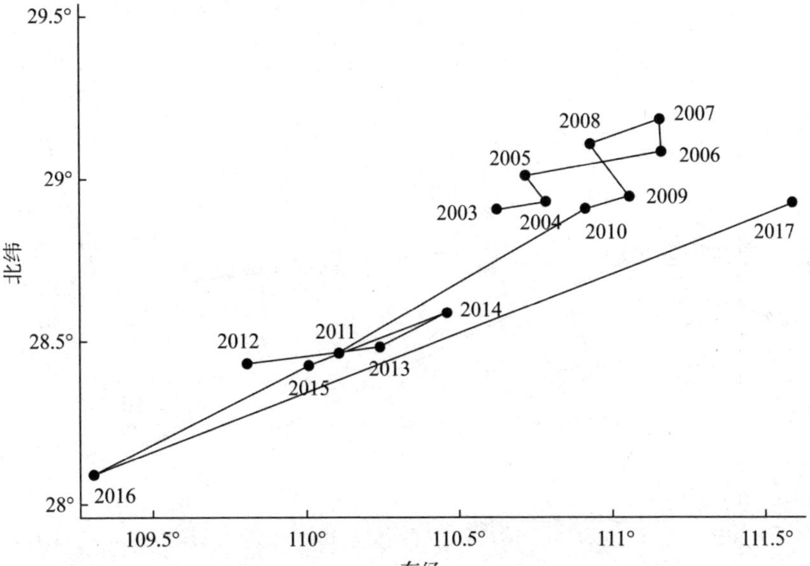
29.5°
29°
28.5°
28°
北纬
109.5°
110°
110.5°
111°
111.5°
东经
2003
2004
2005
2006
2007
2008
2009
2010
2011
2012
2013
2014
2015
2016
2017

rwater

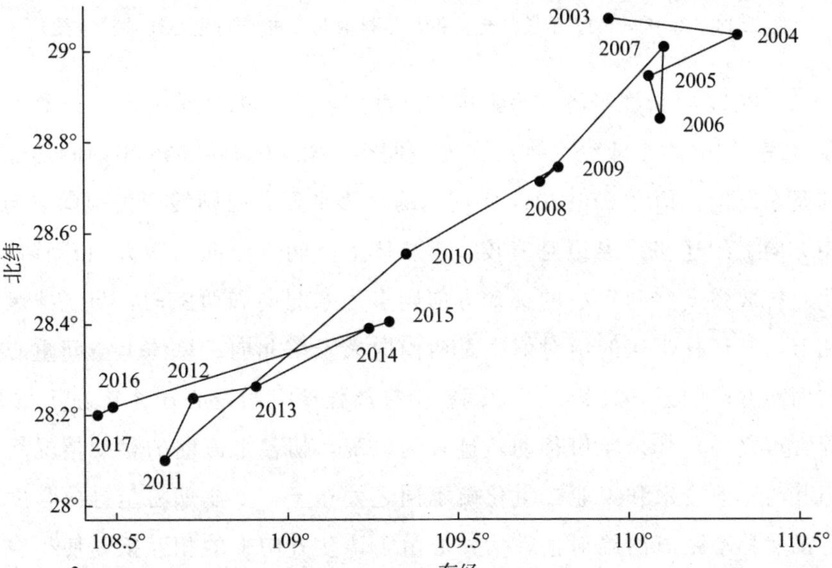
29°
28.8°
28.6°
28.4°
28.2°
28°
北纬
108.5°
109°
109.5°
110°
110.5°
东经
2003
2004
2005
2006
2007
2008
2009
2010
2011
2012
2013
2014
2015
2016
2017

rso2

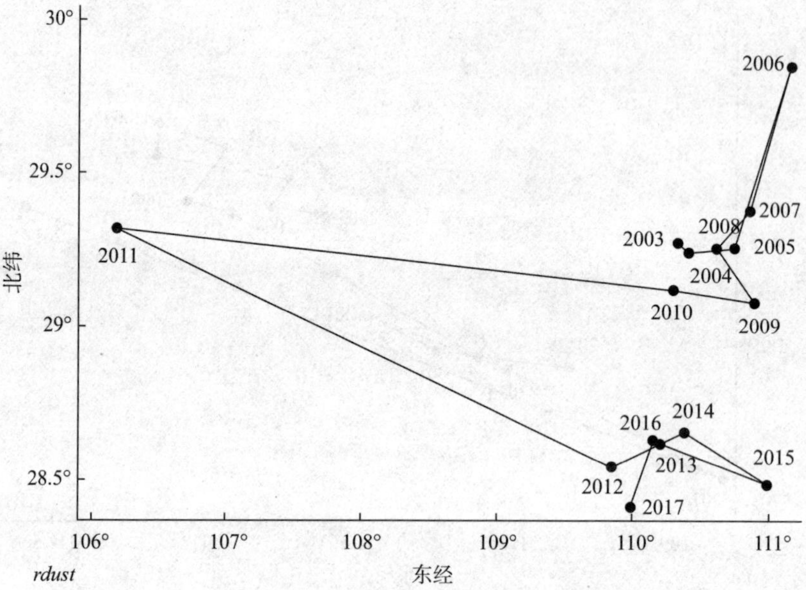

图 3.14　2003—2017 年长江经济带污染排放强度的空间重心迁移轨迹图

2003—2017 年长江经济带污染排放强度空间重心的迁移方向和迁移距离情况显示（表 3.10），工业废水排放强度空间重心在 2003—2006 年期间的迁移主要方向是东北向，但 2007—2017 年期间的迁移主要方向则转变为西南方向，由于西南方向上的迁移距离绝对值较大，总体上空间重心向西南方向迁移。工业二氧化硫排放强度空间重心的移动方向则多为东北向和西南向，与工业废水的情况相似，其迁移距离的绝对值也是西南向大于东北向，总体上空间重心也呈现出向西南方向的迁移趋势。工业烟粉尘排放强度空间重心迁移轨迹除 2011 年出现异常点之外，其余年份移动轨迹较为散乱，朝各个方向的移动情况均有出现。但其与工业废水和工业二氧化硫不同之处在于，工业烟粉尘排放强度的空间重心虽然移动距离的绝对值较大，但由于移动方向上的相互抵消使得空间重心绝对位置变化并不大。

表 3.10 2003—2017 年长江经济带污染排放强度空间重心的迁移方向和迁移距离情况表

年份	工业废水排放总量				工业二氧化硫排放总量				工业烟粉尘排放总量			
	经度	纬度	方向	距离/km	经度	纬度	方向	距离/km	经度	纬度	方向	距离/km
2003	110.62	28.90	—	—	109.95	29.07	—	—	110.33	29.27	—	—
2004	110.78	28.93	东北	15.54	110.32	29.04	东南	36.63	110.41	29.24	东南	8.14
2005	110.72	29.01	西北	10.86	110.06	28.95	西南	27.09	110.75	29.26	东北	32.63
2006	111.16	29.08	东北	43.72	110.09	28.85	东南	10.83	111.16	29.85	东北	76.86
2007	111.15	29.18	西北	10.95	110.11	29.01	东北	17.42	110.86	29.38	西南	59.64
2008	110.93	29.11	西南	23.53	109.74	28.71	西南	48.17	110.62	29.25	西南	27.25
2009	111.05	28.94	东南	21.86	109.80	28.75	东北	6.15	110.89	29.08	东南	33.11
2010	110.91	28.91	西南	14.52	109.35	28.55	西南	48.37	110.30	29.12	西北	57.52
2011	110.10	28.46	西南	92.72	108.64	28.10	西南	85.77	106.19	29.32	西北	399.91
2012	109.80	28.43	西南	29.55	108.73	28.24	东北	17.29	109.85	28.54	东南	366.78
2013	110.24	28.48	东北	42.85	108.91	28.26	东北	18.14	110.21	28.62	东北	35.83
2014	110.46	28.59	东北	24.44	109.24	28.39	东北	35.19	110.38	28.66	东北	17.97
2015	110.01	28.42	西南	47.71	109.30	28.41	东北	6.07	110.99	28.49	东南	61.90
2016	109.31	28.09	西南	78.15	108.49	28.22	西南	81.75	110.15	28.63	西北	82.92
2017	111.59	28.92	东北	241.84	108.45	28.20	西南	4.72	109.99	28.41	西南	29.23

3.4.3 长江经济带经济集聚与污染排放的空间关联性测度

以 2003—2017 年长江经济带经济集聚和污染排放空间重心迁移情况为现实依据，通过定性比对二者空间重心的迁移轨迹的拟合程度和定量检测二者空间重心经纬度的相关性来揭示其空间关联性。

空间重心迁移区域情况显示（表 3.11），经济集聚空间重心的经、纬度坐标落在长江经济带下游地区安徽池州至安庆范围之内。工业废水排放总量的空间重心落在长江经济带中游与下游地区交界处附近，其经、纬度坐标对应的地理范围在湖北黄石至安徽安庆一带，工业二氧化硫和工业烟粉尘排放总量的空间重心分别落在湖南常德至湖北荆州以及湖南常德至湖北咸宁一带，均为长江经济带中游地区湖南和湖北交界处附近，工业废水、工业二氧化硫和工业烟粉尘排放强度的空间重心均落在贵州遵义至湖南常德范围之内（张家界和铜仁均处于这一范围之内）。经济集聚空间重心的分布区域较为集中且在经度上跨越幅度较小，三种污染物排放总量空间重心的分布区域有所扩散，且经度跨越幅度呈放大趋势，而排放强度空间重心的分布区域跨度则更大。

表 3.11　2003—2017 年长江经济带经济集聚与污染排放的空间重心迁移区域分布表

	经济集聚度	工业废水排放总量	工业二氧化硫排放总量	工业烟粉尘排放总量	工业废水排放强度	工业二氧化硫排放强度	工业烟粉尘排放强度
重心分布区域	安徽池州至安徽安庆	湖北黄石至安徽安庆	湖南常德至湖北荆州	湖南常德至湖北咸宁	贵州铜仁至湖南常德	贵州铜仁至湖南张家界	贵州遵义至湖南常德

空间重心迁移方向和迁移距离情况显示（图 3.12、图 3.13、图 3.14），经济集聚空间重心的迁移方向整体呈现向西偏移趋势但迁移距离较小。工业二氧化硫排放总量的空间重心迁移方向与经济集聚相似也同为向西偏移，但偏移距离更大，而工业废水和工业烟粉尘排放总量的空间重心迁移方向却与经济集聚相反，整体呈现向东偏移趋势，且偏移距离和幅度均较大。工业二氧化硫和工业烟粉尘排放强度的空间重心迁移方向总体而言均呈现向西南方向偏移的趋势。所不同的是工业二氧化硫排放强度的空间重心迁移距离较大，工业烟粉尘排放强度的空间重心迁移距离除 2011 年出现异常值外，其余年份迁移距离和幅度均较小。而工业废水排放强度的空间重心迁移方向在 2003—2016 年期间整体呈现向西南方向偏移，但 2017 年出现了向东北方向的较大迁移，使其总体方向上呈现向东北向迁移。

空间重心经、纬度的相关性情况表明（表 3.12、表 3.13），从空间重心经度相关性检验结果来看，经济集聚与工业废水和工业烟粉尘排放总量呈负相关关系且均在 1%和 5%水平上显著，即经济集聚空间重心在经度上的迁移方向与上述两种污染物排放总量呈反向迁移趋势，与工业二氧化硫排放总量以及三种污染物排放强度均呈现正相关关系，表明它们的空间重心迁移方向呈同向迁移趋势。从空间重心纬度相关性检验结果来看，经济集聚与三种污染物排放总量及强度均呈现正相关关系（仅与工业烟粉尘排放总量的相关性检验未通过显著性检验），表明它们的空间重心在纬度上的迁移方向趋同。

表 3.12　长江经济带经济集聚与污染排放总量的空间重心经、纬度相关性测算表

经度					纬度				
Variable	*aggX*	*twater*	*tso2*	*tdust*	*Variable*	*aggY*	*twater*	*tso2*	*tdust*
aggX	1.0000				*aggY*	1.0000			
twater	−0.5512** [0.0332]	1.0000			*twater*	0.5679** [0.0272]	1.0000		
tso2	0.9024*** [0.0000]	−0.6599*** [0.0074]	1.0000		*tso2*	0.9297*** [0.0000]	0.3508 [0.1998]	1.0000	
tdust	−0.6965*** [0.0039]	0.7311*** [0.0020]	−0.5761** [0.0246]	1.0000	*tdust*	0.4001 [0.1395]	0.2531 [0.3627]	0.3296 [0.2302]	1.0000

注：*、**、***分别表示在10%、5%和1%的显著性水平下显著，方括号内为 *p* 值。

表 3.13　长江经济带经济集聚与污染排放强度的空间重心经、纬度相关性测算表

经度					纬度				
Variable	*aggX*	*rwater*	*rso2*	*rdust*	*Variable*	*aggY*	*rwater*	*rso2*	*rdust*
aggX	1.0000				*aggY*	1.0000			
rwater	0.5228** [0.0456]	1.0000			*rwater*	0.8051*** [0.0003]	1.0000		
rso2	0.9020*** [0.0000]	0.4955* [0.0604]	1.0000		*rso2*	0.8815*** [0.0000]	0.7643*** [0.0009]	1.0000	
rdust	0.5436** [0.0362]	0.3126 [0.2567]	0.5235** [0.0452]	1.0000	*rdust*	0.7295*** [0.0020]	0.6550*** [0.0080]	0.6943*** [0.0041]	1.0000

注：*、**、***分别表示在10%、5%和1%的显著性水平下显著，方括号内为 *p* 值。

综上所述，长江经济带经济集聚与污染排放的空间重心呈现一定的空间相关性，但并不完全重合，尤其是经济集聚与工业废水和工业烟粉尘排放总量空间重心经度的迁移方向上还存在反向迁移轨迹。另外，经济集聚空间重心所处区域与污染排放总量较为接近但与污染排放强度相距较远。

3.5　小结

基于2003—2017年长江经济带经济集聚和污染排放的平衡面板数据，对二

者之间的空间关系进行了经验研究。采用探索性空间数据分析、时空序列分析和首位度分析、空间重心迁移曲线模型、相关性测度等方法，从现实情况层面揭示经济集聚和污染排放各自的空间分布格局、空间集聚特征、时空演化趋势以及二者之间所存在的空间关联状况，得到如下结论。

第一，就空间分布格局而言，长江经济带经济集聚、污染排放总量和排放强度整体上均存在较为显著的正向空间自相关性，即存在明显的正向空间溢出性和空间依赖性。而且这种空间分布格局在连续 15 年考察期内较为稳定。就空间聚类特征而言，2003 年和 2017 年长江经济带经济集聚的“高-高”型分布主要集中在长三角城市群和长江中游城市群，“低-低”型分布则集中于云贵川所辖城市。工业废水排放总量的聚类特征与经济集聚高度相似呈现出同向变化趋势。2003 年工业二氧化硫排放总量的“高-高”型分布主要在长三角城市群和成渝城市群及贵州省所辖城市，“低-低”型分布则集中在安徽省和云南省所辖城市。2017 年长江中游城市群多数城市转入“低-低”型聚类分布区域。2003 年工业烟粉尘排放总量的“高-高”型分布主要集中在长株潭城市群和成渝城市群，“低-低”型分布则主要在长江中游的湖南省所辖城市。2017 年江西省所辖城市取代湖南省进入了“低-低”型分布区域。2003 年工业废水排放强度的“高-高”型分布集中于湖南省和四川省所辖城市，“低-低”型分布则集中在长三角城市群。2017 年上述中西部地区的部分城市已转入“低-低”型分布。工业二氧化硫和工业烟粉尘排放强度方面呈现出非常相似的聚类分布变化趋势，集中表现为中游地区湖南省所辖的众多城市和成渝城市群从 2003 年到 2017 年逐渐脱离“高-高”型分布区域转向其他分布区域，但云南省所辖城市则全部转入“高-高”型聚类分布。

第二，就时序演化趋势而言，长江经济带经济集聚在考察期内呈现出整体持续上升的态势。污染排放总量和排放强度整体呈现出下降趋势，但不同种类的污染排放物存在部分差异，主要体现在污染排放总量在下降过程中的波动幅度较大，而污染排放强度则呈现出较为平稳的下降趋势。就空间演化趋势而言，长江经济带经济集聚整体层面的高值区域始终集中在长三角城市群，低值区域则主要在长江上游云南省和贵州省地区，这种空间分布形成了锁定趋势。而在局部层面，经济集聚的高值区域通常位于长江经济带三大区域各自核心城市群的中心节点城市，并向外围逐渐减弱，形成明显的“中心-外围”格局。工业废水排放总量与经济集聚在空间演化上保持高度相似，通常经济集聚高值区域也是工业废水排放总量的高值区域。而工业二氧化硫和工业烟粉尘排放总量空间演化趋势较为稳定，高值区域始终位于成渝城市群以及长江上游的部分城市。三种污染物排放强度的空间演化趋势同样保持稳定，其高值区域始终集中在云贵两省所辖城市。

第三，长江经济带经济集聚与污染排放呈现出一定程度上的空间关联性。经济集聚与三种污染物排放强度以及工业二氧化硫排放总量的空间重心迁移总体方向保持相同的趋势，其空间重心经度的相关性也呈现正向相关，而二者在空间重心迁移距离方面存在部分差异。但经济集聚与工业废水和工业烟粉尘排放总量的空间重心迁移方向相反，其空间重心经度的相关性也呈现出负向相关的特征。

综上所述，长江经济带经济集聚和污染排放均存在空间异质性与空间依赖性，它们在时间维度和空间维度上存在特定的发展规律和演变趋势，且二者在时空演化过程中呈现出较为密切的空间关联。

第四章　长江经济带经济集聚影响污染排放的溢出效应

长江经济带所辖区域个体差异较大，经济集聚和污染排放的空间异质性和空间依赖性较为显著，且二者间存在较为密切的空间关联，空间因素在经济集聚影响污染排放上发挥了关键作用。探索长江经济带经济集聚影响污染排放的主要驱动因素，并分析其空间溢出效应。通过采用空间面板计量模型实证检验各驱动因素的影响方向和影响程度，运用偏微分分解方法解析长江经济带经济集聚对污染排放的影响在本地区和邻近地区的直接溢出效应和间接溢出效应。分别按照样本所处区位及规模进行细分，对比经济集聚影响污染排放的溢出效应在异质性条件下的差异，为后续提出长江经济带污染减排和环境治理的经济政策与实施策略提供更为精准的实证支持。

4.1　空间面板计量模型设定

空间计量经济学解决了传统计量经济学方法在面对空间数据时存在的缺陷，在社会学、区域经济、环境经济、地理经济和人口资源等领域的实证研究中被广泛使用。基于长江经济带经济集聚与污染排放之间存在显著的空间异质性和空间依赖性且二者在空间上呈现密切关联的经验证据基础上，采用空间面板计量模型实证分析长江经济带经济集聚影响污染排放的主要驱动因素及其空间溢出效应。

4.1.1 空间面板计量模型构建

(1) 基础模型设定

20 世纪 70 年代，Elrlich 和 Holdren 提出了 IPAT 模型，采用 $I = PAT$ 恒等式研究影响环境变化的经济驱动因素[172]。恒等式左边的 I 表示环境压力，恒等式右边的 P 表示人口规模，A 表示富裕程度，T 表示技术进步。IPAT 模型通过凝练出三个对环境产生影响的主要变量，用简单和抽象的表达式展现了环境与经济之间的关系。但 IPAT 模型有着多种严格限制的假设条件，如不允许驱动因素非单调、非比例变化等[173]。为突破这一制约，Dietz 和 Rosa 以及 York 等对 IPAT 模型进行了改进与拓展，以随机形式构建了 STIRPAT 模型[100,174]，成为研究经济与环境之间关系的经典分析框架。STIRPAT 模型的具体表达式为：

$$I_{it} = \alpha P_{it}^{b} A_{it}^{c} T_{it}^{d} \varepsilon \tag{4.1}$$

式中，I、P、A 和 T 仍分别表示环境压力、人口规模、富裕程度和技术水平，ε 表示随机扰动项。为消除异方差影响和便于进行实证分析，对上述等式两边取自然对数，式 (4.1) 变形为：

$$\ln I_{it} = \alpha + b\ln P_{it} + c\ln A_{it} + d\ln T_{it} + \varepsilon_{it} \tag{4.2}$$

STIRPAT 模型的优势在于既允许将各系数作为参数来进行估计，又允许对各影响因素进行适当分解，更为便利的是该模型可以根据研究者的具体目标进行相应改进和拓展[116,117,175]。此处采用 STIRPAT 模型作为实证分析的基础模型，以三种污染物排放总量和排放强度作为被解释变量来表示环境压力 (I)，将经济集聚度设定为核心解释变量 (agg) 纳入 STIRPAT 模型，仍保留人口规模 (P)、富裕程度 (A) 和技术水平 (T) 三个解释变量，引入控制变量合集 X_{it}，模型具体表达式为：

$$\ln I_{it} = \alpha + b\ln P_{it} + c\ln A_{it} + d\ln T_{it} + \beta_1 \ln agg_{it} + \beta_2 \sum X_{it} + \varepsilon_{it} \tag{4.3}$$

(2) 空间面板计量模型表达形式设定

由于研究样本存在较为显著的空间异质性和空间依赖性，违背支持经典最小二乘回归的高斯-马尔科夫条件[161]，需要采用空间面板计量回归方法进行处理。根据不同的空间因素体现方式常采用 Anselin、LeSage 和 Pace 修正后提出的空间面板滞后模型（SLM）、空间面板误差模型（SEM）和空间面板杜宾模型（SDM）等三种空间面板计量模型进行实证分析[176,177]。

空间面板滞后模型包含被解释变量的空间滞后项，可以将被解释变量的空间溢出效应纳入考虑范围。模型表达式为：

$$Y_{it} = \rho \boldsymbol{W}_{ij} Y_{it} + X_{it}\beta + \varepsilon_{it} \tag{4.4}$$

空间面板误差模型包含误差项的空间滞后项，侧重考察因遗漏变量所导致的空间依赖性，即误差项吸收了未被包含在解释变量中的空间因素。模型表达式为：

$$\begin{aligned} Y_{it} &= X_{it}\beta + \varepsilon_{it} \\ \varepsilon_{it} &= \lambda \boldsymbol{W}_{ij} \varepsilon_{it} + \mu_{it} \end{aligned} \tag{4.5}$$

空间面板杜宾模型与上述两种空间面板计量模型存在显著区别，它同时包含被解释变量和解释变量的空间滞后项，是在 SLM 模型基础上的一种有效拓展[178,179]，模型表达式为：

$$Y_{it} = \rho \boldsymbol{W}_{ij} Y_{jt} + X_{it}\beta + \theta \boldsymbol{W}_{ij} X_{jt} + \mu_i + \lambda_t + \varepsilon_{it} \tag{4.6}$$

如果空间面板计量模型同时存在空间误差效应和空间滞后效应，并且 LM 检验结果拒绝 OLS 模型，那么采用 SDM 模型是较为适宜的。更为重要的是，SDM 模型既能够分析变量对本地区产生的直接效应，也能够分析变量对邻近地区变量产生的间接效应[180]。在进行实证分析时对空间面板计量模型的设定可以先从 SDM 模型开始，因为 SDM 模型是 SLM 模型和 SEM 模型的特例，当 SDM 模型在模型检验中不能满足相关条件时，可以转化为 SLM 模型或 SEM 模型，而不会对实证分析过程产生影响[179,181]。因此，采用 SDM 模型对 STIRPAT 模型进行拓展，在引入空间权重矩阵、解释变量和控制变量之后，表达式为：

$$\begin{aligned} \ln \mathrm{I}_{it} = {} & \beta_0 + \rho \boldsymbol{W} \ln I_{jt} + \beta_1 \ln agg_{it} + \beta_2 \ln popd_{it} + \beta_3 \ln pgdp_{it} + \beta_4 \ln tec_{it} + \beta_5 \sum \ln X_{it} + \\ & \theta_1 \boldsymbol{W} \ln agg_{jt} + \theta_2 \boldsymbol{W} \ln popd_{jt} + \theta_3 \boldsymbol{W} \ln pgdp_{jt} + \theta_4 \boldsymbol{W} \ln tec_{jt} + \theta_5 \sum \boldsymbol{W} \ln X_{jt} + \varepsilon_{it} \end{aligned} \tag{4.7}$$

式（4.7）中 I 表示被解释变量，用三种污染物排放总量和排放强度指标表示，agg 表示核心解释变量经济集聚度，其余解释变量为人口规模（$popd$）、人均富裕程度（$pgdp$）和技术水平（tec），X 表示控制变量合集包括产业结构（sec）、对外开放（$open$）和交通便利程度（$tran$），$\boldsymbol{W}$ 表示空间权重矩阵，β_0 表示不随个体变化的截距项，ρ 表示被解释变量空间滞后项系数，$\beta_1 \sim \beta_5$ 表示解释变量系数，$\theta_1 \sim \theta_5$ 表示解释变量的空间交互项系数，下标 i 和 j 表示个体样本，t 表示年份，ε_{it} 为随机扰动项。

在正式进行空间面板计量模型回归分析之前，需要对所采用的具体模型形式进行检验。常用的检验方法是 LM 检验，通过判断 LM 统计量的显著性水平来确定具体的模型形式[117,182]。模型的 LM-Lag 和 LM-Error 检验结果均在 1% 水平上显著拒绝原假设（表 4.1），即模型既存在空间滞后效应又存在空间误差效应，支持采用 SDM 模型进行回归分析。现实情况也表明，邻近地区的经济集聚通常也会对本地区污染排放产生影响。

表 4.1　空间计量模型表达形式的 LM 检验结果表

LM 检验	χ^2	p 值
LM-Lag（no lag）	13.25	0.0013
LM-Error（no error）	25.28	0.0000

4.1.2　空间权重矩阵设定

在使用空间计量模型进行实证分析之前还需要根据研究对象的尺度差异对空间权重矩阵进行设定，通常可以采用空间邻接权重矩阵和地理距离权重矩阵两种不同特点的权重矩阵。空间邻接权重矩阵设定为［0，1］模式，即当城市相邻时取值为 1，不相邻时取值为 0，这种空间权重矩阵有着简单的假设条件，使用起来较为方便，常用于考察连续空间内相邻区域的空间关系状况。

空间邻接权重矩阵（$\boldsymbol{W}_{01}$）在对区域单元地理距离约束条件的严格程度要求不高时使用起来较为便利。空间邻接权重矩阵的界定为：

$$\boldsymbol{W}_{01}=\begin{cases}1，当城市 i 与城市 j 相邻时\\0，当城市 i 与城市 j 不相邻时\\0，当 i=j 时\end{cases}$$

i 和 j 表示样本城市，1 和 0 表示满足邻接条件时空间邻接矩阵权重的取值。

但空间邻接权重矩阵的弊端是过于简单的假设条件与现实情况存在着较大差异，特别是以长江经济带所辖地级及以上城市为研究尺度时，如果采用空间邻接权重矩阵可能导致研究结果存在一定程度上的偏误而影响研究结果的精准性。因此，可以采用更为接近现实情况的地理距离空间权重矩阵[183]，并使用空间邻接权重矩阵作为放松约束条件之后的稳健性检验。一般来说，地理距离空间权重矩阵暗含了任何城市之间都存在互动关系的假设条件，只是由于地理距离的差异而存在不同，距离越近则互动关系越强。

地理距离空间权重矩阵（$\boldsymbol{W}_{ij}$）的选择依据源自地理学第一定律，描述了空间单元之间普遍存在着空间联系，且这种空间联系会随着地理距离增大而逐渐减弱，这也部分地反映出客观世界的现实情况。地理距离空间权重矩阵的界定为：

$$\boldsymbol{W}_{ij}=\begin{cases}\dfrac{1}{d_{ij}^{2}}, & i\neq j\\ 0, & i=j\end{cases}$$

i 和 j 表示样本城市，d_{ij} 表示 i 城市和 j 城市之间的球面距离。

4.2 长江经济带经济集聚影响污染排放的溢出效应驱动因素识别

4.2.1 主要驱动因素识别及分析

在 STIRPAT 模型分析框架的基础上识别长江经济带经济集聚影响污染排放空间溢出效应的主要驱动因素。

人口密度。城市人口规模增大通常表现为人口密度提升，而人口密度的提升又通常伴随着企业生产资源消耗和居民生活消费的规模扩大。企业的经营活动将更倾向于选择靠近人口集聚规模较大的中心市场，以此来获得更多的本地市场规模效应。生产与消费的规模效应势必会增加污染物的排放总量和强度，从而对集聚地区的环境质量带来一定程度上的负面影响。由于长江经济带所辖城市行政区划和人口规模存在着较大的差异，直接采用城市人口绝对数量作为衡量指标并不能很好地体现人口集聚程度。同时，人口绝对数量也不具有科学上的可比性[117]。因此，选择长江经济带所辖地级及以上城市行政区划单位面积上承载的城市人口数量作为衡量指标表征人口集聚对环境污染的影响，预期其系数为正。

经济发展水平。环境库兹涅茨曲线（EKC）假说认为，经济发展与环境污染之间存在倒 U 型相关关系。经济发展初期，生产资源要素投入的增加会导致污染物排放增大从而恶化环境质量，但当经济发展水平达到某一程度之后，人们生活水平随之提高，整个社会对环境质量的要求也会提高，政府会出台严格的环境保护政策限制污染物排放，促进环境质量提升[35]。但现有研究发现经济发展与环境污染之间还可能出现 U 型、N 型和倒 N 型等不同的相关关系。无论如何，环境污染问题始终与经济发展水平密切相关。经济发展水平常用人均 GDP 来表征。因此，选择长江经济带地级及以上城市的人均 GDP 作为衡量城市经济发展水平的代理指标，其对污染排放产生的影响到底是正向还是负向则需要视城市经济发展水平所处的不同阶段而定。

技术水平。现实情况表明，技术水平对于环境保护和环境治理来说具有关键作用，节能减排技术的推广和创新无疑会对环境污染产生直接影响。企业在生产端采用高效新颖的节能技术可以提升生产资源要素的利用效率，从而减少污染物排放总量和强度。同时，企业在污染治理端提升污染治理技术水平可以降低污染物排放对环境造成的二次污染。当前，在发展绿色技术的倡导下，技术水平值越高代表技术创新能力越强，从而对缓解污染排放的作用也越大。采用科学技术支出在财政支出的占比作为衡量技术水平的指标，预期其系数为负。

产业结构。经济发展过程中的结构效应会对环境质量产生直接影响，其中来自第二产业的化石燃料燃烧和建筑产业的扬尘无疑会对环境质量产生负面影响。但产业结构的动态调整会使得结构效应在经济发展的不同阶段对污染排放造成不同的影响。长江流域遍布重化工企业，企业生产加工过程中排放的工业废水、工业二氧化硫和工业烟粉尘或流入河道水域或弥散于空气之中，成为环境污染的主要“元凶”。伴随国家推进供给侧改革和产业结构转型升级以及推动长江经济带高质量发展等一系列政策的落地与实施，鼓励从第二产业向第三产业转变，可以有效缓解工业生产对环境污染的影响。采用第二产业在 GDP 中的占比作为产业结构的衡量指标，预期其系数为正。

对外开放程度。现有研究表明外商直接投资（FDI）通常来说可能对环境质量产生两种截然不同的影响，即“晕轮效应”假说和“污染避难所”假说。一方面，本地企业可以通过“晕轮效应”引入 FDI 中的环境友好型技术、产品以及优秀的环保理念，从而起到降低污染排放的作用[112]。另一方面，FDI 会通过转移高能耗、高污产业到环境规制较弱的地区，加剧产业承接地的污染排放，使之成为“污染避难所”，从而恶化环境[184]。采用 FDI 占 GDP 比重表征对外开放程度，用以衡量其对污染排放产生的影响。

交通便利程度。通常来说高效快捷的交通网络能够有效刺激物流运输，从而提升地区经济发展水平，便利的交通和高效的通勤也有利于拓宽与延展城市对内和对外双向的经济交流，从而促进区域中心节点城市的经济集聚，锁定交通网络的“中心-外围”的空间格局。但从环境保护视角来看，便利的交通也会增加物流运输频率、运输强度和尾气排放总量，这种情况对于以公路运输为主体的城市而言显得尤为明显。汽车尾气排放中的一氧化碳、氧化氮和二氧化硫等污染物是空气污染和扬尘的重要来源，部分尾气会随空气扩散至周边水域被吸收，从而恶化水环境质量。采用人均道路面积表征交通便利程度，并作为衡量指标考察其对污染排放的影响，预期其系数为正。

4.2.2 数据说明与变量选取

数据样本由 2003—2017 年长江经济带所辖 110 个地级及以上城市相关指标构成，FDI 汇价来自国家外汇管理局的公开数据（表 4.2、表 4.3）。

表 4.2　变量定义与说明表

	变量	指标	含义	代码
被解释变量	废水总量	工业废水排放总量	工业废水排放总量（万 t）	*twater*
	二氧化硫总量	工业二氧化硫排放总量	工业二氧化硫排放总量（t）	*tso2*
	烟粉尘总量	工业烟粉尘排放总量	工业烟粉尘排放总量（t）	*tdust*
	废水强度	万元工业总产值废水排放量	工业废水排放量/工业总产值（万 t/万元）	*rwater*
	二氧化硫强度	亿元工业总产值二氧化硫排放量	工业二氧化硫排放量/工业总产值（t/万元）	*rso2*
	烟粉尘强度	亿元工业总产值烟粉尘排放量	工业烟粉尘排放量/工业总产值（t/万元）	*rdust*
解释变量	经济集聚度	城市单位面积的非农产出	城市非农产出总值/城市行政国土面积（万元/km^2）	*agg*
	人口密度	城市人口密度	年末总人口/行政国土面积（人/km^2）	*popd*
	经济发展水平	人均 GDP	GDP/年末总人口（元/人）	*pgdp*
	技术水平	科技支出在财政支出中的占比	科技支出/财政支出（%）	*tec*
控制变量	产业结构	第二产业在 GDP 中的占比	第二产业产值/GDP（%）	*sec*
	对外开放	FDI 在 GDP 中的占比	实际利用外资额/GDP（%）	*open*
	交通便利度	人均道路面积	城市道路面积/年末总人口（m^2/人）	*tran*

表 4.3　变量的描述性统计表

变量	观察值	均值	标准差	最小值	最大值
ln*twater*	1650	8.496	1.074	4.094	11.359
ln*tso2*	1650	10.396	1.043	5.659	13.434
ln*tdust*	1650	9.660	0.960	5.557	14.114
ln*rwater*	1650	−7.417	1.119	−10.652	−3.823
ln*rso2*	1650	−5.519	1.352	−10.351	−1.047
ln*rdust*	1650	−6.250	1.311	−9.552	−1.132
ln*agg*	1650	6.394	1.316	2.444	10.408
ln*popd*	1650	5.987	0.640	3.965	7.733
ln*pgdp*	1650	9.821	0.783	7.771	11.615
ln*tec*	1650	−0.216	1.071	−3.342	2.789

续表

变量	观察值	均值	标准差	最小值	最大值
ln*sec*	1650	3.847	0.216	2.874	4.329
ln*open*	1650	0.264	1.271	−5.112	3.001
ln*tran*	1650	2.104	0.654	−0.528	3.604

4.3 长江经济带经济集聚影响污染排放的溢出效应检验

4.3.1 长江经济带经济集聚对污染排放影响的溢出效应结果分析

进行回归分析之前需要通过 Hausman 检验确定模型究竟应该采用固定效应还是随机效应。Hausman 检验结果均在 1%水平上显著拒绝随机效应的原假设。因此，采用 SDM 模型固定效应进行回归分析的效果要优于随机效应。

SDM 模型检验结果显示（表 4.4），三种污染物排放总量和排放强度指标的空间滞后项系数 ρ 均在 1%的水平上显著为正，表明长江经济带总体样本的污染物排放总量和排放强度均存在明显的正向空间溢出效应，即城市间污染排放存在正向相关关系，本地区的影响作用会通过溢出效应波及周边邻近地区。现实情况也表明，长江经济带污染排放确实会随着河流流域以及空气流动等的自然现象扩散至周边地区从而对环境质量产生相应的影响。分别对 SDM 模型的解释变量和控制变量进行逐一研判。

表 4.4 长江经济带经济集聚对污染排放影响的溢出效应检验结果表

变量	ln*twater*	ln*tso2*	ln*tdust*	ln*rwater*	ln*rso2*	ln*rdust*
ln*agg*	−0.490***	−0.186	−0.193	−0.503***	−0.159	−0.199
	(−4.27)	(−1.45)	(−1.17)	(−4.25)	(−1.18)	(−1.12)

续表

变量	ln*twater*	ln*tso2*	ln*tdust*	ln*rwater*	ln*rso2*	ln*rdust*
ln*popd*	0.505	0.374	−0.045	0.557*	0.393	0.006
	(1.61)	(1.07)	(−0.10)	(4.27)	(1.70)	(0.01)
ln*pgdp*	0.300***	0.152	−0.197	−0.360***	−0.573***	−0.885***
	(2.63)	(1.19)	(−1.20)	(−3.06)	(−4.28)	(−4.99)
ln*tec*	−0.025	−0.076***	−0.018	−0.061**	−0.118***	−0.042
	(−1.00)	(−2.72)	(−0.49)	(−2.37)	(−4.28)	(−1.08)
ln*sec*	0.374***	1.146***	0.865***	−0.901***	−0.026	−0.421**
	(2.86)	(7.85)	(4.60)	(−6.66)	(−0.17)	(−2.07)
ln*open*	−0.032**	−0.005	−0.034	−0.042***	−0.013	−0.035
	(−2.18)	(−0.31)	(−1.57)	(−2.72)	(−0.77)	(−1.50)
ln*tran*	0.098***	0.040	−0.142***	0.067*	−0.006	−0.167***
	(2.60)	(0.95)	(−2.62)	(1.72)	(−0.14)	(−2.84)
W×ln*agg*	−0.378	−1.388***	−1.140***	0.078	−0.957***	−0.660
	(−1.24)	(−4.10)	(−2.62)	(0.25)	(−2.69)	(−1.40)
W×ln*popd*	2.907***	3.804***	0.173	2.740***	3.658***	−0.186
	(3.21)	(3.78)	(0.13)	(2.92)	(3.46)	(−0.13)
W×ln*pgdp*	1.124***	1.473***	1.215***	0.613*	0.968***	0.721
	(3.67)	(4.31)	(2.77)	(1.95)	(2.71)	(1.53)
W×ln*tec*	0.098*	−0.038	−0.049	0.022	−0.134**	−0.154*
	(1.90)	(−0.65)	(−0.67)	(0.41)	(−2.20)	(−1.92)
W×ln*sec*	−2.224***	−2.789***	−3.004***	−1.621***	−2.450***	−2.590***
	(−6.91)	(−7.77)	(−6.42)	(−4.75)	(−6.37)	(−5.02)
W×ln*open*	0.0227	0.0372	0.0470	0.0153	0.0408	0.0412
	(0.61)	(0.89)	(0.87)	(0.40)	(0.93)	(0.71)
W×ln*tran*	0.429***	0.607***	1.147***	0.547***	0.720***	1.252***
	(3.61)	(4.59)	(6.80)	(4.48)	(5.21)	(6.88)
ρ	0.334***	0.251***	0.358***	0.319***	0.222***	0.285***
	(6.99)	(5.22)	(8.19)	(6.71)	(4.54)	(6.14)
σ^2	0.121***	0.150***	0.249***	0.129***	0.166***	0.290***
	(28.54)	(28.63)	(28.53)	(28.56)	(28.64)	(28.61)

续表

变量	ln*twater*	ln*tso2*	ln*tdust*	ln*rwater*	ln*rso2*	ln*rdust*
Hausman	Chi^2＝36.23 (p＝0.0000)	Chi^2＝25.53 (p＝0.0000)	Chi^2＝36.26 (p＝0.0000)	Chi^2＝82.65 (p＝0.0000)	Chi^2＝48.95 (p＝0.0000)	Chi^2＝21.83 (p＝0.0027)
N	1650	1650	1650	1650	1650	1650
R^2	0.639	0.623	0.416	0.624	0.633	0.485

注：括号内为 t 统计量；＊＊＊、＊＊、＊ 分别表示在1%、5%和10%的水平上显著。

经济集聚。就本地区影响效应而言，经济集聚对工业废水排放总量和排放强度的关联系数分别为－0.490和－0.503，且均在1%水平上均显著。表明提升经济集聚度会对本地区水污染排放产生抑制作用。可能的原因是经济集聚通过规模经济、成本节约以及各类有益的溢出效应等正向外部性作用改变人们的生产和消费方式形成集约效果，从而促进经济产出效率的提升，部分抵消了规模效应对水污染排放产生的影响。经济集聚对工业二氧化硫与工业烟粉尘排放总量与排放强度的关联系数虽然均为负值，却未通过显著性检验，因而在统计意义上无法对其进行判定。就空间交互作用而言，经济集聚对水污染排放总量和排放强度的空间交互项系数未通过显著性检验，说明邻近地区经济集聚度提升对本地区水污染减排作用不明显。但经济集聚对工业二氧化硫排放总量和排放强度以及工业烟粉尘排放总量的空间交互项系数显著为负，表明邻近地区经济集聚度的提升会产生抑制其污染排放的效果。可能的原因是工业二氧化硫和工业烟粉尘的排放体量较工业废水排放而言相对较小，而且与水污染排放相比，工业二氧化硫和工业烟粉尘均可以在较短时间内随空气扩散从而被稀释。此外，经济集聚度的变化在一定范围内是由于产业转移导致，邻近地区经济集聚度提升吸收产业转移，因而降低了本地区的工业二氧化硫和工业烟粉尘排放。

人口密度。本地效应中人口密度对三种污染物排放总量和排放强度的关联系数多为正值，却不显著，而仅对工业废水排放强度的影响通过了10%水平的显著性检验。可能的原因是人口密度增加对污染排放会产生规模效应和集聚效应两种影响途径[117]。规模效应会通过增加资源与能源消耗导致污染物排放增大，但集聚效应却恰恰相反，它能够通过提高公共资源使用效率和共享治污减排设施等方式缓解污染排放。从对本地区效应的模型检验结果来看，集聚效应对规模效应起到了一定的抵消作用，使得人口密度的增加并未对污染排放产生严重影响。从空间交互效应来看，人口密度对工业废水和工业二氧化硫排放总量与排放强度均在1%水平上显著为正。表明人口迁移至邻近地区的过程中弱化了本地区人口密度的集聚效应，使得规模效应占据“上风”，从而增加了本地区工业废水和工业二氧化硫污染排放。而人口密度对工业烟粉尘排放的关联系数不显著，可能的原因在于污染物自身属性，由于工业烟粉尘排放较另外两种污染物而言更容易在发生大规模扩散之前被控制住，如在工地上常常采用人工降水或喷淋等方式达到降尘效果。

经济发展水平。就本地效应而言，经济发展水平对三种污染物排放强度的关联系数均在1%水平上显著为负，而对污染物排放总量的关联系数中仅有水污染排放在1%水平上显著为正。表明本地区经济发展水平提升过程中对降低污染排放强度具有显著的效果，但却会导致工业废水排放总量增大。可能的原因是伴随国家推动长江经济带高质量发展的政策落地，政府对企业在生产过程中的污染排放效率更加重视，并实施了较强的监管措施。但是长江沿岸遍布重化工产业，企业生产加工过程中对工业用水的依赖程度较大，相较于工业二氧化硫和工业烟粉尘而言对工业废水排放总量的管控难度更大，经常出现生产企业非法和违规偷排工业废水情况。就空间交互作用而言，经济发展水平对三种污染物排放总量和排放强度的关联系数绝大部分在1%水平上显著为正（其中对工业废水排放强度的关联系数在10%水平上显著为正，仅对工业烟粉尘排放强度的关联系数不显著）。说明邻近地区的经济发展水平提升会对本地区污染排放产生正向影响。可以从两方面予以解释：一是污染排放会随长江流域河流自然流动和空气扩散导致污染蔓延，从而影响周边邻近地区的环境质量；二是由于地区之间在环境保护和监管方面存在行政壁垒和地方保护主义，抱有“各扫自家门前雪”的思想，因而对于跨区域环境监管与环境治理的行动积极性不够，且缺乏联防联控机制保障。

技术水平。就本地效应而言，技术水平对三种污染物排放总量和排放强度的关联系数均为负值，其中对工业二氧化硫排放总量和强度通过了1%水平的显著性检验，而对工业废水排放强度通过了5%水平的显著性检验。表明节能减排技术投入和实施提升了治污技术水平，对本地区工业二氧化硫污染排放总量和排放强度以及工业废水排放强度产生了明显的抑制效果，但其他污染物排放指标均不显著。可能的原因是相对于其他污染物来说，政府和居民对工业二氧化硫排放危害的感知意识更强，而且针对控制有害气体排放的治污技术整体水平较高，因而技术投入对降低工业二氧化硫排放显现出更好的效果。就空间交互项系数来看，邻近地区技术水平提升能够降低本地区工业二氧化硫和工业烟粉尘排放强度，但却提升了工业废水排放总量。可能的原因是治污技术在地区间存在一定的知识溢出效应，地区间可以通过学习和模仿掌握相关降污的知识与技术，当前治污技术水平对提升污染排放效率来说是有效的，但是仍然难以大幅有效地作用在控制污染排放总量方面。

产业结构。就本地效应而言，产业结构对三种污染排放总量和排放强度的关联系数出现了明显分化。其中，提升第二产业占比均在1%水平上显著加剧了污染排放总量，表明当前工业生产过程中的污染物排放是影响环境质量的主要“元凶”。但提升第二产业占比却大多能够降低污染物排放强度，一种可能的原因是二产占比提升显著增加了经济产出且相对于污染排放总量的增加而言，经济产出的增加幅度更大，从而在计算方式上稀释了污染排放强度的影响。而另一种可能的原因正如前文所述，伴随长江经济带供给侧改革和产业转型升级，地方政府在监管生产企业污染排放效率方面更为重视，严格控制企业生产过程中的污染排放强度。就空间交互作用而言，产业结构调整导致邻近地区二产占比提升，对本地区污染物排放总量和排放强度均在1%水平上呈现显著的抑制效果。说明第二产业在地区间转移过程中，邻近地区二产占比提升吸纳了本地区的工业产能，从而有效缓解了本地区污染物排放总量和排放强度。

对外开放程度。在本地效应中，对外开放程度仅对工业废水排放总量和排放强度的关联系数显著为负，而对工业二氧化硫和工业烟粉尘排放总量和排放强度来说在统计意义上均不显著，表明本地区在引入FDI之后能够有效抑制水污染排放。部分验证了长江经济带提升对外开放水平所带来的“晕轮效应”对降低水污染排放起到了明显效果。外资引入的同时也带来了更高的环境保护标准和更为高效的节能减排技术，这些都将通过溢出效应传导至本地企业，进而提升本地区水环境质量。此外，外资引入还能为本地区带来更大规模的收入，从而本地政府能够为水环境治理提供更多的资金支持。同时，也表明FDI的“污染避难所”假说在长江经济带这一特定区域内不成立。就空间交互作用而言，对外开放对三种污染物排放总量和排放强度的关联系数均未通过显著性检验。表明对外开放对污染物排放的影响作用仍受限于相对较小的区域范围，也许是因为各地区自身对外资利用仍存在壁垒，使其难以产生有效的辐射作用。

交通便利程度。从本地效应来看，交通便利程度显著提升了工业废水排放总量和排放强度，但却降低了工业烟粉尘排放总量和排放强度。可能的原因是在交通便利程度提升的过程中也同时提高了企业产品向外运输的通达性，企业对经济利益的追求则进一步刺激其生产加工的积极性。长江流域多为重化工企业，其生产中对用水依赖较强，交通便利程度提升间接推高了企业产出水平，而相对经济产出的提升工业用水量增大更为显著，从而加大了水污染排放。但企业生产过程中的工业烟粉尘排放体量却相对较小且比较容易被控制住。从空间交互项系数来看，邻近地区的交通便利度提升在1%水平上显著提升本地区三种污染物排放总量和排放强度。可能的解释是伴随交通通达性提高、运输道路更加宽阔，而汽车排放的尾气和工业生产的扬尘却因道路面积的扩大更容易随空气流动向周边地区弥散开来，加大空气污染，而部分尾气被水域河流吸收导致水污染加剧。

4.3.2　溢出效应的稳健性检验

为验证长江经济带经济集聚对污染排放空间效应检验结果的稳健性，采用两种稳健性检验方法进行结果比对。第一是放松地理距离的假设条件，采用空间邻接权重矩阵（$\boldsymbol{W}_{01}$）替换地理距离权重空间矩阵（$\boldsymbol{W}_{ij}$）；第二是保持地理距离空间权重矩阵（$\boldsymbol{W}_{ij}$）而去掉控制变量中的对外开放程度（$\ln open$），其依据是当前学术界关于FDI到底是促进了“晕轮效应”还是催生了“污染避难所”还存在争议。采用相同的参数估计方法通过上述两种稳健性检验，再次对SDM模型进行回归分析。Hausman检验结果均在1%显著性水平上拒绝随机效应的原假设。因此，仍采用固定效应，回归分析结果与前述结果保持了较高的相似程度，证实长江经济带经济集聚对污染排放影响的溢出效应检验结果是稳健的（附录三）。

4.4 长江经济带经济集聚影响污染排放的溢出效应分解

4.4.1 溢出效应的偏微分分解

LeSage 和 Pace 认为传统的点估计方法在估计空间面板计量模型时可能存在一定程度上的误差，从而提出采用偏微分分解方法对空间面板计量模型进行处理和检验，以提升参数估计的精准度[177]。采用偏微分分解方法分析长江经济带经济集聚对污染排放影响的空间溢出效应，以考察空间溢出效应呈现出的直接效应和间接效应，具体分析过程如下。

设定空间杜宾模型形式为：

$$y = \rho \boldsymbol{W} y + \alpha \delta_n + X\beta + \boldsymbol{W} X_{\gamma+\varepsilon} \tag{4.8}$$

将式（4.8）变换为向量形式：$(I_n - \rho \boldsymbol{W})_y = X\beta + \boldsymbol{W} X\phi + \alpha\delta_N + \varepsilon$，再以矩阵形式展开：

$$\begin{bmatrix} y_1 \\ y_2 \\ \vdots \\ y_n \end{bmatrix} = \sum_{r=1}^{n} \begin{bmatrix} S_r(W)_{11} & S_r(W)_{12} & \cdots & S_r(W)_{1n} \\ S_r(W)_{21} & S_r(W)_{22} & \cdots & S_r(W)_{2n} \\ \vdots & \vdots & \ddots & \vdots \\ S_r(W)_{n1} & S_r(W)_{n2} & \cdots & S_r(W)_{nn} \end{bmatrix} \begin{bmatrix} x_1 \\ x_2 \\ \vdots \\ x_n \end{bmatrix} + V(W)_i \delta_N \alpha + V(W)_i \varepsilon \tag{4.9}$$

其中，$S_r(W) = V(W)(I_N \beta_r + \boldsymbol{W}\phi_r)$，$V(W) = (I_N - \rho \boldsymbol{W})^{-1}$，对本地区自变量取偏导数，$\dfrac{\partial y_i}{\partial x_{ir}} = S_r(W)_{ii}$，用以表示直接效应，$\bar{M}(r)_{dir} = n^{-1} tr[S_r(W)]$；对邻近地区取偏导数，$\dfrac{\partial y_i}{\partial x_{jr}} = S_r(W)_{ij}$，用以表示间接效应，$\bar{M}(r)_{indir} = \bar{M}(r)_{total} - \bar{M}(r)_{dir}$；总效应为 $\bar{M}(r)_{total} = n^{-1}\delta_n' S_r(W)\delta_n$，即本地区对所有地区的影响总效应平均值，也为本地区接收到的所有影响总效应平均值[181]。

4.4.2 长江经济带经济集聚对污染排放影响的溢出效应分解结果

从对 SDM 模型进行空间溢出效应的分解结果来看（表 4.5），无论是直接效应还是间接效应，模型解释变量和控制变量的关联系数绝大部分在 1%、5%和 10%水平上显著，表明经济集聚对污染排放存在较为显著的本地效应和溢出效应。

表 4.5　长江经济带经济集聚对污染排放溢出效应的分解结果表

	变量	ln*twater*	ln*tso2*	ln*tdust*	ln*rwater*	ln*rso2*	ln*rdust*
直接效应	ln*agg*	−0.508***	−0.223*	−0.241	−0.502***	−0.179	−0.217
		(−4.24)	(−1.68)	(−1.40)	(−4.08)	(−1.29)	(−1.17)
	ln*popd*	0.616**	0.471	−0.055	0.655**	0.471	−0.021
		(2.03)	(1.39)	(−0.13)	(2.09)	(1.32)	(−0.04)
	ln*pgdp*	0.357***	0.203	−0.135	−0.334***	−0.543***	−0.858***
		(3.13)	(1.61)	(−0.83)	(−2.85)	(−4.09)	(−4.88)
	ln*tec*	−0.022	−0.079***	−0.021	−0.062**	−0.123***	−0.049
		(−0.94)	(−2.96)	(−0.62)	(−2.54)	(−4.41)	(−1.32)
	ln*sec*	0.287**	1.071***	0.743***	−0.977***	−0.091	−0.516***
		(2.37)	(7.90)	(4.29)	(−7.83)	(−0.64)	(−2.75)
	ln*open*	−0.031**	−0.003	−0.031	−0.041***	−0.012	−0.033
		(−2.12)	(−0.21)	(−1.46)	(−2.69)	(−0.68)	(−1.43)
	ln*tran*	0.116***	0.058	−0.095*	0.089**	0.012	−0.127**
		(2.94)	(1.31)	(−1.65)	(2.16)	(0.25)	(−2.07)

续表

	变量	ln*twater*	ln*tso2*	ln*tdust*	ln*rwater*	ln*rso2*	ln*rdust*
间接效应	ln*agg*	−0.807*	−1.891***	−1.863***	−0.135	−1.269***	−1.008
		(−1.87)	(−4.27)	(−2.85)	(−0.31)	(−2.90)	(−1.62)
	ln*popd*	4.610***	5.210***	0.427	4.300***	4.845***	−0.069
		(3.60)	(4.02)	(0.22)	(3.33)	(3.72)	(−0.04)
	ln*pgdp*	1.794***	1.976***	1.746***	0.719	1.066**	0.649
		(3.98)	(4.44)	(2.68)	(1.64)	(2.43)	(1.04)
	ln*tec*	0.131*	−0.074	−0.085	0.003	−0.202***	−0.226**
		(1.90)	(−1.04)	(−0.82)	(0.04)	(−2.74)	(−2.18)
	ln*sec*	−3.050***	−3.249***	−4.054***	−2.713***	−3.074***	−3.670***
		(−6.58)	(−7.11)	(−6.12)	(−5.86)	(−6.66)	(−5.66)
	ln*open*	0.013	0.042	0.047	−0.002	0.043	0.036
		(0.25)	(0.82)	(0.60)	(−0.03)	(0.82)	(0.48)
	ln*tran*	0.675***	0.806***	1.665***	0.816***	0.907***	1.650***
		(3.77)	(4.51)	(6.01)	(4.48)	(4.99)	(6.15)
总效应	ln*agg*	−1.315***	−2.114***	−2.104***	−0.638	−1.448***	−1.225*
		(−2.80)	(−4.39)	(−2.96)	(−1.35)	(−3.05)	(1.81)
	ln*popd*	5.227***	5.681***	0.372	4.955***	5.316***	−0.090
		(3.99)	(4.32)	(0.19)	(3.75)	(4.03)	(−0.05)
	ln*pgdp*	2.151***	2.180***	1.610**	0.386	0.523	−0.209
		(4.51)	(4.64)	(2.34)	(0.83)	(1.14)	(−0.32)
	ln*tec*	0.109*	−0.152**	−0.106	−0.059	−0.325***	−0.275***
		(1.67)	(−2.33)	(−1.08)	(−0.88)	(−4.79)	(−2.82)
	ln*sec*	−2.763***	−2.178***	−3.311***	−3.690***	−3.165***	−4.186***
		(−6.17)	(−5.04)	(−5.19)	(−8.29)	(−7.33)	(−6.82)
	ln*open*	−0.019	0.039	0.015	−0.043	0.031	0.004
		(−0.34)	(0.71)	(0.19)	(−0.77)	(0.57)	(0.05)
	ln*tran*	0.791***	0.864***	1.571***	0.904***	0.919***	1.524***
		(4.18)	(4.60)	(5.37)	(4.70)	(4.83)	(5.40)

注：括号内为 t 统计量；***、**、* 分别表示在1%、5%和10%的水平上显著。

解释变量经济集聚对工业废水排放总量和排放强度的直接效应均在1%水平上显著为负，表明提升经济集聚度能够有效抑制本地区水污染排放。在促进本地区经济集聚过程中对水污染排放影响的各种正向外部性大于规模生产导致的负向外部性，同样的影响效果也适用于工业二氧化硫排放总量。经济集聚对三种污染物排放总量影响的间接效应关联系数均显著为负值，表明经济集聚在空间上的“中心-外围”格局锁定了本地区的中心市场和产出水平，减弱了规模效应对邻近地区的影响，从而对邻近地区的污染排放总量产生抑制作用。虽然经济集聚仅对工业二氧化硫排放强度的间接效应呈现显著的抑制作用，而对其他两种污染物排放强度间接效应的抑制作用在统计意义上不显著，但从现实经验来判断仍不能否定其间接效应。人口密度增大带来的直接效应是显著加剧本地区工业废水排放总量和排放强度，而间接效应是同时加剧邻近地区工业废水和工业二氧化硫排放总量与排放强度，但对工业烟粉尘排放的影响而言在统计意义上不显著。可能的原因是人口集聚催生更大的市场规模效应，本地与邻地企业为获取中心市场利益增加产品生产与加工，从而促使更多的工业废水和工业二氧化硫排放。但相对而言工业烟粉尘体量较小且较容易控制，因而人口集聚程度的增大对环境的影响更多地显现在废水和废气排放方面。经济发展水平提高对本地区污染排放的直接影响更多地体现在显著降低了污染物排放强度方面，可能的原因是经济产出的增幅大于污染物排放的增幅，经济水平的增加优化了污染排放效率。在直接效应中仅对工业废水排放总量的影响显著为正，表明在促进经济发展过程中企业生产加工产品对用水的依赖性较高。本地区经济发展水平的提升通过间接效应加剧了邻近地区污染物排放总量和排放强度，表明本地区经济发展过程中产生的污染物因空间溢出效应扩散至邻近地区，从而增加了排放总量。但本地区经济产出总量并不能稀释邻近地区污染物排放，因而无法提高邻近地区污染排放效率。技术水平提升带来的直接效应和间接效应大多对污染排放强度产生显著抑制作用，而对污染排放总量多不显著。可能的原因是当前治污技术存在一定的知识溢出效应，本地区和邻近地区能够较为便利地进行相互学习与模仿，使得治污技术能够快速推广，但这些治污技术仅在优化效率方面得到较好施展，仍难以大幅降低污染排放总量。

控制变量产业结构对污染排放影响的直接效应和间接效应呈现出相反的效果，第二产业占比规模增加会显著提升本地区污染排放总量和排放强度，但却会减缓邻近地区污染排放总量和排放强度。这与现实情况在一定程度上是吻合的，污染排放多数是由于工业生产加工导致，而工业产业本身就存在产业集聚特征。本地区工业占比提升在加大污染物排放的同时也引发邻近地区工业产业向本地区集聚，从而降低邻近地区的污染排放。由于流域和空气环境存在一定的承载能力和自净功能，大部分污染排放更容易在本地区被稀释。对外开放仅对本地区工业废水排放总量和排放强度有减缓作用，但因系数过小所发挥的降污作用有限。对外开放对污染排放影响的间接效应在统计意义上均不显著，表明其仍受到行政地域壁垒的限制，无法有效发挥溢出作用。交通便利程度对三种污染排放影响的直接效应和间接效应均显著为正，表明提升交通便利程度加剧了本地和邻地的污染排放。

总体而言，通过促进以都市圈和城市群为载体的经济活动空间集聚发展是当前长江经济带采取的重要经济发展方式，其对污染排放的抑制作用也较为明显。但在促进经济集聚过程中应当重视人口集聚、经济发展、二产占比和交通运输等因素导致的规模效应。同时应加大节能减排技术投入和引入 FDI 中低能耗、低排放环保型产业，如此才能实现长江经济带经济与环境协调发展。

4.4.3 溢出效应分解的稳健性检验

采用相同方法对空间溢出效应的分解结果进行稳健性检验，结果与前述空间溢出效应分解保持较高程度的相似性，验证了研究结果是稳健的（附录四）。

4.5 异质性条件下经济集聚影响污染排放的溢出效应分解对比

在对长江经济带所辖地级及以上城市进行区位样本细分的同时，按照 2017 年城市市辖区年末总人口数对长江经济带所辖地级及以上城市规模进行样本细分，其中大型城市 66 个（100 万以上人口），中小型城市 44 个（100 万及以下人口）。需要说明的是，考虑到实证分析在一致性和可比性方面的效果，对异质性细分样本进行分析时所采用的模型和参数估计方法（Hausman 检验结果也都显著拒绝随机效应的原假设）除特别说明之外，均与长江经济带总体样本分析相同。此外，因侧重于空间溢出效应分解的差异性，在异质性条件下经济集聚对污染排放影响的溢出效应对比分析中仅解释溢出效应分解结果，而将溢出效应检验结果单独列出作为参照，不再对其进行详细解释。见表 4.6、表 4.7。

表 4.6　长江经济带三大区域细分样本变量的描述性统计表

城市区位	变量	观察值	均值	标准差	最小值	最大值
上游地区	ln*twater*	495	7.925	1.125	4.812	11.354
	ln*tso2*	495	10.315	1.314	6.417	13.434
	ln*tdust*	495	9.386	1.169	5.557	12.277
	ln*rwater*	495	−7.295	1.257	−10.652	−3.823
	ln*rso2*	495	−4.910	1.391	−9.190	−1.047
	ln*rdust*	495	−5.823	1.353	−8.776	−1.132
	ln*agg*	495	5.626	1.171	2.444	8.762
	ln*popd*	495	5.688	0.729	3.965	6.940
	ln*pgdp*	495	9.436	0.699	7.771	11.035
	ln*tec*	495	−0.654	0.771	−3.002	1.190
	ln*sec*	495	3.809	0.246	2.929	4.329
	ln*open*	495	−0.9434	1.308	−5.112	2.023
	ln*tran*	495	1.610	0.661	−0.528	3.242
中游地区	ln*twater*	540	8.531	0.793	4.094	10.451
	ln*tso2*	540	10.395	0.799	5.659	12.419
	ln*tdust*	540	9.787	0.796	6.458	14.114
	ln*rwater*	540	−7.260	1.125	−10.297	−4.464
	ln*rso2*	540	−5.395	1.278	−10.351	−2.699
	ln*rdust*	540	−6.004	1.221	−9.552	−2.844
	ln*agg*	540	6.161	0.994	4.051	9.219
	ln*popd*	540	5.842	0.437	4.969	6.893
	ln*pgdp*	540	9.752	0.665	8.269	11.427
	ln*tec*	540	−0.384	0.912	−2.443	2.789
	ln*sec*	540	3.837	0.214	2.874	4.205
	ln*open*	540	0.653	0.769	−2.278	2.436
	ln*tran*	540	2.222	0.496	0.231	3.415

续表

城市区位	变量	观察值	均值	标准差	最小值	最大值
下游地区	ln*twater*	615	8.925	1.038	6.140	11.359
	ln*tso2*	615	10.463	0.979	7.418	13.115
	ln*tdust*	615	9.769	0.856	6.878	11.786
	ln*rwater*	615	−7.654	0.943	−10.184	−4.658
	ln*rso2*	615	−6.117	1.117	−9.841	−2.697
	ln*rdust*	615	−6.810	1.148	−9.428	−2.094
	ln*agg*	615	7.216	1.215	4.214	10.408
	ln*popd*	615	6.356	0.527	4.971	7.733
	ln*pgdp*	615	10.191	0.777	7.803	11.615
	ln*tec*	615	0.284	1.202	−3.342	2.537
	ln*sec*	615	3.887	0.182	3.145	4.314
	ln*open*	615	0.893	0.861	−1.682	3.001
	ln*tran*	615	2.396	0.534	0.358	3.604

表 4.7 长江经济带城市规模细分样本变量的描述性统计表

城市规模	变量	观察值	均值	标准差	最小值	最大值
大型城市	ln*twater*	990	8.739	1.059	4.812	11.359
	ln*tso2*	990	10.610	0.993	6.443	13.434
	ln*tdust*	990	9.794	0.899	6.286	14.114
	ln*rwater*	990	−7.567	1.069	−10.441	−4.443
	ln*rso2*	990	−5.699	1.380	−9.908	−1.617
	ln*rdust*	990	−6.512	1.326	−9.428	−2.109
	ln*agg*	990	6.776	1.233	3.912	10.408
	ln*popd*	990	6.238	0.498	4.969	7.733
	ln*pgdp*	990	9.909	0.813	7.803	11.615
	ln*tec*	990	−0.121	1.118	−3.342	2.789
	ln*sec*	990	3.856	0.187	2.929	4.205
	ln*open*	990	0.398	1.252	−4.484	3.001
	ln*tran*	990	2.072	0.689	−0.528	3.599

续表

城市规模	变量	观察值	均值	标准差	最小值	最大值
中小型城市	ln*twater*	660	8.131	0.989	4.094	10.055
	ln*tso2*	660	10.076	1.034	5.659	12.372
	ln*tdust*	660	9.459	1.013	5.557	11.521
	ln*rwater*	660	−7.193	1.155	−10.652	−3.823
	ln*rso2*	660	−5.248	1.262	−10.351	−1.047
	ln*rdust*	660	−5.857	1.184	−9.552	−1.132
	ln*agg*	660	5.821	1.226	2.444	8.869
	ln*popd*	660	5.611	0.645	3.965	6.796
	ln*pgdp*	660	9.688	0.716	7.771	11.260
	ln*tec*	660	−0.359	0.980	−3.107	1.949
	ln*sec*	660	3.834	0.252	2.874	4.329
	ln*open*	660	0.062	1.274	−5.112	2.248
	ln*tran*	660	2.151	0.593	−0.248	3.604

4.5.1　区位异质性条件下溢出效应分解结果及分析

长江经济带上游地区细分样本的溢出效应分解结果显示，解释变量经济集聚对本地区工业废水排放总量和排放强度的直接效应在1%水平上显著为负，其关联系数分别为−2.048和−2.561，但对工业二氧化硫和工业烟粉尘排放的影响效应不显著。表明提升本地区经济集聚度能够有效抑制水污染排放，而对另外两种污染物排放的抑制效果无法在统计意义上显现。经济集聚对邻近地区污染排放的间接效应并不显著，可以认为长江经济带上游地区经济集聚降污作用的空间溢出效果有限。人口密度增大显著加剧本地区和邻近地区工业废水污染排放，表明人口规模的集中对工业用水产生正向影响，并且通过空间溢出效应波及周边邻近地区。此外虽然人口密度增大对本地区工业二氧化硫和工业烟粉尘的直接效应不显著，但对邻近地区却产生的较为明显的正向间接效应。经济发展水平提高直接提升了本地区工业废水排放总量和排放强度，但却有效降低了本地区和邻近地区的工业烟粉尘排放状况。表明经济发展过程中工业烟粉尘较其他污染物排放更易控制。技术水平提升对本地区污染物排放总量和排放强度均产生显著的抑制作用，但仅对邻近地区污染物排放总量起到减缓效果。表明现有减排降污技术对控制污染物排放总量已逐渐产生效果，邻近地区污染排放强度除受到技术水平影响之外更多地依赖经济发展情况。见表4.8、表4.9。

表4.8 长江经济带上游地区经济集聚对污染排放影响的溢出效应检验结果表

变量	ln*twater*	ln*tso2*	ln*tdust*	ln*rwater*	ln*rso2*	ln*rdust*
ln*agg*	−2.096***	−0.277	0.351	−2.589***	−0.642	−0.044
	(−4.78)	(−0.59)	(0.62)	(−5.79)	(−1.33)	(−0.07)
ln*popd*	1.999**	0.907	0.929	2.027**	0.832	0.835
	(2.39)	(1.01)	(0.87)	(2.38)	(0.90)	(0.69)
ln*pgdp*	1.239***	−0.150	−0.754*	0.906***	−0.661*	−1.297***
	(3.75)	(−0.42)	(−1.75)	(2.69)	(−1.81)	(−2.66)
ln*tec*	−0.147**	−0.421***	−0.345***	−0.223***	−0.497***	−0.366***
	(−2.41)	(−6.49)	(−4.42)	(−3.60)	(−7.45)	(−4.16)
ln*sec*	0.369	0.939***	0.782**	−0.615**	0.213	−0.173
	(1.29)	(3.07)	(2.13)	(−2.11)	(0.68)	(−0.42)
ln*open*	−0.019	−0.015	−0.040	−0.029	−0.025	−0.045
	(−0.81)	(−0.63)	(−1.37)	(−1.28)	(−1.01)	(−1.36)
ln*tran*	0.058	0.086	−0.078	0.074	0.063	−0.045
	(0.74)	(1.03)	(−0.77)	(0.92)	(0.72)	(−0.40)
W×ln*agg*	1.598	−0.445	4.222***	1.180	−0.817	4.423***
	(1.37)	(−0.36)	(2.82)	(0.99)	(−0.64)	(2.63)
W×ln*popd*	2.668	8.379***	5.719**	2.939	8.238***	5.096*
	(1.36)	(4.06)	(2.30)	(1.47)	(3.87)	(1.82)
W×ln*pgdp*	0.703	−0.379	−5.631***	0.298	−1.043	−6.599***
	(0.81)	(−0.41)	(−4.97)	(0.34)	(−1.07)	(−5.13)
W×ln*tec*	−0.278	−0.399*	−0.537**	−0.134	−0.180	−0.446
	(−1.46)	(−1.90)	(−2.11)	(−0.69)	(−0.83)	(−1.57)
W×ln*sec*	−2.408***	−3.019***	−3.366***	−2.721***	−3.874***	−4.139***
	(−3.52)	(−4.12)	(−3.81)	(−3.81)	(−5.03)	(−4.08)
W×ln*open*	−0.087	−0.253***	−0.122	−0.101	−0.247***	−0.164*
	(−1.32)	(−3.58)	(−1.43)	(−1.50)	(−3.41)	(−1.72)

续表

变量	ln*twater*	ln*tso2*	ln*tdust*	ln*rwater*	ln*rso2*	ln*rdust*
W×ln*tran*	0.775***	1.058***	1.250***	1.004***	1.226***	1.578***
	(2.98)	(3.81)	(3.72)	(3.78)	(4.30)	(4.17)
ρ	0.239***	−0.137	0.001	0.133	−0.142	−0.104
	(2.87)	(−1.56)	(0.01)	(1.50)	(−1.61)	(−1.12)
σ^2	0.170***	0.193***	0.280***	0.176***	0.205***	0.355***
	(15.67)	(15.72)	(15.73)	(15.71)	(15.71)	(15.72)
N	495	495	495	495	495	495
R^2	0.523	0.661	0.336	0.269	0.691	0.563

注：括号内为 t 统计量；***、**、* 分别表示在1%、5%和10%的水平上显著。

表4.9　长江经济带上游地区经济集聚对污染排放溢出效应的分解结果表

	变量	ln*twater*	ln*tso2*	ln*tdust*	ln*rwater*	ln*rso2*	ln*rdust*
直接效应	ln*agg*	−2.048***	−0.253	0.370	−2.561***	−0.612	−0.077
		(−4.63)	(−0.52)	(0.64)	(−5.65)	(−1.21)	(−0.12)
	ln*popd*	2.066**	0.718	0.873	2.042**	0.641	0.705
		(2.51)	(0.83)	(0.84)	(2.46)	(0.72)	(0.60)
	ln*pgdp*	1.291***	−0.126	−0.730*	0.932***	−0.625*	−1.189**
		(3.87)	(−0.35)	(−1.73)	(2.76)	(−1.70)	(−2.49)
	ln*tec*	−0.158***	−0.417***	−0.346***	−0.227***	−0.496***	−0.362***
		(−2.75)	(−6.53)	(−4.59)	(−3.84)	(−7.55)	(−4.20)
	ln*sec*	0.288	0.987***	0.776**	−0.668**	0.275	−0.128
		(1.08)	(3.30)	(2.20)	(−2.42)	(0.89)	(−0.32)
	ln*open*	−0.021	−0.010	−0.039	−0.031	−0.019	−0.041
		(−0.88)	(−0.40)	(−1.32)	(−1.30)	(−0.79)	(−1.25)
	ln*tran*	0.084	0.067	−0.080	0.091	0.039	−0.068
		(1.00)	(0.76)	(−0.77)	(1.08)	(0.44)	(−0.58)

续表

	变量	ln*twater*	ln*tso2*	ln*tdust*	ln*rwater*	ln*rso2*	ln*rdust*
间接效应	ln*agg*	1.292	−0.465	4.104***	0.842	−0.753	3.945***
		(0.93)	(−0.42)	(2.84)	(0.66)	(−0.66)	(2.60)
	ln*popd*	4.246*	7.596***	5.980**	3.856*	7.467***	4.876*
		(1.73)	(4.15)	(2.45)	(1.75)	(3.98)	(1.93)
	ln*pgdp*	1.341	−0.279	−5.587***	0.532	−0.803	−5.894***
		(1.24)	(−0.35)	(−5.24)	(0.55)	(−0.98)	(−5.34)
	ln*tec*	−0.409*	−0.310*	−0.544**	−0.194	−0.102	−0.382
		(−1.71)	(−1.69)	(−2.23)	(−0.88)	(−0.54)	(−1.49)
	ln*sec*	−2.910***	−2.766***	−3.296***	−3.120***	−3.428***	−3.706***
		(−3.27)	(−4.06)	(−3.67)	(−3.84)	(−4.89)	(−3.92)
	ln*open*	−0.122	−0.229***	−0.127	−0.124	−0.222***	−0.152*
		(−1.41)	(−3.63)	(−1.49)	(−1.60)	(−3.43)	(−1.74)
	ln*tran*	1.040***	0.959***	1.279***	1.179***	1.110***	1.484***
		(2.90)	(3.66)	(3.66)	(3.62)	(4.11)	(4.10)
总效应	ln*agg*	−0.757	−0.717	4.474***	−1.719	−1.365	3.868***
		(−0.54)	(−0.71)	(3.32)	(−1.37)	(−1.30)	(2.81)
	ln*popd*	6.312**	8.313***	6.853**	5.898**	8.107***	5.581**
		(2.31)	(4.26)	(2.57)	(2.42)	(4.05)	(2.05)
	ln*pgdp*	2.632**	−0.404	−6.317***	1.465	−1.428*	−7.082***
		(2.27)	(−0.50)	(−5.85)	(1.42)	(−1.74)	(−6.47)
	ln*tec*	−0.568**	−0.727***	−0.890***	−0.421*	−0.598***	−0.743***
		(−2.38)	(−4.28)	(−3.82)	(−1.95)	(−3.41)	(−3.11)
	ln*sec*	−2.622***	−1.779***	−2.520***	−3.788***	−3.153***	−3.834***
		(−3.04)	(−3.00)	(−3.08)	(−4.94)	(−5.18)	(−4.61)
	ln*open*	−0.143	−0.238***	−0.165*	−0.154*	−0.242***	−0.193**
		(−1.49)	(−3.52)	(−1.79)	(−1.81)	(−3.49)	(−2.05)
	ln*tran*	1.124***	1.026***	1.199***	1.270***	1.150***	1.416***
		(2.92)	(3.82)	(3.28)	(3.67)	(4.15)	(3.79)

注：括号内为 t 统计量；***、**、* 分别表示在1%、5%和10%的水平上显著。

控制变量中产业结构对本地区和邻近地区污染排放的影响效果不同。直接效应显示二产占比提升会增加本地区污染排放总量，但却能够通过溢出效应有效减缓邻近地区的污染排放。可能的原因是提升本地区二产占比的同时也吸纳了邻近地区关联产业的转移。对外开放对本地区污染排放的直接效应不显著，在统计意义上无法判断其作用。而对邻近地区污染排放的间接效应也多显示在降低排放强度上。交通便利程度提升对加剧污染物排放的作用更多的是体现在间接效应和总效应方面。可能的原因是污染物排放通过显著的溢出效应而拉高了总体平均值。

长江经济带中游地区细分样本的溢出效应分解结果显示，解释变量经济集聚对本地区污染排放的直接效应在统计意义上不显著，但对邻近地区工业废水和工业二氧化硫排放的间接效应却显著为正。可能的原因是处于长江经济带中游地区的城市也正是国家推进中部崛起的主要城市，这些城市的特点是在考察期内处于经济集聚度相对高速提升阶段，经济集聚的规模效应大于集约效应导致污染排放随溢出效应而加剧。人口密度增大显著加剧本地区和邻近地区工业废水污染排放，表明人口规模的集中对工业用水产生正向影响，并且通过空间溢出效应波及周边邻近地区。经济发展水平对本地区和邻近地区污染排放总量的关联系数多为正值，少部分系数在统计意义上不显著。但从现实意义来看，仍可以认为在经济水平提升过程中加剧了全地区污染排放程度。技术水平仅对本地区和邻近地区的工业废水排放起到显著影响作用，但关联系数却为正值。可能的原因是对于长江经济带中部地区来说，技术投入并没有显现出预期的治污效果。见表 4.10、表 4.11。

表 4.10　长江经济带中游地区经济集聚对污染排放影响的溢出效应检验结果表

变量	ln*twater*	ln*tso2*	ln*tdust*	ln*rwater*	ln*rso2*	ln*rdust*
ln*agg*	−0.277	0.066	0.373	−0.182	0.173	0.483
	(−1.56)	(0.30)	(1.28)	(−1.02)	(0.77)	(1.60)
ln*popd*	1.573**	0.962	0.247	0.915	0.305	−0.331
	(2.26)	(1.14)	(0.21)	(1.31)	(0.35)	(−0.28)
ln*pgdp*	0.033	−0.065	0.328	−0.598***	−0.732***	−0.316
	(0.16)	(−0.27)	(0.99)	(−2.98)	(−2.89)	(−0.93)
ln*tec*	0.077**	−0.025	−0.044	0.057	−0.049	−0.068
	(2.04)	(−0.54)	(−0.70)	(1.50)	(−1.02)	(−1.06)

续表

变量	ln*twater*	ln*tso2*	ln*tdust*	ln*rwater*	ln*rso2*	ln*rdust*
ln*sec*	0.014	−0.640**	−0.827**	−1.238***	−1.867***	−2.081***
	(0.06)	(−2.29)	(−2.17)	(−5.34)	(−6.41)	(−5.30)
ln*open*	−0.165***	−0.156***	−0.138**	−0.165***	−0.152***	−0.136**
	(−4.11)	(−3.22)	(−2.08)	(−4.09)	(−3.00)	(−2.00)
ln*tran*	0.011	−0.039	0.057	−0.126*	−0.177**	−0.073
	(0.17)	(−0.51)	(0.54)	(−1.95)	(−2.17)	(−0.66)
W×ln*agg*	0.756*	0.912*	−0.590	0.968**	1.120**	−0.383
	(1.91)	(1.93)	(−0.92)	(2.40)	(2.26)	(−0.57)
W×ln*popd*	3.167**	−0.202	1.729	1.535	−2.181	−0.264
	(2.10)	(−0.11)	(0.70)	(1.02)	(−1.15)	(−0.10)
W×ln*pgdp*	0.045	0.929*	2.182***	−0.971**	−0.141	1.234
	(0.10)	(1.67)	(2.87)	(−2.14)	(−0.25)	(1.59)
W×ln*tec*	0.133	−0.024	0.071	0.102	−0.072	0.019
	(1.58)	(−0.24)	(0.51)	(1.21)	(−0.68)	(0.13)
W×ln*sec*	0.025	−1.539**	−3.589***	1.371**	−0.370	−2.614***
	(0.05)	(−2.32)	(−3.87)	(2.55)	(−0.52)	(−2.69)
W×ln*open*	−0.098	0.117	−0.159	−0.125	0.084	−0.212
	(−1.07)	(1.05)	(−1.04)	(−1.36)	(0.72)	(−1.34)
W×ln*tran*	−0.088	0.612***	0.777**	−0.140	0.517**	0.684**
	(−0.45)	(2.61)	(2.44)	(−0.72)	(2.11)	(2.07)
ρ	0.220***	0.0234	0.081	0.128	−0.021	0.007
	(2.73)	(0.27)	(1.07)	(1.54)	(−0.24)	(0.08)
σ^2	0.088***	0.128***	0.237***	0.088***	0.139***	0.253***
	(16.35)	(16.43)	(16.43)	(16.41)	(16.43)	(16.43)
Hausman	*fe*	*fe*	*fe*	*fe*	*fe*	*fe*
N	540	540	540	540	540	540
R^2	0.589	0.368	0.544	0.748	0.228	0.358

注：括号内为 *t* 统计量；***、**、* 分别表示在1%、5%和10%的水平上显著。

表 4.11　长江经济带中游地区经济集聚对污染排放溢出效应的分解结果表

	变量	ln*twater*	ln*tso2*	ln*tdust*	ln*rwater*	ln*rso2*	ln*rdust*
直接效应	ln*agg*	−0.247	0.076	0.376	−0.157	0.178	0.494
		(−1.34)	(0.34)	(1.25)	(−0.85)	(0.77)	(1.59)
	ln*popd*	1.664**	0.923	0.218	0.916	0.272	−0.385
		(2.53)	(1.13)	(0.20)	(1.38)	(0.32)	(−0.33)
	ln*pgdp*	0.052	−0.043	0.381	−0.601***	−0.711***	−0.288
		(0.27)	(−0.18)	(1.19)	(−3.07)	(−2.89)	(−0.87)
	ln*tec*	0.081**	−0.026	−0.045	0.058	−0.049	−0.069
		(2.26)	(−0.59)	(−0.75)	(1.59)	(−1.07)	(−1.12)
	ln*sec*	0.013	−0.646**	−0.870**	−1.218***	−1.868***	−2.084***
		(0.06)	(−2.40)	(−2.39)	(−5.50)	(−6.62)	(−5.49)
	ln*open*	−0.168***	−0.153***	−0.136**	−0.166***	−0.149***	−0.133**
		(−4.16)	(−3.21)	(−2.08)	(−4.14)	(−3.00)	(−1.97)
	ln*tran*	0.009	−0.036	0.069	−0.128*	−0.176**	−0.069
		(0.14)	(−0.44)	(0.62)	(−1.88)	(−2.08)	(−0.61)
间接效应	ln*agg*	0.848*	0.905*	−0.641	1.054**	1.075**	−0.416
		(1.75)	(1.96)	(−0.96)	(2.29)	(2.26)	(−0.65)
	ln*popd*	4.540**	−0.015	2.127	2.020	−1.980	−0.027
		(2.53)	(−0.01)	(0.81)	(1.23)	(−1.05)	(−0.01)
	ln*pgdp*	0.090	0.964*	2.403***	−1.164**	−0.107	1.264
		(0.16)	(1.72)	(2.99)	(−2.21)	(−0.18)	(1.62)
	ln*tec*	0.185*	−0.028	0.069	0.121	−0.072	0.016
		(1.84)	(−0.27)	(0.48)	(1.31)	(−0.68)	(0.11)
	ln*sec*	0.041	−1.569**	−3.907***	1.380**	−0.306	−2.617***
		(0.06)	(−2.36)	(−4.15)	(2.24)	(−0.46)	(−2.86)
	ln*open*	−0.174	0.110	−0.192	−0.172	0.079	−0.222
		(−1.48)	(0.98)	(−1.20)	(−1.62)	(0.71)	(−1.45)
	ln*tran*	−0.109	0.621**	0.838**	−0.179	0.511**	0.686**
		(−0.44)	(2.50)	(2.34)	(−0.80)	(2.06)	(2.00)

续表

	变量	lntwater	lntso2	lntdust	lnrwater	lnrso2	lnrdust
总效应	lnagg	0.601	0.981*	−0.264	0.897*	1.253**	0.077
		(1.08)	(1.87)	(−0.35)	(1.72)	(2.36)	(0.11)
	lnpopd	6.204***	0.908	2.344	2.936*	−1.707	−0.412
		(3.65)	(0.55)	(0.99)	(1.94)	(−1.03)	(−0.18)
	lnpgdp	0.143	0.921	2.783***	−1.765***	−0.818	0.976
		(0.23)	(1.54)	(3.22)	(−3.11)	(−1.35)	(1.18)
	lntec	0.266***	−0.054	0.025	0.179**	−0.121	−0.054
		(2.67)	(−0.56)	(0.18)	(2.01)	(−1.25)	(−0.40)
	lnsec	0.054	−2.215***	−4.777***	0.162	−2.174***	−4.701***
		(0.08)	(−3.40)	(−5.13)	(0.26)	(−3.35)	(−5.28)
	lnopen	−0.342**	−0.044	−0.328*	−0.338***	−0.070	−0.355**
		(−2.55)	(−0.34)	(−1.79)	(−2.78)	(−0.55)	(−2.03)
	lntran	−0.099	0.586**	0.908**	−0.306	0.335	0.617
		(−0.36)	(2.15)	(2.30)	(−1.24)	(1.24)	(1.64)

注：括号内为 t 统计量；***、**、* 分别表示在1%、5%和10%的水平上显著。

控制变量提升第二产业在产业结构中的占比对本地区和邻近地区工业二氧化硫和工业烟粉尘排放多显现出抑制效果。可能的原因是虽然工业生产是导致污染排放增加的主要原因，但随着产业升级更多的企业转向清洁生产，而在此过程中对工业二氧化硫和工业烟粉尘的控制成为重点目标。对外开放对本地区污染排放的直接效应不显著，但对邻近地区污染排放存在间接减缓效果。交通便利程度提升对污染物排放的作用部分显示在降低了本地区污染排放强度和加剧了邻近地区污染排放总量。

长江经济带下游地区细分样本的溢出效应分解结果显示，解释变量经济集聚对本地区和邻近地区抑制工业二氧化硫和工业烟粉尘排放总量和排放强度方面取得了较好成效，但仍难以有效控制工业废水排放。表明长江经济带下游地区的城市总体经济集聚程度较高，其集约效应正外部性已经超过规模效应的负外部性，能够在控制污染排放体量和效率两方面发挥有效作用，但对于工业生产中较大的用水量来说，经济集聚的降污效果仍十分有限。人口密度的规模效应和集聚效应对污染物排放总量和排放强度方面产生了不同的影响效果。经济发展水平提高对本地区工业废水排放总量和排放强度产生了抑制作用，但对邻近地区的间接效应不显著，表明经济发展的溢出效应不明显。技术水平提升对本地区和邻近地区工业废水排放起到了显著的抑制作用，表明长江经济带下游地区在水污染治理的技术投入已见成效。见表 4.12、表 4.13。

表 4.12　长江经济带下游地区经济集聚对污染排放影响的溢出效应检验结果表

变量	ln*twater*	ln*tso2*	ln*tdust*	ln*rwater*	ln*rso2*	ln*rdust*
ln*agg*	0.096	−0.313**	−0.967***	−0.060	−0.464***	−1.120***
	(0.67)	(−2.24)	(−4.71)	(−0.40)	(−3.20)	(−5.25)
ln*popd*	−0.945***	0.631*	0.981*	−0.304	1.292***	1.628***
	(−2.62)	(1.79)	(1.90)	(−0.81)	(3.53)	(3.03)
ln*pgdp*	−0.357**	0.250*	0.239	−0.980***	−0.349**	−0.364*
	(−2.52)	(1.81)	(1.18)	(−6.64)	(−2.44)	(−1.73)
ln*tec*	−0.079**	0.077**	0.203***	−0.107***	0.052	0.177***
	(−2.46)	(2.47)	(4.44)	(−3.21)	(1.61)	(3.70)
ln*sec*	1.168***	1.998***	1.583***	0.015	0.820***	0.405
	(5.59)	(9.84)	(5.34)	(0.07)	(3.89)	(1.31)
ln*open*	−0.054**	0.027	−0.006	−0.094***	−0.006	−0.039
	(−2.01)	(1.03)	(−0.14)	(−3.33)	(−0.22)	(−0.98)
ln*tran*	0.106*	−0.044	−0.428***	0.161***	0.008	−0.374***
	(1.86)	(−0.80)	(−5.26)	(2.71)	(0.14)	(−4.41)
W×ln*agg*	1.285**	−0.873	−1.105	1.397**	−0.639	−0.927
	(2.33)	(−1.62)	(−1.39)	(2.43)	(−1.13)	(−1.12)
W×ln*popd*	1.763	2.277	−6.237***	1.888	2.139	−6.369***
	(1.24)	(1.63)	(−3.07)	(1.27)	(1.46)	(−3.01)
W×ln*pgdp*	0.644	1.071**	1.134*	0.0567	0.639	0.670
	(1.42)	(2.41)	(1.74)	(0.12)	(1.39)	(0.99)
W×ln*tec*	−0.140	−0.130	−0.468***	−0.328***	−0.296***	−0.639***
	(−1.45)	(−1.39)	(−3.41)	(−3.22)	(−3.04)	(−4.48)
W×ln*sec*	−3.052***	−2.395***	−2.093***	−2.951***	−1.905***	−1.669**
	(−5.58)	(−4.47)	(−2.68)	(−5.18)	(−3.45)	(−2.06)
W×ln*open*	0.365***	0.207***	0.168	0.212***	0.0865	0.0381
	(4.84)	(2.79)	(1.56)	(2.69)	(1.13)	(0.34)

续表

变量	ln*twater*	ln*tso2*	ln*tdust*	ln*rwater*	ln*rso2*	ln*rdust*
W×ln*tran*	0.315*	−0.184	0.364	0.468**	−0.004	0.535*
	(1.66)	(−1.00)	(1.35)	(2.38)	(−0.02)	(1.91)
ρ	−0.052	0.292***	0.246***	0.010	0.283***	0.217**
	(−0.57)	(3.51)	(2.87)	(0.12)	(3.44)	(2.55)
σ^2	0.076***	0.072***	0.155***	0.083***	0.078***	0.168***
	(17.53)	(17.40)	(17.45)	(17.54)	(17.43)	(17.47)
Hausman	*fe*	*fe*	*fe*	*fe*	*fe*	*fe*
N	615	615	615	615	615	615
R^2	0.544	0.236	0.514	0.611	0.782	0.597

注：括号内为 *t* 统计量；***、**、* 分别表示在 1%、5%和 10%的水平上显著。

表 4.13 长江经济带下游地区经济集聚对污染排放溢出效应的分解结果表

	变量	ln*twater*	ln*tso2*	ln*tdust*	ln*rwater*	ln*rso2*	ln*rdust*
直接效应	ln*agg*	0.093	−0.345**	−1.002***	−0.054	−0.487***	−1.145***
		(0.64)	(−2.32)	(−4.63)	(−0.35)	(−3.16)	(−5.10)
	ln*popd*	−0.978***	0.706**	0.774	−0.324	1.364***	1.441***
		(−2.72)	(1.99)	(1.50)	(−0.87)	(3.69)	(2.68)
	ln*pgdp*	−0.354**	0.300**	0.287	−0.972***	−0.322**	−0.336
		(−2.49)	(2.17)	(1.43)	(−6.60)	(−2.25)	(−1.60)
	ln*tec*	−0.079**	0.072**	0.189***	−0.108***	0.041	0.159***
		(−2.50)	(2.40)	(4.29)	(−3.31)	(1.32)	(3.46)
	ln*sec*	1.180***	1.923***	1.520***	0.004	0.753***	0.353
		(6.00)	(10.35)	(5.59)	(0.02)	(3.91)	(1.24)
	ln*open*	−0.055**	0.036	0.001	−0.092***	−0.002	−0.037
		(−2.09)	(1.39)	(0.04)	(−3.30)	(−0.06)	(−0.92)
	ln*tran*	0.103*	−0.0525	−0.421***	0.160***	0.00706	−0.363***
		(1.74)	(−0.88)	(−4.85)	(2.59)	(0.11)	(−4.02)

续表

	变量	ln*twater*	ln*tso2*	ln*tdust*	ln*rwater*	ln*rso2*	ln*rdust*
间接效应	ln*agg*	1.211**	−1.346*	−1.772*	1.402**	−1.063	−1.493
		(2.42)	(−1.84)	(−1.75)	(2.51)	(−1.44)	(−1.49)
	ln*popd*	1.830	3.506*	−7.619***	2.003	3.524*	−7.391***
		(1.37)	(1.86)	(−2.86)	(1.36)	(1.83)	(−2.75)
	ln*pgdp*	0.637	1.588***	1.569*	0.052	0.746	0.759
		(1.52)	(2.60)	(1.89)	(0.11)	(1.24)	(0.93)
	ln*tec*	−0.130	−0.150	−0.548***	−0.333***	−0.385***	−0.758***
		(−1.44)	(−1.21)	(−3.05)	(−3.28)	(−2.91)	(−4.07)
	ln*sec*	−2.955***	−2.474***	−2.178**	−2.951***	−2.243***	−1.933*
		(−5.18)	(−3.32)	(−2.12)	(−4.88)	(−2.98)	(−1.89)
	ln*open*	0.344***	0.286***	0.203	0.206***	0.106	0.025
		(4.66)	(2.80)	(1.47)	(2.61)	(1.04)	(0.18)
	ln*tran*	0.306	−0.258	0.359	0.486**	0.012	0.593
		(1.63)	(−0.95)	(0.97)	(2.33)	(0.04)	(1.58)
总效应	ln*agg*	1.304**	−1.691**	−2.774**	1.348**	−1.550*	−2.638**
		(2.48)	(−2.14)	(−2.54)	(2.28)	(−1.95)	(−2.43)
	ln*popd*	0.852	4.212**	−6.845**	1.679	4.888**	−5.949**
		(0.63)	(2.13)	(−2.46)	(1.12)	(2.42)	(−2.12)
	ln*pgdp*	0.284	1.888***	1.856**	−0.920**	0.425	0.423
		(0.69)	(2.98)	(2.17)	(−2.03)	(0.69)	(0.51)
	ln*tec*	−0.209**	−0.078	−0.359**	−0.442***	−0.344**	−0.599***
		(−2.44)	(−0.62)	(−1.98)	(−4.49)	(−2.57)	(−3.20)
	ln*sec*	−1.775***	−0.551	−0.658	−2.947***	−1.490**	−1.580
		(−3.34)	(−0.75)	(−0.65)	(−5.21)	(−2.01)	(−1.59)
	ln*open*	0.289***	0.322***	0.205	0.114	0.104	−0.012
		(3.92)	(3.02)	(1.42)	(1.42)	(0.97)	(−0.08)
	ln*tran*	0.409**	−0.311	−0.062	0.646***	0.019	0.230
		(1.99)	(−1.03)	(−0.15)	(2.82)	(0.06)	(0.56)

注：括号内为 t 统计量；***、**、* 分别表示在 1%、5%和 10%的水平上显著。

控制变量中产业结构对本地区污染排放的直接效应显著为正，但对邻近地区的间接效应多为负值。表明二产占比提升会增加本地区污染排放总量，但却能够通过溢出效应有效减缓邻近地区的污染排放状况。对外开放对本地区工业废水排放的直接效应显著为负，但对邻近地区的间接效应显著为正。表明本地区在引入外资时也引进了其先进的节水理念降低了本地区工业废水排放。但却无法有效缓解工业废水排放因溢出效应对邻近地区的影响。交通便利程度对污染排放的主要作用显现在本地效应上，提升交通便利程度加剧了工业废水排放，但却抑制了工业烟粉尘排放。可能的原因是交通通达性加大了运输频度也刺激了企业生产，工业废气和烟粉尘的扩散更多地被水体流域吸纳。

综合上述实证分析结果，针对核心解释变量经济集聚而言，在长江经济带所辖城市的区位异质性条件下对三种污染物排放存在不同的影响，而且影响的空间溢出效应也表现出既有相似性又有差异性的特点。第一，长江经济带上游地区经济集聚对抑制工业废水排放的直接效应显著，但间接效应不显著即对邻近地区不具有明显的溢出作用。中游地区和下游地区经济集聚对工业废水排放的直接效应不显著，但间接效应却是显著加剧水污染排放程度。表明对于经济集聚总体程度较低的长江上游地区所辖城市来说，通过提升经济集聚水平能够有效抑制水污染排放。但对于经济集聚总体程度较高的长江经济带中下游地区所辖城市来说，经济集聚所发挥出的降低水污染排放作用已不具显著效果，水污染排放反而通过空间溢出效应波及邻近地区。第二，长江经济带上游地区经济集聚对工业二氧化硫排放影响的直接效应和间接效应均不显著，中游地区经济集聚仅在间接效应上对工业二氧化硫排放起到了加剧作用，下游地区经济集聚在直接效应和间接效应上均显著降低工业二氧化硫排放水平。表明长江经济带上游地区和中游地区在经济集聚过程中仍偏向粗放型发展未能对工业二氧化硫排放进行有效控制，而下游地区在经济集聚过程中更加重视对空气污染的环境治理，充分发挥经济集聚的正外部性抑制工业二氧化硫排放的有害作用。第三，长江经济带上游地区经济集聚仅显著加剧对工业烟粉尘排放的间接效应，中游地区经济集聚在对工业烟粉尘排放的直接效应和间接效应上均不显著，下游地区经济集聚则在直接效应和间接效应上均对工业烟粉尘排放有所抑制。与工业二氧化硫排放大体相似，表明相对上游和中游地区来说，下游地区更加重视工业烟粉尘排放对空气污染造成的危害，且在经济集聚过程中充分发挥集聚正外部性作用控制工业烟粉尘排放水平。

4.5.2　规模异质性条件下溢出效应分解结果及分析

长江经济带大型城市细分样本的溢出效应分解结果显示，解释变量经济集聚对本地区和邻近地区污染排放的直接效应和间接效应大部分显著为负，表明提升经济集聚度不仅能够有效抑制本地区污染排放水平，而且能够通过溢出效应减缓邻近地区的污染排放程度。这是因为大多数大型城市一般来说都是所属地区各类城市群中的核心城市或重要节点城市，而这类城市往往是“中心-外围”结构中处于核心地位或次核心地位。在经济集聚过程中，人才、技术、资金、市场等各类关键要素资源逐渐汇聚于此，经济集聚集约效应带来的正外部性通过提升资源利用效率而超过规模效应带来的负外部性，从总体层面对污染排放产生抑制效应。人口密度增大在多数情况下均会显著加剧本地区和邻近地区污染排放水平。表明对于大型城市而言，人口密度持续增大对污染排放产生的规模效应已超过了集聚效应进而加剧环境污染，并且会通过空间溢出效应向“外围”城市蔓延。经济发展水平提高直接提升了本地区污染物排放总量，但却降低了排放强度，间接提升了邻近地区的污染排放总量。表明大型城市在经济发展过程中仍面临由高排放、高污染向低排放、低污染的动能转换，但在这一过程中已经开始重视对污染排放效率的控制。技术水平提升对本地区和邻近地区污染物排放的抑制作用不显著，一方面表明当前在减排和治污的技术投入仍有改进空间，另一方面还可能是因为技术扩散和模仿学习存在一定程度上的时滞效应。见表 4.14、表 4.15。

表 4.14　长江经济带大型城市经济集聚对污染排放影响的溢出效应检验结果表

变量	ln*twater*	ln*tso2*	ln*tdust*	ln*rwater*	ln*rso2*	ln*rdust*
ln*agg*	−0.453***	−0.286*	−0.390*	−0.451***	−0.251	−0.383*
	(−3.12)	(−1.81)	(−1.90)	(−3.07)	(−1.55)	(−1.79)
ln*popd*	0.848**	0.907**	2.563***	0.584	0.590	2.215***
	(2.21)	(2.19)	(4.75)	(1.51)	(1.38)	(3.93)
ln*pgdp*	0.488***	0.242	0.158	−0.408***	−0.718***	−0.762***
	(3.55)	(1.62)	(0.81)	(−2.94)	(−4.68)	(−3.76)

续表

变量	ln*twater*	ln*tso2*	ln*tdust*	ln*rwater*	ln*rso2*	ln*rdust*
ln*tec*	−0.035	0.042	0.011	−0.083***	−0.014	−0.035
	(−1.16)	(1.27)	(0.26)	(−2.71)	(−0.41)	(−0.79)
ln*sec*	0.204	1.225***	0.978***	−1.218***	−0.035	−0.449*
	(1.30)	(7.20)	(4.41)	(−7.69)	(−0.20)	(−1.94)
ln*open*	−0.074***	0.014	0.002	−0.066***	0.024	0.009
	(−3.45)	(0.61)	(0.08)	(−3.04)	(1.00)	(0.31)
ln*tran*	0.029	0.078	0.014	0.039	0.060	0.021
	(0.62)	(1.56)	(0.21)	(0.82)	(1.17)	(0.31)
W×ln*agg*	−0.771*	−1.428***	−0.294	−0.061	−0.754	0.470
	(−1.81)	(−3.07)	(−0.49)	(−0.14)	(−1.59)	(0.76)
W×ln*popd*	9.362***	4.226**	−2.898	6.114***	0.798	−6.643***
	(5.84)	(2.46)	(−1.30)	(3.81)	(0.45)	(−2.85)
W×ln*pgdp*	0.752*	1.002**	−0.558	0.281	0.651	−1.127*
	(1.90)	(2.35)	(−1.01)	(0.71)	(1.48)	(−1.95)
W×ln*tec*	0.190***	0.088	0.263***	0.059	−0.056	0.124
	(2.91)	(1.24)	(2.84)	(0.90)	(−0.77)	(1.30)
W×ln*sec*	−1.014***	−1.508***	−2.471***	−1.018**	−1.562***	−2.563***
	(−2.62)	(−3.58)	(−4.50)	(−2.52)	(−3.58)	(−4.39)
W×ln*open*	0.017	0.046	0.168**	−0.003	0.051	0.159*
	(0.30)	(0.74)	(2.10)	(−0.05)	(0.80)	(1.91)
W×ln*tran*	0.390***	0.325**	0.519**	0.525***	0.426***	0.644***
	(2.73)	(2.09)	(2.56)	(3.63)	(2.66)	(3.05)
ρ	0.060	0.132**	−0.021	−0.050	0.042	−0.096
	(0.97)	(2.07)	(−0.33)	(−0.78)	(0.64)	(−1.49)
σ^2	0.111***	0.131***	0.223***	0.113***	0.139***	0.242***
	(22.24)	(22.22)	(22.25)	(22.24)	(22.25)	(22.24)
Hausman	*fe*	*fe*	*fe*	*fe*	*fe*	*fe*
N	990	990	990	990	990	990
R^2	0.511	0.468	0.438	0.423	0.459	0.358

注：括号内为 *t* 统计量；***、**、* 分别表示在1%、5%和10%的水平上显著。

表 4.15　长江经济带大型城市经济集聚对污染排放溢出效应的分解结果表

	变量	ln*twater*	ln*tso2*	ln*tdust*	ln*rwater*	ln*rso2*	ln*rdust*
直接效应	ln*agg*	−0.453***	−0.304*	−0.381*	−0.445***	−0.249	−0.381*
		(−3.03)	(−1.87)	(−1.80)	(−2.94)	(−1.49)	(−1.72)
	ln*popd*	0.896**	0.960**	2.543***	0.526	0.573	2.262***
		(2.41)	(2.40)	(4.81)	(1.39)	(1.38)	(4.06)
	ln*pgdp*	0.503***	0.269*	0.171	−0.401***	−0.705***	−0.738***
		(3.71)	(1.84)	(0.89)	(−2.91)	(−4.66)	(−3.66)
	ln*tec*	−0.035	0.042	0.009	−0.084***	−0.015	−0.038
		(−1.19)	(1.35)	(0.22)	(−2.82)	(−0.46)	(−0.87)
	ln*sec*	0.192	1.198***	0.978***	−1.217***	−0.049	−0.428*
		(1.30)	(7.54)	(4.60)	(−8.01)	(−0.29)	(−1.91)
	ln*open*	−0.073***	0.016	0.004	−0.065***	0.025	0.009
		(−3.43)	(0.70)	(0.12)	(−3.00)	(1.07)	(0.31)
	ln*tran*	0.031	0.083	0.012	0.035	0.062	0.014
		(0.64)	(1.58)	(0.17)	(0.71)	(1.15)	(0.19)
间接效应	ln*agg*	−0.862**	−1.685***	−0.307	−0.056	−0.817*	0.442
		(−2.02)	(−3.37)	(−0.55)	(−0.14)	(−1.74)	(0.80)
	ln*popd*	10.080***	5.102***	−2.710	5.973***	1.019	−6.154***
		(6.11)	(2.66)	(−1.24)	(3.94)	(0.56)	(−2.84)
	ln*pgdp*	0.830**	1.181**	−0.547	0.294	0.653	−0.973*
		(2.03)	(2.48)	(−1.02)	(0.79)	(1.46)	(−1.84)
	ln*tec*	0.198***	0.105	0.257***	0.059	−0.059	0.117
		(3.00)	(1.38)	(2.91)	(0.95)	(−0.80)	(1.31)
	ln*sec*	−1.04**	−1.511***	−2.421***	−0.897**	−1.603***	−2.302***
		(−2.57)	(−3.24)	(−4.48)	(−2.37)	(−3.58)	(−4.28)
	ln*open*	0.007	0.046	0.156**	−0.005	0.047	0.138*
		(0.12)	(0.69)	(2.06)	(−0.10)	(0.74)	(1.84)
	ln*tran*	0.418***	0.386**	0.518**	0.506***	0.45***	0.602***
		(2.64)	(2.10)	(2.47)	(3.50)	(2.61)	(2.94)

续表

	变量	ln*twater*	ln*tso2*	ln*tdust*	ln*rwater*	ln*rso2*	ln*rdust*
总效应	ln*agg*	−1.316***	−1.990***	−0.688	−0.501	−1.066**	0.062
		(−2.96)	(−3.77)	(−1.19)	(−1.25)	(−2.18)	(0.11)
	ln*popd*	10.980***	6.063***	−0.167	6.499***	1.592	−3.893*
		(6.73)	(3.17)	(−0.08)	(4.42)	(0.89)	(−1.86)
	ln*pgdp*	1.332***	1.450***	−0.376	−0.108	−0.053	−1.711***
		(3.28)	(3.01)	(−0.72)	(−0.30)	(−0.12)	(−3.37)
	ln*tec*	0.164***	0.147**	0.266***	−0.024	−0.075	0.079
		(2.70)	(2.06)	(3.38)	(−0.43)	(−1.09)	(1.02)
	ln*sec*	−0.848**	−0.313	−1.444***	−2.114***	−1.652***	−2.73***
		(−2.38)	(−0.74)	(−3.11)	(−6.58)	(−4.20)	(−6.08)
	ln*open*	−0.066	0.062	0.160**	−0.070	0.072	0.148**
		(−1.16)	(0.92)	(2.15)	(−1.36)	(1.15)	(2.04)
	ln*tran*	0.449***	0.469**	0.530**	0.541***	0.513***	0.615***
		(2.69)	(2.39)	(2.41)	(3.59)	(2.81)	(2.90)

注：括号内为 t 统计量；***、**、* 分别表示在1%、5%和10%的水平上显著。

控制变量中第二产业在产业结构中占比提升会加剧本地区污染排放水平，但却能够通过间接效应减缓邻近地区污染排放程度。表明大型城市的工业化发展面临转型升级，实现环境可持续发展的重要任务是通过由传统工业转向高科技和智能化工业来优化产业结构。对外开放仅对本地区工业废水排放产生直接的抑制效果，表明大型城市对引进外资的选择偏向于水环境友好型。交通便利程度提升对本地区污染物排放的直接效应不明显，但却加剧了邻近地区的污染排放水平。表明交通便利度提升使得处于外围的邻近地区更加便利地接近中心市场，在向中心市场靠拢、提供生产要素和实现产业链对接的过程中增加了污染排放水平。

长江经济带中小型城市细分样本的溢出效应分解结果显示，解释变量经济集聚度提升降低了本地区污染排放水平，但对邻近地区污染排放的溢出效应多数不显著。可能的原因是中小型城市经济集聚水平普遍较低，在经济集聚过程中充分释放其对抑制污染排放的正向外部性，由于中小型城市在各自所属的区域或城市群中均处于外围，即便经济集聚在不断提升，其溢出效应也十分有限。

人口密度增大显著加剧本地区工业废水和工业二氧化硫排放水平却降低了工业烟粉尘排放水平，表明中小型城市伴随人口规模集中带来的市场扩大，吸引更多企业投产，从而加剧水污染和二氧化硫污染水平。相对前两种污染物来说，工业烟粉尘排放相对较低，也比较容易控制。经济发展水平对本地区和邻近地区污染排放大部分关联系数在统计意义上不显著，可能的原因是中小型城市总体经济水平较低，经济发展过程的规模效应有限，还未对污染排放产生明显影响，因此积极促进经济水平提升仍是中小型城市发展的可行路径。技术水平仅对本地区工业二氧化硫排放产生直接抑制作用，而对邻近地区污染排放均起到显著降低的效果。表明对中小型城市而言，技术投入主要用于改善空气环境上，但技术的溢出效应却对邻近地区降污发挥了作用。见表 4.16、表 4.17。

表 4.16　长江经济带中小型城市经济集聚对污染排放影响的溢出效应检验结果表

变量	ln*twater*	ln*tso2*	ln*tdust*	ln*rwater*	ln*rso2*	ln*rdust*
ln*agg*	−0.373*	−0.544**	−0.305	−0.464**	−0.644***	−0.366
	(−1.81)	(−2.40)	(−1.04)	(−2.08)	(−2.63)	(−1.11)
ln*popd*	1.464**	1.417**	−2.618***	1.753***	1.747**	−2.205**
	(2.49)	(2.20)	(−3.14)	(2.76)	(2.51)	(−2.35)
ln*pgdp*	−0.018	0.457*	0.150	−0.383	0.094	−0.260
	(−0.08)	(1.90)	(0.48)	(−1.62)	(0.36)	(−0.74)
ln*tec*	0.031	−0.155***	−0.019	−0.019	−0.206***	−0.049
	(0.80)	(−3.59)	(−0.35)	(−0.46)	(−4.38)	(−0.78)
ln*sec*	−0.711***	−0.368	−0.560*	−1.705***	−1.363***	−1.565***
	(−3.27)	(−1.54)	(−1.81)	(−7.28)	(−5.27)	(−4.50)
ln*open*	−0.009	−0.001	−0.061*	−0.035	−0.027	−0.068*
	(−0.38)	(−0.05)	(−1.89)	(−1.43)	(−1.00)	(−1.86)
ln*tran*	0.376***	0.087	−0.091	0.267***	−0.020	−0.207*
	(5.62)	(1.19)	(−0.95)	(3.70)	(−0.26)	(−1.93)
W×ln*agg*	0.938**	0.418	1.091*	0.258	−0.269	0.447
	(2.21)	(0.90)	(1.81)	(0.56)	(−0.53)	(0.66)
W×ln*popd*	−5.408***	−4.935***	−5.138***	−4.723***	−4.141***	−4.280**
	(−4.13)	(−3.43)	(−2.74)	(−3.35)	(−2.67)	(−2.04)

续表

变量	ln*twater*	ln*tso2*	ln*tdust*	ln*rwater*	ln*rso2*	ln*rdust*
W×ln*pgdp*	−0.092	0.638	0.180	0.535	1.219**	0.625
	(−0.18)	(1.17)	(0.25)	(1.00)	(2.07)	(0.78)
W×ln*tec*	−0.192**	−0.382***	−0.494***	−0.229***	−0.414***	−0.578***
	(−2.47)	(−4.23)	(−4.39)	(−2.71)	(−4.17)	(−4.53)
W×ln*sec*	0.185	−1.878***	−0.978	−0.171	−2.260***	−1.473
	(0.33)	(−3.08)	(−1.24)	(−0.28)	(−3.37)	(−1.64)
W×ln*open*	0.047	−0.046	0.047	0.066	−0.026	0.075
	(0.95)	(−0.84)	(0.67)	(1.25)	(−0.45)	(0.94)
W×ln*tran*	0.108	0.181	0.341	0.426**	0.476**	0.637**
	(0.59)	(0.91)	(1.34)	(2.17)	(2.23)	(2.22)
ρ	0.375***	0.275***	0.307***	0.357***	0.296***	0.234***
	(6.34)	(4.47)	(4.81)	(6.10)	(4.92)	(3.60)
σ^2	0.132***	0.158***	0.266***	0.153***	0.185***	0.337***
	(17.97)	(18.06)	(18.02)	(17.99)	(18.05)	(18.08)
Hausman	*fe*	*fe*	*fe*	*fe*	*fe*	*fe*
N	660	660	660	660	660	660
R^2	0.329	0.313	0.311	0.309	0.356	0.358

注：括号内为 t 统计量；***、**、* 分别表示在1%、5%和10%的水平上显著。

表 4.17 长江经济带中小型城市经济集聚对污染排放溢出效应的分解结果表

	变量	ln*twater*	ln*tso2*	ln*tdust*	ln*rwater*	ln*rso2*	ln*rdust*
直接效应	ln*agg*	−0.312	−0.524**	−0.243	−0.451*	−0.661***	−0.342
		(−1.43)	(−2.23)	(−0.79)	(−1.93)	(−2.59)	(−1.00)
	ln*popd*	1.106*	1.176*	−2.974***	1.462**	1.531**	−2.438***
		(1.91)	(1.87)	(−3.63)	(2.34)	(2.24)	(−2.66)
	ln*pgdp*	−0.011	0.508**	0.182	−0.342	0.175	−0.216
		(−0.05)	(2.03)	(0.56)	(−1.36)	(0.64)	(−0.59)
	ln*tec*	0.018	−0.176***	−0.048	−0.036	−0.231***	−0.074
		(0.48)	(−4.29)	(−0.91)	(−0.89)	(−5.19)	(−1.23)
	ln*sec*	−0.723***	−0.468**	−0.631**	−1.763***	−1.508***	−1.649***
		(−3.44)	(−2.06)	(−2.13)	(−7.78)	(−6.10)	(−4.98)
	ln*open*	−0.005	−0.002	−0.058*	−0.031	−0.028	−0.064*
		(−0.21)	(−0.09)	(−1.77)	(−1.21)	(−1.01)	(−1.74)
	ln*tran*	0.392***	0.096	−0.075	0.299***	0.003	−0.185
		(5.41)	(1.24)	(−0.74)	(3.84)	(0.03)	(−1.64)

续表

	变量	ln*twater*	ln*tso2*	ln*tdust*	ln*rwater*	ln*rso2*	ln*rdust*
间接效应	ln*agg*	1.198*	0.328	1.346*	0.109	−0.663	0.415
		(1.87)	(0.54)	(1.66)	(0.16)	(−0.97)	(0.50)
	ln*popd*	−7.300***	−5.898***	−8.070***	−5.962***	−4.795**	−5.880**
		(−3.60)	(−3.11)	(−3.06)	(−2.83)	(−2.28)	(−2.20)
	ln*pgdp*	−0.114	1.049	0.368	0.636	1.748**	0.771
		(−0.15)	(1.41)	(0.37)	(0.77)	(2.09)	(0.75)
	ln*tec*	−0.273**	−0.562***	−0.692***	−0.350***	−0.646***	−0.744***
		(−2.44)	(−5.14)	(−4.63)	(−2.94)	(−5.30)	(−4.82)
	ln*sec*	−0.102	−2.610***	−1.567	−1.137	−3.617***	−2.297**
		(−0.12)	(−3.09)	(−1.40)	(−1.24)	(−3.81)	(−1.99)
	ln*open*	0.065	−0.063	0.037	0.078	−0.049	0.072
		(0.85)	(−0.89)	(0.38)	(0.98)	(−0.62)	(0.72)
	ln*tran*	0.381	0.273	0.438	0.778**	0.645**	0.750*
		(1.30)	(0.99)	(1.16)	(2.51)	(2.08)	(1.94)
总效应	ln*agg*	0.886	−0.197	1.103	−0.342	−1.323*	0.073
		(1.22)	(−0.29)	(1.19)	(−0.45)	(−1.70)	(0.08)
	ln*popd*	−6.193***	−4.722**	−11.040***	−4.500**	−3.264	−8.318***
		(−2.84)	(−2.34)	(−3.92)	(−1.99)	(−1.45)	(−2.94)
	ln*pgdp*	−0.125	1.557*	0.550	0.294	1.923*	0.555
		(−0.13)	(1.77)	(0.46)	(0.30)	(1.94)	(0.46)
	ln*tec*	−0.255**	−0.738***	−0.740***	−0.386***	−0.877***	−0.818***
		(−2.23)	(−6.75)	(−4.90)	(−3.18)	(−7.13)	(−5.33)
	ln*sec*	−0.825	−3.079***	−2.198*	−2.900***	−5.125***	−3.946***
		(−0.88)	(−3.41)	(−1.82)	(−2.93)	(−5.03)	(−3.21)
	ln*open*	0.059	−0.066	−0.022	0.048	−0.077	0.008
		(0.68)	(−0.79)	(−0.19)	(0.51)	(−0.83)	(0.07)
	ln*tran*	0.773**	0.369	0.363	1.078***	0.648*	0.566
		(2.36)	(1.20)	(0.87)	(3.12)	(1.88)	(1.32)

注：括号内为 t 统计量；***、**、* 分别表示在1%、5%和10%的水平上显著。

控制变量提升第二产业在产业结构中的占比对本地区和邻近地区污染排放均显现出抑制效果。可能的原因是大部分中小型城市仍处于加速推进工业化和城市化水平进程中，由于总体工业水平较低，在吸收大型城市工业转型升级的经验上优化工业发展，带来的规模效应并未刺激污染物排放激增，努力提升工业化仍是有益之举。对外开放对降低本地区污染排放的直接效应在统计意义上不显著，表明当前中小型引入外资的降污作用有限。外资引入对邻近地区的污染排放间接作用不明显，表明其溢出效应也十分有限。交通便利程度提升对本地工业废水排放呈现加剧现象，但对邻近地区污染排放的强度则有减缓作用。

综合上述实证分析结果，针对核心解释变量经济集聚而言，在长江经济带所辖城市的规模异质性条件下对三种污染物排放的空间溢出效应也同样存在着异同点。第一，长江经济带大型城市经济集聚对抑制工业废水排放总量和排放强度的直接效应和间接效应均较为显著。而中小型经济集聚仅对本地区工业废水排放有显著的抑制作用，但却通过溢出效应间接加剧邻近地区的水污染状况。表明对于经济集聚总体程度较高的大型城市来说，通过提升经济集聚水平能够有效抑制水污染排放，而且空间溢出呈现出相同的降污效果。但对于经济集聚总体程度较低的中小型城市来说，经济集聚虽然能够降低本地区水污染排放，但空间溢出效应却反向加剧邻近地区水污染排放。第二，长江经济带大型城市经济集聚对工业二氧化硫排放影响的直接效应和间接效应均产生抑制效果。中小型城市经济集聚仅在直接效应上抑制了本地区工业二氧化硫排放水平，但空间溢出效应不明显。第三，长江经济带大型城市经济集聚仅显著降低本地区工业烟粉尘排放，空间溢出效应不显著，中小型城市经济集聚则在直接效应和间接效应上均未通过显著性检验。

4.6 小结

基于2003—2017年长江经济带经济集聚和污染排放平衡面板数据，采用空间面板计量模型实证检验经济集聚对污染排放影响的溢出效应，并采用偏微分分解方法解析出空间溢出的直接效应和间接效应。并在城市区位异质性和规模异质性两种条件下对长江经济带所辖城市进行样本细分，通过对比分析探讨经济集聚对污染排放影响的溢出效应的差异。得到如下结论。

第一，在STIRPAT分析框架基础上识别长江经济带经济集聚对污染排放影响的溢出效应主要驱动因素，并阐释其在经济集聚对污染排放影响的空间溢出效应中所发挥的关键作用。其中，人口密度主要是通过规模效应和集聚效应两种途径影响污染排放水平，城市经济发展水平因所处的不同阶段而对污染排放呈现不同的影响，用于污染治理方面的技术投入能够对污染排放水平产生直接影响，产业结构中第二产业占比大小对污染排放会有明显影响，对外开放过程中的外资利用对污染排放会产生“晕轮效应”和“污染避难所”两种截然相反的效果，交通便利程度对污染排放的影响主要是通过改善交通通达性、加强城市间对内与对外双向经济交流以及加深污染排放在城市间的溢出效应来发挥作用。

第二，构建了空间面板计量模型，通过模型检验确定了采用空间面板杜宾模型的表达形式，以地理距离矩阵作为空间权重矩阵，实证检验长江经济带总体样本经济集聚对污染排放影响的溢出效应并采用偏微分分解法解析出溢出效应的直接效应和间接效应。实证检验结果显示：经济集聚对污染排放存在抑制作用，对工业废水排放的抑制效果最为显著。其中，直接效应表现为显著降低了本地区工业废水和工业二氧化硫排放，表明经济集聚可能通过规模经济效应、成本节约效应以及各类溢出效应等外部性作用有效抵消了产出规模效应，而降低了污染排放水平。间接效应表明经济集聚在空间上的“中心-外围”格局锁定了本地区的中心市场和产出水平，空间溢出效应减弱了产出规模效应而对邻近地区的污染排放总量产生抑制作用。其他影响因素在对污染排放的空间溢出效应及其溢出效应分解中也发挥了不同的作用。

第三，对长江经济带所辖城市进行细分样本，分别在区位异质性和规模异质性条件下对比经济集聚对污染排放影响的空间溢出效应。在区位异质性情况下，上中下游地区经济集聚均对降低本地区污染排放呈现出直接效应，但通过空间溢出效应对邻近地区污染排放的间接效应出现分异现象。上游地区空间溢出效果不明显，中游地区的溢出效应反而加剧了邻近地区的污染排放，只有下游地区对邻近地区的降污间接效应与对本地区降污的直接效应同步。表明由于经济集聚程度不同导致的城市在不同区位形成的“中心-外围”结构产生了差异性的空间溢出效应，而通过促进经济集聚发挥空间溢出效应，则是改善环境质量的关键路径之一。在规模异质性情况下，大型城市经济集聚对抑制污染排放的直接效应和间接效应均较为显著，但中小型城市多表现在直接效应上显著。表明对经济集聚总体程度较高的大型城市来说，通过提升经济集聚水平能够有效抑制污染排放并通过空间溢出实现了降污效果。但对经济集聚总体程度较低的中小型城市来说，经济集聚虽然能够降低本地区水污染排放，但空间溢出效应的降污效果不明显。

综上所述，长江经济带经济集聚对污染排放的影响存在空间溢出效应且具有地区间的交互作用特征。在区位和规模两种不同异质性条件下，经济集聚对污染排放影响的溢出效应均呈现出一定的差异性。

第五章　长江经济带经济集聚影响污染排放的门槛效应

长江经济带经济集聚对污染排放的影响存在空间溢出效应，但理论分析和现实情况均表明经济集聚状况不可能无限制持续。当经济集聚水平达到某一程度或是跨越某些特定数值之后对污染排放影响的空间效应可能会出现阶段性变化现象，处于不同阶段的经济集聚水平可能对污染排放影响的空间效应会呈现出差异性效果。采用面板门槛回归模型考察长江经济带经济集聚对污染排放影响的空间效应非线性特征，解析其在不同门槛值条件下对污染排放影响的差异性状况。同时，在异质性条件下对门槛效应进行对比分析，为后续提出长江经济带差异化环境治理和跨区域联动治理的实施建议提供策略参考。

5.1　面板门槛回归模型设定与检验

现有研究中常采用环境库兹涅茨曲线（EKC）来检验经济集聚对污染排放的非线性影响，通过判定 EKC 曲线形状、拐点在曲线上所处位置及其对应的数值来描述变量之间的非线性关系。但这类实证分析的弊端是难以精准描述和充分检验非连续条件下变量之间非线性关系的阶段性特征。Hansen 提出的面板门槛回归模型有效地弥补了传统非线性模型的缺陷，在对变量之间的非线性关系以及确定阶段性突变点进行实证分析时能够更为贴近客观情况，并较为精准测算出门槛效应[185]。因此，采用面板门槛回归模型对门槛效应考察的结果能够为相关社会经济发展的政策实施提供有价值和可量化的决策信息[181,186]。当前，面板门槛回归模型在能源消费、污染减排效应、创新驱动效应、全要素生产率和生态效率等具体实证研究中被广泛采用[187-191]。

5.1.1 面板门槛回归模型设定与参数估计方法

（1）面板门槛回归模型设定

面板门槛回归模型是非线性模型，在基准回归模型中引入一个新的未知变量作为门槛变量，采用系统内生分组的方式检验其是否存在阶段性非线性门槛效应。在存在门槛效应的条件下，将模型转化为分段函数，采用特定的方法估计出门槛变量的门槛值个数，再通过对其进行显著性检验来测算具体的门槛值，并对相应的门槛区间予以划分，在不同的门槛区间内对相应的面板门槛回归模型表达式中门槛变量的具体参数予以估计以判定门槛效应的影响方向和影响程度[82,188,189]。面板门槛回归模型的表达式为：

$$\begin{aligned}\ln Pollution_{it} = &(\alpha_0 \ln agg_{it} + \alpha_1 \ln popd_{it} + \alpha_2 \ln pgdp_{it} + \alpha_3 \ln tec + \lambda_1 \sum X_{it}) I(\ln agg_{it} \leqslant \gamma) \\ &+ (\beta_0 \ln agg_{it} + \beta_1 \ln popd_{it} + \beta_2 \ln pgdp_{it} + \beta_3 \ln tec + \lambda_2 \sum X_{it}) I(\ln agg_{it} > \gamma) + \varepsilon_{it} + \mu_{it}\end{aligned} \tag{5.1}$$

式中，I（•）为指示函数，取值为 1 或 0。当括号内条件满足时，I（•）值为 1，条件不满足时，I（•）值为 0。*Pollution* 表示污染物排放指标，α、β 和 λ 表示变量的关联系数，γ 表示相应的门槛值，下标 i 表示样本城市，t 表示年份，其余变量说明与前文一致。需要特别说明的是，为考察长江经济带经济集聚对水污染排放影响的门槛特征，选择经济集聚度作为门槛变量。

（2）面板门槛回归模型的参数估计方法

使用面板门槛回归模型进行参数估计时，需要采用格栅搜索和迭代方法估计出各门槛值的具体数值。首先，构建面板门槛回归模型残差平方和 $S_n(\gamma)$ 的最小值作为门槛值，求解 $S_n(\gamma)$ 的公式为：$S_1(\gamma) = \hat{e}^*(\gamma)'\hat{e}^*(\gamma)$。其次，对门槛值进行检验：第一，构建单门槛模型，选取残差平方和最小值为临时门槛值 γ_1^*，即 $\gamma_1^* = \mathrm{argmin} S_1(\gamma_1)$。门槛值一旦确定，则可以采用普通最小二乘法

(OLS) 估计出斜率系数 $\lambda(\gamma_1^*)$ ；第二，将得到的临时门槛值 γ_1^* 代回，此时残差平方和最小值为第二个门槛值 $\hat{\gamma}_2$，即 $\hat{\gamma}_2=\mathrm{argmin}S_2(\gamma_1^*, \gamma_2)$ ；第三，由于第一个门槛值是在假定模型只有一个门槛条件下得到的，为了使结果更加有效，将得到的 $\hat{\gamma}_2$ 重新代回，最终得到第一个门槛值 $\hat{\gamma}_1=\mathrm{argmin}S_3(\gamma_1, \hat{\gamma}_2)$ 。最后，在确定存在一个门槛值的基础上重复上述检验方法，依次检验存在多重门槛值的情况，直至第 $n+1$ 个门槛值检验结果不显著为止，如此可以确定面板门槛回归模型存在的具体门槛值个数。

得到上述门槛变量的估计值之后，还要对模型进行显著性和真实性两个方面的统计检验。第一，检验门槛效应的显著性是否成立。通过构建 F 统计量 $F_1=(S_0-S_1(\hat{\gamma}))/\hat{\sigma}^2$，其中，$S_0$ 表示原假设成立时的残差平方和，检验原假设 H_0：$\beta_1=\beta_2$ 和备择假设 H_1：$\beta_1\neq\beta_2$。在原假设下，门槛值是无法被识别的，因此统计量 F_1 呈现出非标准分布，采用自抽样法来获得门槛变量的渐进分布，从而构造出 p 值。第二，检验门槛变量的估计值是否与真实值一致。这需要通过测算门槛值的置信区间来判定，可以构建似然比 LR 统计量检验原假设 H_0：$\gamma=\gamma_0$ 和备择假设 H_1：$\gamma\neq\gamma_0$，似然比统计量为：$LR_1(\gamma)=(S_1(\gamma)-S_1(\hat{\gamma}))/\hat{\sigma}^2$。原假设条件下该统计量呈现非标准分布，Hansen 提供了一种较为简单的计算公式以推算出其非拒绝域，并给出了常用的临界值，即：在显著性水平为 α 时，若似然比统计量 $LR_1(\gamma)\leqslant c(\alpha)$ 时，不能拒绝原假设。其中，$c(\alpha)$ 表示临界值，其计算公式为：$c(\alpha)=-2\lg(1-\sqrt{1-\alpha})$ 。这里要特别说明的是，模型中其他参数在模型残差不存在异方差情况下，t 检验通常来说是较为有效的[82,192]。

5.1.2　数据说明

面板门槛回归模型需要设定特定的门槛变量。根据研究的主旨目标，将核心解释变量经济集聚度设置为门槛变量，为消除异方差影响对相关变量取自然对数（表 5.1、表 5.2）。

表 5.1 变量定义与变量计算方法说明表

	变量	变量定义	变量计算方法	代码
被解释变量	废水总量	工业废水排放总量	工业废水排放总量（万 t）	ln*twater*
	二氧化硫总量	工业二氧化硫排放总量	工业二氧化硫排放总量（t）	ln*tso2*
	烟粉尘总量	工业烟粉尘排放总量	工业烟粉尘排放总量（t）	ln*tdust*
	废水强度	万元工业总产值废水排放量	工业废水排放量/工业总产值（万 t/万元）	ln*rwater*
	二氧化硫强度	亿元工业总产值二氧化硫排放量	工业二氧化硫排放量/工业总产值（t/万元）	ln*rso2*
	烟粉尘强度	亿元工业总产值烟粉尘排放量	工业烟粉尘排放量/工业总产值（t/万元）	ln*rdust*
门槛变量	经济集聚度	城市单位面积的非农产出总值	城市非农产出总值/城市行政国土面积（万元/km^2）	ln*agg*
解释变量	人口密度	城市人口密度	年末总人口/行政国土面积（人/km^2）	ln*popd*
	经济发展水平	人均 GDP	GDP/年末总人口（元/人）	ln*pgdp*
	技术水平	科技支出在财政支出中的占比	科技支出/财政支出（%）	ln*tec*
控制变量	产业结构	第二产业在 GDP 中的占比	第二产业产值/GDP（%）	ln*sec*
	对外开放	FDI 在 GDP 中的占比	实际利用外资额/GDP（%）	ln*open*
	交通便利度	人均道路面积	城市道路面积/年末总人口（m^2/人）	ln*tran*

表 5.2 变量的描述性统计表

变量	观察值	均值	标准差	最小值	最大值
ln*twater*	1650	8.496	1.074	4.094	11.359
ln*tso2*	1650	10.396	1.043	5.659	13.434
ln*tdust*	1650	9.660	0.960	5.557	14.114
ln*rwater*	1650	−7.417	1.119	−10.652	−3.823
ln*rso2*	1650	−5.519	1.352	−10.351	−1.047
ln*rdust*	1650	−6.250	1.311	−9.552	−1.132
ln*agg*	1650	6.394	1.316	2.444	10.408
ln*popd*	1650	5.987	0.640	3.965	7.733
ln*pgdp*	1650	9.821	0.783	7.771	11.615

续表

变量	观察值	均值	标准差	最小值	最大值
ln*tec*	1650	−0.216	1.071	−3.342	2.789
ln*sec*	1650	3.847	0.216	2.874	4.329
ln*open*	1650	0.264	1.271	−5.112	3.001
ln*tran*	1650	2.104	0.654	−0.528	3.604

5.2　长江经济带经济集聚影响污染排放的门槛效应显著性检验

为了考察长江经济带经济集聚对污染排放影响的门槛效应，采用面板门槛回归模型的参数估计方法，通过自抽样法反复抽样 1000 次构造出 F 统计量，判断 p 值的显著性水平，检验门槛值数量。

长江经济带经济集聚对污染排放影响的门槛效应显著性检验结果显示（表 5.3），单一门槛检验的 F 统计量分别为 50.36、38.40、61.21、60.89、46.28、61.69，伴随概率分别在 1%和 5%水平上显著。表明经济集聚对三种污染物排放总量和排放强度的影响均存在显著的单一门槛值，但双重门槛检验 F 统计量的伴随概率均没有通过 10%水平上的显著性检验。因此，可以认为其不存在双重门槛值条件。

表 5.3　长江经济带经济集聚对污染排放影响的门槛效应检验结果表

污染物指标	门槛数量	F 统计量	p 值	结论	自抽样法次数	临界值		
						10%	5%	1%
ln*twater*	单一门槛	50.36**	0.0240	接受	1000	34.3211	41.8152	57.8334
	双重门槛	11.90	0.6500	拒绝	1000	45.8562	59.4524	79.2743
ln*tso2*	单一门槛	38.40**	0.0460	接受	1000	31.7439	37.5575	54.7082
	双重门槛	20.89	0.2590	拒绝	1000	35.1468	48.5516	74.4254
ln*tdust*	单一门槛	61.21***	0.0080	接受	1000	35.4031	44.3540	57.5749
	双重门槛	17.78	0.4000	拒绝	1000	36.8952	46.4899	69.6265

续表

污染物指标	门槛数量	F 统计量	p 值	结论	自抽样法次数	临界值		
						10%	5%	1%
lnrwater	单一门槛	60.89***	0.0020	接受	1000	32.2891	39.2406	53.8100
	双重门槛	9.38	0.7580	拒绝	1000	47.4759	63.4134	89.8099
lnrso2	单一门槛	46.28**	0.0140	接受	1000	29.7939	33.9161	48.4886
	双重门槛	33.88	0.1280	拒绝	1000	40.2235	56.3139	75.7830
lnrdust	单一门槛	61.69***	0.0030	接受	1000	33.1474	39.8378	54.3429
	双重门槛	27.63	0.1810	拒绝	1000	35.0436	42.7817	64.5857

注：***、**、* 分别表示在 1%、5%和 10%的水平上显著。

以经济集聚度为门槛变量时，三种污染物各自排放总量和排放强度的单一门槛值相同（表 5.4）。工业废水排放总量和排放强度的单一门槛值为 3.6216，工业二氧化硫排放总量和排放强度的单一门槛值为 3.7612，工业烟粉尘排放总量和排放强度的单一门槛值为 3.4295（图 5.1）。

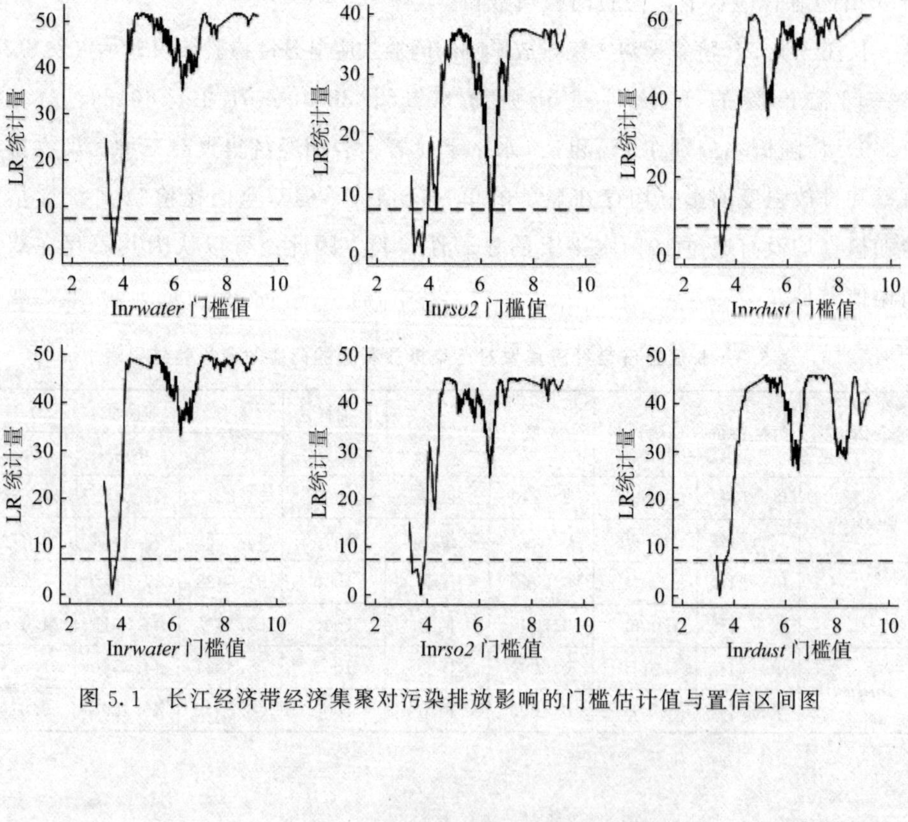

图 5.1 长江经济带经济集聚对污染排放影响的门槛估计值与置信区间图

表 5.4　长江经济带经济集聚对污染排放影响的门槛估计值及其置信区间情况表

污染物指标	门槛数	门槛估计值	95%置信区间	
ln*twater*	单一门槛	3.6216	3.4295	3.7612
ln*tso2*	单一门槛	3.7612	3.4638	3.8625
ln*tdust*	单一门槛	3.4295	3.3061	3.6216
ln*rwater*	单一门槛	3.6216	3.4295	3.7612
ln*rso2*	单一门槛	3.7612	3.4638	3.8625
ln*rdust*	单一门槛	3.4295	3.3061	3.6216

5.3　长江经济带经济集聚影响污染排放的门槛效应真实性检验

在门槛效应显著性检验的基础上，检验长江经济带经济集聚对污染排放影响的门槛效应真实性。

面板门槛回归分析结果显示（表 5.5），针对长江经济带总体样本而言，门槛变量经济集聚对三种污染物排放总量和排放强度均呈现出显著的抑制作用，且均存在单一门槛特征，但不同种类的污染物排放对应的经济集聚单一门槛值却有所不同，且影响程度也存在一定差异，部分地反映出不同污染物对经济集聚阶段性变化在敏感程度上的差异。

表 5.5　长江经济带总体样本面板门槛回归模型的参数估计结果表

变量	ln*twater*	ln*tso2*	ln*tdust*	ln*rwater*	ln*rso2*	ln*rdust*
$\ln agg \leqslant \gamma_1$	−1.176***	−1.174***	−0.655***	−1.482***	−1.435***	−0.953***
	(−9.88)	(−8.10)	(−3.56)	(−12.20)	(−9.77)	(−4.95)
$\ln agg > \gamma_1$	−0.963***	−0.955***	−0.229*	−1.243***	−1.191***	−0.506***
	(−8.62)	(−6.97)	(−1.66)	(−10.91)	(−8.58)	(−2.86)

注：括号内为 *t* 统计量；***、**、* 分别表示在 1%、5%和 10%的水平上显著。

经济集聚对工业废水排放影响的门槛效应方面。当经济集聚度小于等于门槛值 3.6216 时，对工业废水排放总量的抑制作用达到−1.176 且在 1%水平上显著，对工业废水排放强度的抑制作用达到－1.482且在1%水平上显著。当经济集聚度跨越门槛值后，对工业废水排放总量的抑制作用降低到－0.963且在1%水平上显著，对工业废水排放强度的抑制作用降低到－1.243且在1%水平上显著。表明经济集聚能够有效降低工业废水排放总量和排放强度，但当经济集聚跨越门槛值后抑制作用有所减弱。

经济集聚对工业二氧化硫排放影响的门槛效应方面。当经济集聚度小于等于门槛值3.7612时，对工业二氧化硫排放总量的抑制作用达到－1.174且在1%水平上显著，对工业二氧化硫排放强度的抑制作用达到－1.435且在1%水平上显著。当经济集聚度跨越门槛值后，对工业二氧化硫排放总量的抑制作用降低到－0.955且在1%水平上显著，对工业二氧化硫排放强度的抑制作用降低到－1.191且在1%水平上显著。表明经济集聚能够有效降低工业二氧化硫排放总量和排放强度，但当经济集聚跨越门槛值后这种抑制作用也会有所减弱。

经济集聚对工业烟粉尘排放影响的门槛效应方面。当经济集聚度小于等于门槛值3.4295时，对工业烟粉尘排放总量的抑制作用达到－0.655且在1%水平上显著，对工业烟粉尘排放强度的抑制作用达到－0.953且在1%水平上显著。当经济集聚度跨越门槛值后，对工业烟粉尘排放总量的抑制作用降低到－0.229且在10%水平上显著，对工业废水排放强度的抑制作用降低到－0.506且在1%水平上显著。表明经济集聚能够有效降低工业烟粉尘排放总量和排放强度，但当经济集聚跨越门槛值后这种抑制作用同样会有所减弱。

对比经济集聚对三种污染物排放影响的系数可见，经济集聚度无论是在达到门槛值之前还是跨越门槛值之后，其对污染排放的影响均显著为负，表明促进经济集聚能够有效降低污染排放总量和排放强度。但就影响程度而言，经济集聚对工业废水和工业二氧化硫排放的抑制作用强于对工业烟粉尘排放的抑制作用。而当经济集聚度跨越门槛值之后，其对工业烟粉尘的抑制作用较之另外两种污染物来说的下降幅度更大。

此外，采用时间序列分析方法[186]，还可以考察2003—2017年长江经济带经济集聚对污染排放影响的门槛效应的市域分布的动态变化情况。

在2003—2017年考察期内长江经济带所辖城市中的大部分均已跨越了经济集聚的单一门槛值（表5.6）。对于工业废水排放而言，至2012年起实现了所有城市均跨越经济集聚门槛值。对于工业二氧化硫排放而言，这一过程持续到2013年。对于工业烟粉尘排放而言则是在2011年就完成了整体跨越门槛值阶段。门槛效应参数回归分析结果表明，2011—2013年是经济集聚过程中的关键性变化阶段，在此之前处于经济集聚在较大幅度上抑制污染排放的发展阶段，而在此之后则进入到经济集聚平稳抑制污染排放的发展阶段。当前，长江经济带所辖城市均已跨越经济集聚的门槛值，虽然继续促进经济集聚仍然是城市发展的重要方式，但经济集聚对污染排放的抑制作用已有所减弱。因此，在促进经济集聚的同时需要改善经济发展中的产业结构和加强节能减排技术投入以及引入能够带来低碳、绿色、高效的FDI，通过引导产业转型升级、加大减排技术研发与创新、发挥FDI的“晕轮效应”，充分发挥出降低污染排放的协同效应，以推动长江经济带高质量发展。

表5.6　2003—2017年长江经济带经济集聚对污染排放影响的门槛效应的市域分布表

单位：个

污染排放指标	经济集聚门槛区间	年份														
		2003	2004	2005	2006	2007	2008	2009	2010	2011	2012	2013	2014	2015	2016	2017
ln*twater*	≤3.6216	6	4	4	3	3	3	2	1	1	0	0	0	0	0	0
	>3.6216	104	106	106	107	107	107	108	109	109	110	110	110	110	110	110
ln*tso2*	≤3.7612	7	5	4	4	3	3	3	1	1	1	0	0	0	0	0
	>3.7612	103	105	106	106	107	107	107	109	109	109	110	110	110	110	110
ln*tdust*	≤3.4295	4	4	3	3	3	2	1	1	0	0	0	0	0	0	0
	>3.4295	106	106	107	107	107	108	109	109	110	110	110	110	110	110	110
ln*rwater*	≤3.6216	6	4	4	3	3	3	2	1	1	0	0	0	0	0	0
	>3.6216	104	106	106	107	107	107	108	109	109	110	110	110	110	110	110
ln*rso2*	≤3.7612	7	5	4	4	3	3	3	1	1	1	0	0	0	0	0
	>3.7612	103	105	106	106	107	107	107	109	109	109	110	110	110	110	110
ln*rdust*	≤3.4295	4	4	3	3	3	2	1	1	0	0	0	0	0	0	0
	>3.4295	106	106	107	107	107	108	109	109	110	110	110	110	110	110	110

5.4 异质性条件下经济集聚影响污染排放的门槛效应对比

对长江经济带所辖区域进行样本细分，采用与长江经济带总体样本同样的检验方法，在不同的异质性条件下对比分析经济集聚对污染排放影响的门槛效应。

5.4.1 区位异质性条件下门槛效应检验结果及分析

长江经济带上游地区细分样本的门槛效应检验结果显示（表5.7），经济集聚单一门槛检验的 F 统计量分别为56.12、32.16、48.38、55.17、29.34、39.81，伴随概率分别在1%、5%和10%水平上显著，表明经济集聚对三种污染物排放总量和排放强度的影响均存在显著的单一门槛值，但双重门槛检验 F 统计量的伴随概率均未通过10%水平上的显著性检验。因此，可以认为上游地区经济集聚不存在双重门槛值条件。

表5.7 长江经济带上游地区经济集聚对污染排放影响的门槛效应检验结果表

污染物指标	门槛数量	F 统计量	p 值	结论	自抽样法次数	临界值		
						10%	5%	1%
ln*twater*	单一门槛	56.12***	0.005	接受	1000	27.1670	30.0698	47.7109
	双重门槛	−0.90	1.000	拒绝	1000	30.6865	36.5615	54.2353
ln*tso2*	单一门槛	32.16*	0.071	接受	1000	29.5298	33.2976	44.5522
	双重门槛	−0.22	1.000	拒绝	1000	25.9921	31.8359	46.8663
ln*tdust*	单一门槛	48.38**	0.016	接受	1000	28.1561	33.1656	47.9152
	双重门槛	21.19	0.194	拒绝	1000	25.7141	34.8587	44.3338
ln*rwater*	单一门槛	55.17***	0.001	接受	1000	23.5502	28.1769	38.5160
	双重门槛	5.67	0.853	拒绝	1000	23.1049	31.3004	45.4647
ln*rso2*	单一门槛	29.34*	0.075	接受	1000	24.3965	29.3629	38.2216
	双重门槛	−1.42	1.000	拒绝	1000	24.4203	28.1956	38.2963

续表

污染物指标	门槛数量	F 统计量	p 值	结论	自抽样法次数	临界值		
						10%	5%	1%
ln*rdust*	单一门槛	39.81**	0.018	接受	1000	27.4152	32.3111	42.6097
	双重门槛	23.62	0.119	拒绝	1000	25.5886	30.3391	39.4076

注：***、**、* 分别表示在1%、5%和10%的水平上显著。

以经济集聚度为门槛变量时，三种污染物排放的单一门槛估计值测算结果显示（表5.8），工业废水排放总量和排放强度的单一门槛值为3.7061，工业二氧化硫排放总量和排放强度的单一门槛值为3.5056，工业烟粉尘排放总量和排放强度的单一门槛值也同为3.5056。

表5.8 长江经济带上游地区经济集聚对污染排放影响的门槛估计值及置信区间情况表

污染物指标	门槛数	门槛估计值	95%置信区间	
ln*twater*	单一门槛	3.7061	3.6216	3.7458
ln*tso2*	单一门槛	3.5056	3.4189	3.5726
ln*tdust*	单一门槛	3.5056	3.4189	3.5726
ln*rwater*	单一门槛	3.7061	3.6216	3.7458
ln*rso2*	单一门槛	3.5056	3.4189	3.5726
ln*rdust*	单一门槛	3.5056	3.4189	3.5726

在门槛效应显著性检验的基础上，检验经济集聚对污染排放影响的门槛效应真实性。参数估计结果显示，针对长江经济带上游地区而言，门槛变量经济集聚对工业废水和工业二氧化硫排放总量和排放强度均呈现出显著的抑制作用，且均存在单一门槛特征。而对工业烟粉尘，虽然也存在单一门槛特征，但关联系数却不显著，无法从统计意义上做出是否存在抑制作用的判定。

经济集聚对工业废水排放影响的门槛效应显示，当经济集聚度小于等于门槛值3.7061时，对工业废水排放总量的抑制作用达到－2.249且在1%水平上显著，对工业废水排放强度的抑制作用达到－2.802且在1%水平上显著。当经济集聚度跨越门槛值后，对工业废水排放总量的抑制作用降低到－1.967且在1%水平上显著。对工业废水排放强度的抑制作用降低到－2.517且在1%水平上显著。表明长江经济带上游地区经济集聚能够有效降低工业废水排放总量和排放强度，但当经济集聚跨越门槛值后抑制作用有所减弱。

经济集聚对工业二氧化硫排放影响的门槛效应显示，当经济集聚度小于等于门槛值 3.5056 时，对工业二氧化硫排放总量的抑制作用达到－1.342 且在 1% 水平上显著，对工业二氧化硫排放强度的抑制作用达到－1.705 且在 1%水平上显著。当经济集聚度跨越门槛值后，对工业二氧化硫排放总量的抑制作用降低到－1.055 且在 1%水平上显著。对工业二氧化硫排放强度的抑制作用降低到－1.428 且在 1%水平上显著。表明长江经济带上游地区经济集聚能够有效降低工业二氧化硫排放总量和排放强度，但当经济集聚跨越门槛值后这种抑制作用同样也会有所减弱。

对比经济集聚对工业废水和工业二氧化硫排放影响的系数可见，经济集聚度无论是在达到门槛值之前还是跨越门槛值之后，其对污染排放的影响均显著为负。而且长江经济带上游地区细分样本与总体样本的检验结果相比，经济集聚对工业废水和工业二氧化硫排放的抑制作用更强，表明促进长江经济带上游地区经济集聚能够有效抑制工业废水和工业二氧化硫排放总量和排放强度，且抑制效果优于长江经济带总体样本（表 5.9）。因此，大力推进上游地区经济活动的空间集聚将是实现污染减排的有效途径。

表 5.9　长江经济带上游地区面板门槛回归模型的参数估计结果表

变量	ln*twater*	ln*tso2*	ln*tdust*	ln*rwater*	ln*rso2*	ln*rdust*
$\ln agg \leqslant \gamma_1$	－2.249***	－1.342***	0.003	－2.802***	－1.705***	－0.544
	（－6.96）	（－3.32）	（0.01）	（－8.54）	（－4.14）	（－1.04）
$\ln agg > \gamma_1$	－1.967***	－1.055***	0.431	－2.517***	－1.428***	－0.111
	（－6.24）	（－2.69）	（0.96）	（－7.86）	（－3.58）	（－0.22）

注：括号内为 t 统计量；***、**、* 分别表示在 1%、5%和 10%的水平上显著。

长江经济带中游地区经济集聚对污染排放影响的门槛效应显著性检验结果显示（表 5.10），F 统计量的伴随概率表明仅有工业废水排放总量和排放强度存在显著的单一门槛条件，其余污染排放指标均不存在单一门槛。

表 5.10　长江经济带中游地区经济集聚对污染排放影响的门槛效应检验结果表

污染物指标	门槛数量	F 统计量	p 值	结论	自抽样法次数	临界值		
						10%	5%	1%
ln*twater*	单一门槛	47.01***	0.0080	接受	1000	30.4617	35.7597	51.4402
	双重门槛	6.75	0.6940	拒绝	1000	22.8316	42.7821	86.3341
ln*tso2*	单一门槛	21.97	0.1867	拒绝	1000	27.4138	33.0390	41.5015
ln*tdust*	单一门槛	9.00	0.6433	拒绝	1000	25.2724	27.3913	38.4002
ln*rwater*	单一门槛	29.43*	0.1000	接受	1000	30.1871	37.6796	55.3760
	双重门槛	10.25	0.3990	拒绝	1000	20.7115	31.6486	67.7788
ln*rso2*	单一门槛	22.60	0.1200	拒绝	1000	23.3205	29.3346	44.3761
ln*rdust*	单一门槛	12.74	0.4500	拒绝	1000	23.9261	27.1688	35.9880

注：***、**、* 分别表示在1%、5%和10%的水平上显著。

以经济集聚度为门槛变量时，工业废水排放总量和排放强度的单一门槛估计值结果表明（表5.11），其单一门槛值相同，均为8.4313。

表 5.11　长江经济带中游地区经济集聚对污染排放影响的门槛估计值及置信区间情况表

污染物指标	门槛数	门槛估计值	95%置信区间	
ln*twater*	单一门槛	8.4313	8.2152	8.5127
ln*tso2*	无	—	—	—
ln*tdust*	无	—	—	—
ln*rwater*	单一门槛	8.4313	8.2152	8.5127
ln*rso2*	无	—	—	—
ln*rdust*	无	—	—	—

由面板门槛回归分析结果可知（表5.12），对于长江经济带中游地区细分样本而言，门槛变量经济集聚对工业废水排放总量和排放强度均在1%水平上呈现出显著的抑制作用，且均存在单一门槛特征。当经济集聚度小于等于门槛值8.4313时，对工业废水排放总量的抑制作用达到－0.681且在1%水平上显著，对工业废水排放强度的抑制作用达到－0.726且在1%水平上显著。当经济集聚度跨越门槛值后，对工业废水排放总量的抑制作用降低到－0.576且在1%水平上显著，对工业废水排放强度的抑制作用降低到－0.641且在1%水平上显著。表明经济集聚能够有效降低工业废水排放总量和排放强度，但当经济集聚跨越

门槛值后抑制作用呈现小幅减弱。对于长江经济带中游地区工业二氧化硫和工业烟粉尘排放的门槛特征不显著的原因，可能是这一地区所辖 36 个地级及以上城市早已全部跨越了经济集聚的门槛约束，经济集聚对工业二氧化硫和工业烟粉尘排放的影响呈现出线性趋势，而经济集聚对工业废水排放的影响却仍受到门槛条件约束呈现非线性影响。

表 5.12 长江经济带中游地区面板门槛回归模型的参数估计结果表

变量	ln*twater*	ln*tso2*	ln*tdust*	ln*rwater*	ln*rso2*	ln*rdust*
$\ln agg \leqslant \gamma_1$	−0.681***	—	—	−0.726***	—	—
	(−4.35)	—	—	(−4.55)	—	—
$\ln agg > \gamma_1$	−0.576***	—	—	−0.641***	—	—
	(−3.65)	—	—	(−3.99)	—	—

注：***、**、* 分别表示在 1%、5%和 10%的水平上显著。

长江经济带下游地区经济集聚对污染排放影响的门槛效应显著性检验结果显示（表 5.13），经济集聚单一门槛检验 F 统计量的伴随概率均没有通过 10%水平上的显著性检验，可以认为下游地区所辖 41 个地级及以上城市的经济集聚水平较高，已经全部跨越了单一门槛值条件。因此，这一地区经济集聚对污染排放的影响将呈现线性趋势。

表 5.13 长江经济带下游地区经济集聚对污染排放影响的门槛效应检验结果表

污染物指标	门槛数量	F 统计量	p 值	结论	自抽样法次数	临界值		
						10%	5%	1%
ln*twater*	单一门槛	13.26	0.6367	拒绝	1000	30.0920	37.2957	51.5313
ln*tso2*	单一门槛	15.08	0.3633	拒绝	1000	23.8879	25.8964	34.7741
ln*tdust*	单一门槛	24.53	0.1440	拒绝	1000	26.4106	30.9686	41.3079
ln*rwater*	单一门槛	10.50	0.6833	拒绝	1000	29.2170	33.6110	47.4797
ln*rso2*	单一门槛	13.95	0.4467	拒绝	1000	24.0249	28.4248	35.4879
ln*rdust*	单一门槛	28.24	0.1770	拒绝	1000	24.0422	28.4527	40.8048

注：***、**、* 分别表示在 1%、5%和 10%的水平上显著。

综上所述，区位异质性条件下门槛效应检验的实证分析结果可以得出几点结论。首先，经济活动的空间集聚是一个动态上升的过程，经济集聚水平随时间推移而持续上升，部分地反映出长江经济带各省、市地方政府大力促进经济集聚的政策得到了有效执行，而经济集聚能够有效降低污染排放的作用也逐渐显现出来。其次，对于城市所处的不同区位而言，经济集聚对不同种类污染排放影响表现出的门槛约束条件有所差异。正是这种差异导致经济集聚对降低污染排放呈现出线性和非线性的双重作用，但无论如何，持续促进经济集聚对降低污染排放来说都将是一种有效的实现路径。

5.4.2　规模异质性条件下门槛效应检验结果及分析

长江经济带大型城市经济集聚对污染排放影响的门槛效应显著性检验结果显示（表 5.14），经济集聚单一门槛检验 F 统计量均没有通过 10%水平上的显著性检验。

表 5.14　长江经济带大型城市经济集聚对污染排放影响的门槛效应检验结果表

污染物指标	门槛数量	F 统计量	p 值	结论	自抽样法次数	临界值		
						10%	5%	1%
ln*twater*	单一门槛	22.56	0.249	拒绝	1000	31.4358	38.5657	55.4298
ln*tso2*	单一门槛	10.40	0.673	拒绝	1000	27.1077	33.2281	41.3666
ln*tdust*	单一门槛	23.06	0.201	拒绝	1000	28.7118	34.0136	45.5755
ln*rwater*	单一门槛	8.68	0.841	拒绝	1000	30.8915	36.1057	47.7322
ln*rso2*	单一门槛	18.57	0.243	拒绝	1000	24.1567	29.4289	39.7460
ln*rdust*	单一门槛	15.78	0.400	拒绝	1000	27.1495	31.7207	42.0043

注：***、**、* 分别表示在 1%、5%和 10%的水平上显著。

长江经济带中小型城市经济集聚对工业废水和工业烟粉尘排放影响的门槛效应显著性检验结果显示（表 5.15），单一门槛检验的 F 统计量分别为 52.05、42.07、54.27、55.17，分别在 1%、5%和 10%水平上显著，表明经济集聚对工业废水和工业烟粉尘排放总量和排放强度的影响均存在显著的单一门槛值条件，但双重门槛检验 F 统计量的伴随概率均没有通过 10%水平上的显著性检验。

表 5.15　长江经济带中小型城市经济集聚对污染排放影响的门槛效应检验结果表

污染物指标	门槛数量	F 统计量	p 值	结论	自抽样法次数	临界值		
						10%	5%	1%
ln*twater*	单一门槛	52.05**	0.012	接受	1000	29.7192	36.0541	52.7545
	双重门槛	17.42	0.328	拒绝	1000	28.6403	34.7429	51.9570
ln*tso2*	单一门槛	24.79	0.168	拒绝	1000	29.0861	35.3791	49.1351
ln*tdust*	单一门槛	42.07**	0.033	接受	1000	31.2424	38.0573	52.2195
	双重门槛	22.98	0.183	拒绝	1000	27.8787	33.6874	45.3085
ln*rwater*	单一门槛	54.27***	0.005	接受	1000	26.2915	32.4873	49.7096
	双重门槛	18.56	0.241	拒绝	1000	25.9108	33.5810	45.7753
ln*rso2*	单一门槛	26.01	0.134	拒绝	1000	28.7598	34.5357	47.9507
ln*rdust*	单一门槛	55.17***	0.006	接受	1000	29.5356	35.3975	51.9868
	双重门槛	19.10	0.268	拒绝	1000	25.8237	30.5734	42.7589

注：***、**、* 分别表示在1%、5%和10%的水平上显著。

以经济集聚度为门槛变量时，工业废水和工业烟粉尘排放的单一门槛估计值结果表明（表5.16），工业废水和工业烟粉尘各自排放总量和排放强度的单一门槛值相同。具体而言，工业废水排放总量和排放强度的单一门槛值为3.6693，工业烟粉尘排放总量和排放强度的单一门槛值为5.1406。

表 5.16　长江经济带中小型城市经济集聚对污染排放影响的门槛估计值及置信区间情况表

污染物指标	门槛数	门槛估计值	95%置信区间	
ln*twater*	单一门槛	3.6693	3.5514	3.7811
ln*tso2*	无	—	—	—
ln*tdust*	单一门槛	5.1406	5.1089	5.1653
ln*rwater*	单一门槛	3.6693	3.6140	3.7550
ln*rso2*	无	—	—	—
ln*rdust*	单一门槛	5.1406	5.1254	5.1819

由面板门槛回归分析结果可知（表5.17），对于长江经济带中小型城市细分样本而言，门槛变量经济集聚对工业废水和工业烟粉尘排放总量和排放强度均呈现出显著的抑制作用，且均存在单一门槛特征。

表 5.17　长江经济带中小型城市细分样本面板门槛回归模型的参数估计结果表

变量	ln*twater*	ln*tso2*	ln*tdust*	ln*rwater*	ln*rso2*	ln*rdust*
ln*agg*≤γ_1	−1.069***	—	−0.478*	−1.590***	—	−0.932***
	(−5.07)	—	(−1.82)	(−7.14)	—	(−2.74)
ln*agg*＞γ_1	−0.816***	—	−0.194*	−1.317***	—	−0.653**
	(−4.00)	—	(−1.71)	(−6.11)	—	(−2.01)

注：***、**、* 分别表示在1%、5%和10%的水平上显著。

经济集聚对工业废水排放影响的门槛效应显示，当经济集聚度小于等于门槛值3.6693时，对工业废水排放总量的抑制作用达到−1.069且在1%水平上显著，对工业废水排放强度的抑制作用达到−1.590且在1%水平上显著。当经济集聚度跨越门槛值后，对工业废水排放总量的抑制作用降低到−0.816且在1%水平上显著。对工业废水排放强度的抑制作用降低到−1.317且在1%水平上显著。表明经济集聚能够有效降低工业废水排放总量和排放强度，但当经济集聚跨越门槛值后抑制作用有所减弱。

经济集聚对工业烟粉尘排放影响的门槛效应显示，当经济集聚度小于等于门槛值5.1406时，对工业烟粉尘排放总量的抑制作用达到−0.478且在10%水平上显著，对工业烟粉尘排放强度的抑制作用达到−0.932且在1%水平上显著。当经济集聚度跨越门槛值后，对工业烟粉尘排放总量的抑制作用降低到−0.194且在10%水平上显著。对工业废水排放强度的抑制作用降低到−0.653且在5%水平上显著。表明经济集聚能够有效降低工业烟粉尘排放总量和排放强度，但当经济集聚跨越门槛值后这种抑制作用同样会有所减弱。

对比经济集聚对工业废水和工业烟粉尘排放影响的系数可知，经济集聚度无论是在达到门槛值之前还是跨越门槛值之后，其对这两种污染物排放的影响均显著为负，表明促进经济集聚能够有效降低工业废水和工业烟粉尘排放总量和排放强度。对于长江经济带中小型城市工业二氧化硫排放的门槛特征不显著的原因，可能是处于这一规模的44个地级及以上城市已全部跨越了经济集聚对其的门槛约束，经济集聚对工业二氧化硫排放的影响呈现出线性趋势。而经济集聚对工业废水和工业烟粉尘排放的影响却仍受到门槛条件约束呈现非线性影响。

综上所述，规模异质性条件下门槛效应检验的实证分析结果表明，对于城市所具有的不同规模而言，经济集聚对不同种类污染排放影响表现出的门槛约束条件有所差异。中小型城市的经济集聚水平在考察期内实现了跨越门槛约束条件的动态过程，在这一发展过程中，经济集聚对降低工业废水和工业烟粉尘排放呈现出线性和非线性的双重作用。而大型城市则没有经济集聚的约束条件，经济集聚对污染排放的影响呈现线性趋势。但无论是对大型城市还是中小型城市来说，经济集聚对降低污染排放的总体趋势是相似的。

5.5 小结

基于2003—2017年长江经济带经济集聚和污染排放平衡面板数据，采用面板门槛回归模型进一步检验经济集聚对污染排放非线性影响的门槛特征，并在区位异质性和规模异质性两种条件下对长江经济带所辖区域进行样本细分，通过对比分析探讨经济集聚对污染排放影响的门槛效应的差异，得到如下结论。

第一，构建面板门槛回归模型，采用自抽样法对于长江经济带总体样本经济集聚对污染排放影响的门槛效应和门槛值进行显著性检验，并测算出真实门槛值和门槛区间。结果显示，经济集聚对三种污染物排放总量和排放强度的影响均存在显著的单一门槛值约束，而不存在多重门槛约束。经济集聚度在跨越门槛值之前和跨越门槛值之后均会对污染排放产生抑制作用，但当经济集聚跨越门槛值后对污染排放的抑制作用有所减弱。通过进一步对经济集聚单一门槛值的时间序列分析发现，长江经济带所辖城市在2011—2013年期间已经逐步跨越了经济集聚对污染排放影响的门槛约束，此后这种影响趋势由非线性转向线性。经济集聚对污染排放的抑制作用虽然有所减弱，但促进经济集聚仍然是一种较为有效的降污实现路径。今后在促进经济集聚的同时，需要改善经济发展中的产业结构和加强节能减排技术投入以及引入能够带来低碳、绿色、高效的FDI，通过引导产业转型升级、加大减排技术研发与创新、发挥FDI的“晕轮效应”，充分发挥出降低污染排放的协同效应，以推动长江经济带高质量发展。

第二，对长江经济带所辖区域进行细分样本，分别在区位异质性和规模异质性条件下对比经济集聚对污染排放影响的门槛效应。在区位异质性情况下，经济集聚对污染排放的门槛约束呈现异同之处。具体的差异表现在长江经济带上游地区经济集聚对三种污染物排放总量和排放强度的影响均存在单一门槛值，中游地区经济集聚仅对工业废水排放总量和排放强度的影响存在单一门槛值，下游地区则不存在门槛条件约束，所辖 41 个城市的经济集聚水平均超过总体样本中经济集聚的门槛约束条件。而相同之处表现在对于所有存在门槛约束条件的情况下，经济集聚度在跨越门槛值之前和跨越门槛值之后均对相应的污染排放指标有抑制作用，当经济集聚度跨越门槛值后抑制作用出现小幅减弱。在规模异质性情况下，大型城市经济集聚对污染排放的影响不存在门槛约束，说明大型城市经济集聚水平已经全部高于总体样本时的门槛值，但中小型城市经济集聚对工业废水和工业烟粉尘排放总量和排放强度均存在单一门槛值。与前文分析结果的相似之处是经济集聚度在跨越门槛值之前和跨越门槛值之后均对相应的污染排放指标有抑制作用，当经济集聚度跨越门槛值后抑制作用同样出现小幅减弱。

综上所述，长江经济带经济集聚对污染排放的影响存在门槛效应，当经济集聚水平跨越门槛值后对污染排放的影响将呈现不同的作用效果。在区位和规模等不同异质性条件下，经济集聚对污染排放影响的门槛效应均存在一定的差异性。

第六章　长江经济带经济集聚影响污染排放的反馈效应

长江经济带在经济集聚过程中形成以成渝城市群、长江中游城市群、长三角城市群为各自所属区域核心的“中心-外围”空间结构。经济集聚是在促进集聚的“向心力”和抑制集聚的“离心力”共同作用下形成的动态非均衡状态，环境污染被视为“离心力”的具体表现之一。经济集聚与污染排放之间存在相互作用、相互影响的互动关系，但多数研究仅关注到经济集聚对污染排放的单向影响，忽视经济集聚对污染排放冲击后的反馈效应。采用面板向量自回归模型并运用脉冲响应函数和预测方差分解方法检验长江经济带经济集聚对污染排放影响的反馈效应。并在异质性条件下对反馈效应进行对比分析，为后续污染减排和环境治理政策的制定与实施提供更具价值的参考依据。

6.1　面板向量自回归模型设定、变量选取和数据检验

向量自回归模型（VAR）将多个变量视为系统的内生变量，将各变量及其滞后项作为解释变量，分析变量间的相互作用关系，但VAR模型只考虑了变量的时间序列差异，却无法对地区差异做考察。而在VAR模型基础上发展出来的面板向量自回归模型（PVAR），可以同时考察变量的时序和地区差异[193－195]。采用PVAR模型分析长江经济带经济集聚与污染排放之间的双向互动关系，并重点考察经济集聚对污染排放产生冲击影响后的反馈效应。

6.1.1　面板向量自回归模型设定

采用PVAR模型进行参数估计时，需要运用广义矩估计（GMM）方法回归拟合出变量之间在长期内相互影响的作用关系。在使用GMM估计之前，还需对所使用的面板数据进行单位根检验，如果面板数据不平稳则需要做一阶差分或多阶差分，并通过协整分析判断数据是否存在长期协整关系。通过AIC、SC和HQIC信息准则的显著性判断来确定滞后阶数，将滞后变量作为工具变量纳入方程，进行GMM估计。由于PVAR模型是包含固定效应的动态面板模型，可以采用组内均值差分法消除时间效应和采用向前均值差分法消除固定效应[196]。采用脉冲响应函数（IRF）考察变量对自身及其他变量的冲击反应和对冲击响应的程度大小，分析扰动项的影响是如何传导至各变量。对PVAR模型的GMM估计结果进行预测方差分解，以便更加直观地衡量各个变量之间存在的动态关系及其对冲击响应的贡献度[197]。PVAR模型的一般形式为：

$$y_{it}=\alpha_0+\sum_{j=1}^{p}\beta_j y_{it-j}+\sum_{k}^{p}\theta_k x_{kt-k}+\eta_i+\gamma_t+\mu_{it} \tag{6.1}$$

式（6.1）中包含了内生变量 y_{it} 和外生变量 x_{kt} ，

当经济集聚对污染排放产生冲击影响时，污染排放会对经济集聚产生反馈效应。因此，可以将经济集聚和污染排放视为一个整体系统内来考察二者之间的相互作用关系。PVAR模型的函数形式可以简化为：

$$y_{it}=\sum_{j=1}^{p}\beta_j y_{it-j}+\eta_i+\gamma_t+\mu_{it} \tag{6.2}$$

其中，$y_{it}=[\ln agg_{it}，\ln Pollution_{it}]$ ，内生变量为经济集聚和污染排放的对数形式。y_{it-j} 为 y_{it} 的 j 阶滞后项，即将内生变量的滞后项作为解释变量。PVAR模型本身是一个综合反馈系统，内生变量 $\ln agg_{it}$ 和 $\ln Pollution_{it}$ 均受到自身和对方滞后项的影响，可以由一组回归方程来表示内生变量之间的互动关系。下标 i 表示样本，下标 t 表示时间序列，p 表示滞后阶数，β_j 表示系数矩阵，μ_{it} 表示随机干扰项，η_i 表示个体效应向量反映了城市样本所属地区的空间异质性，γ_t 表示时间效应向量，体现了每一时期的特定冲击效应。

6.1.2 变量选取与数据说明

数据样本由2003—2017年长江经济带110个地级及以上城市面板数据构成，原始数据来自2004—2018年《中国城市统计年鉴》《中国环境统计年鉴》《中国区域统计年鉴》以及长江经济带各省、市统计年鉴。为消除异方差影响，对相关变量取自然对数。见表6.1、表6.2。

表6.1 变量定义与计算说明表

变量	指标	含义	代码
废水总量	工业废水排放总量	工业废水排放总量（万 t）	*twater*
二氧化硫总量	工业二氧化硫排放总量	工业二氧化硫排放总量（t）	*tso2*
烟粉尘总量	工业烟粉尘排放总量	工业烟粉尘排放总量（t）	*tdust*
废水强度	万元工业总产值废水排放量	工业废水排放量/工业总产值（万 t/万元）	*rwater*
二氧化硫强度	亿元工业总产值二氧化硫排放量	工业二氧化硫排放量/工业总产值（t/万元）	*rso2*
烟粉尘强度	亿元工业总产值烟粉尘排放量	工业烟粉尘排放量/工业总产值（t/万元）	*rdust*
经济集聚度	城市单位面积的非农产出总值	城市非农产出总值/城市行政国土面积（万元/km^2）	*agg*

表6.2 变量的描述性统计分析表

变量	观察值	均值	标准差	最小值	最大值
ln*twater*	1650	8.496	1.074	4.094	11.359
ln*tso2*	1650	10.396	1.043	5.659	13.434
ln*tdust*	1650	9.66	0.96	5.557	14.114
ln*rwater*	1650	−7.417	1.119	−10.652	−3.823
ln*rso2*	1650	−5.519	1.352	−10.351	−1.047
ln*rdust*	1650	−6.25	1.311	−9.552	−1.132
ln*agg*	1650	6.394	1.316	2.444	10.408

6.1.3　面板数据的单位根检验和协整检验

（1）面板数据的单位根检验

PVAR 模型要求每个内生变量都是平稳的，如果非平稳则应具有长期协整关系。为避免伪回归现象，需要对所使用的面板数据进行单位根检验。采用最为常用的 Levin－Lin－Chu（LLC）和 Im－Pesaran－Shin（IPS）方法分别检验变量数据是否存在趋势项，如果数据是非平稳的，则需要对其进行一阶差分或多阶差分，直至达到平稳效果。经检验变量的原始数据不平稳，需要对变量进行一阶差分处理[198]，一阶差分数据均在 1%显著性水平上通过了 LLC 和 IPS 平稳性检验（表 6.3）。

表 6.3　面板数据的单位根检验结果表

检验方法	Levin-Lin-Chu	Im-Pesaran-Shin
	Adjustedt^*	W-t-bar
d. ln*agg*	−20.8424***	−10.6950***
d. ln*twater*	−17.2858***	−8.5211***
d. ln*tso2*	−16.6327***	−9.8564***
d. ln*tdust*	−22.9310***	−14.2470***
d. ln*rwater*	−17.0259***	−9.5210***
d. ln*rso2*	−19.0333***	−10.9195***
d. ln*rdust*	−22.3215***	−13.5182***

注：***表示在 1%水平上显著。

（2）面板数据的协整检验

在单位根检验的基础上进一步对一阶差分数据进行协整检验，分析变量之间是否存在长期协整关系。采用 Engle－Granger 两步法（EG 两步法）的 Pedroni 检验方法，对经济集聚和污染排放两个内生变量进行协整检验确定其协整关系。Pedroni 检验方法产生的 7 个统计量中以 Gt、Ga、Pt 和 Pa 四个统计量最为关键[190]。因此，采用这四个统计量来确定变量之间的协整关系，协整检验结果显著拒绝变量之间不存在协整关系的原假设（表 6.4），表明经济集聚与污染排放之间存在长期动态协整关系，可以用于面板回归分析。

表 6.4 面板数据的协整检验结果表

变量	统计量	统计值	z 值	p 值
d. ln*twater*	Gt	−1.951***	−9.827	0.000
	Ga	−7.496***	−8.519	0.000
	Pt	−21.726***	−14.026	0.000
	Pa	−8.566***	−27.313	0.000
d. ln*tso2*	Gt	−1.435***	−4.622	0.000
	Ga	−5.084***	−2.955	0.002
	Pt	−21.144***	−13.528	0.000
	Pa	−8.504***	−27.086	0.000
d. ln*tdust*	Gt	−2.273***	−13.071	0.000
	Ga	−8.462***	−10.746	0.000
	Pt	−24.955***	−16.793	0.000
	Pa	−9.359***	−30.185	0.000
d. ln*rwater*	Gt	−2.229***	−12.629	0.000
	Ga	−8.278***	−10.321	0.000
	Pt	−24.876***	−16.725	0.000
	Pa	−9.562***	−30.919	0.000
d. ln*rso2*	Gt	−1.919***	−9.505	0.000
	Ga	−7.199***	−7.832	0.000
	Pt	−23.949***	−15.931	0.000
	Pa	−9.362***	−30.195	0.000
d. ln*rdust*	Gt	−2.328***	−13.625	0.000
	Ga	−7.979***	−9.630	0.000
	Pt	−24.585***	−16.476	0.000
	Pa	−9.460***	−30.551	0.000

注：***表示在1%水平上显著。

(3) 确定模型的滞后阶数

构建PVAR模型还需要选择合适的滞后阶数，适宜的滞后阶数可以通过AIC、SC和HQIC三种信息准则来确定，通常来说滞后阶数不超过3阶，过长的滞后阶数会损失变量的自由度。采用Stata外部命令pvar2.ado程序对PVAR模型的最优滞后阶数进行判定（表6.5）。

表 6.5　面板数据的滞后阶数检验结果表

变量	最优滞后阶数	AIC	BIC	HQIC
d. ln*twater*	1 阶	−1.03093	−0.150987	−0.701024
d. ln*tso2*	1 阶	−0.402499	0.477446	−0.072591
d. ln*tdust*	1 阶	−0.04869	0.831254	0.281217
d. ln*rwater*	1 阶	−1.02043	−0.140489	−0.690526
d. ln*rso2*	1 阶	−0.465303	0.414642	−0.135395
d. ln*rdust*	1 阶	−0.045496	0.925441	0.375404

注：此处只列出最优滞后阶数的判定结果。

6.2　长江经济带经济集聚影响污染排放的反馈效应检验

6.2.1　广义矩估计

采用 Stata 外部命令 pvar. ado 程序，进行 helmert 变换得到 GMM 估计系数（标有前缀 L. 的变量表示滞后一期变量），确定经济集聚与三种污染物排放总量和排放强度以及它们各自滞后一期之间的互动关系。通过 pvar. ado 程序可以得到 GMM 估计的稳定性检验图，当所有特征值落在单位圆之内时，表示 PVAR 模型的 GMM 估计满足稳定条件（图 6.1）。

GMM 估计结果显示绝大多数变量关联系数的伴随概率均在 1%、5% 和 10% 水平上显著（表 6.6、表 6.7），证实经济集聚与污染排放总量和排放强度之间确实存在明显的相互影响现象。经济集聚与其滞后期之间存在显著的正向关联，表明经济集聚存在自我强化的影响作用，证实了“中心-外围”模型对经济集聚存在循环因果积累关系的论述。而污染排放总量和排放强度与其滞后期之间存在显著的负向关联，表明污染排放存在自我弱化作用，可能的原因是生态环境存在一定的承载能力和自我净化能力，污染物排放将通过空气扩散和水域流动而逐渐稀释。

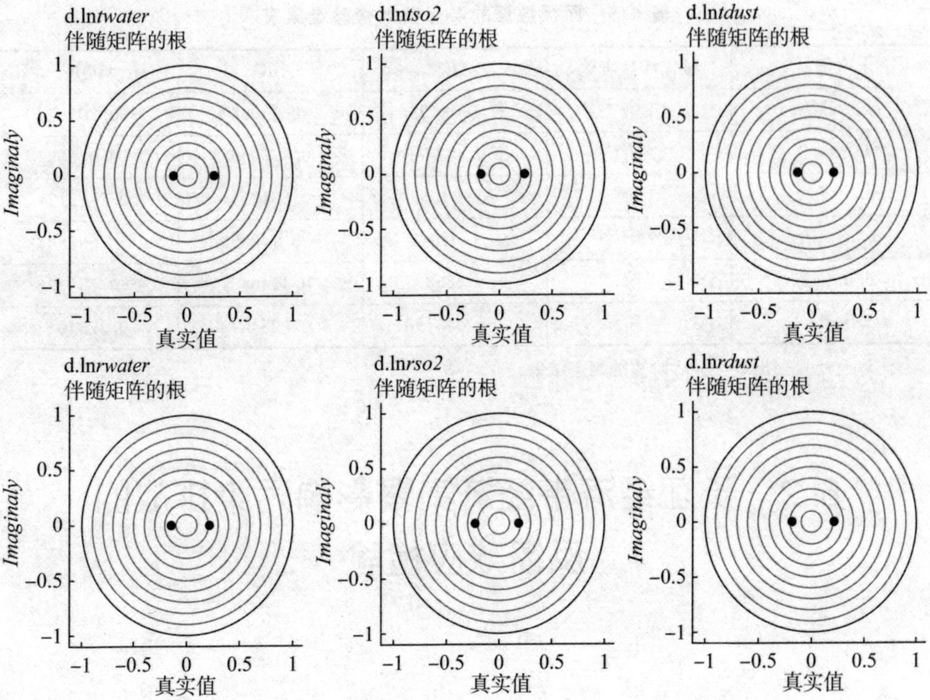

图 6.1　PVAR 模型的 GMM 估计稳定性检验图

表 6.6　长江经济带经济集聚与污染排放总量 PVAR 模型的 GMM 估计结果表

变量	d. ln*agg*	d. ln*twater*	变量	d. ln*agg*	d. ln*tso2*	变量	d. ln*agg*	d. ln*tdust*
L. d. ln*agg*	0.202***	1.233***	L. d. ln*agg*	0.202*	2.472***	L. d. ln*agg*	0.216*	1.446***
	(1.65)	(5.02)		(1.69)	(5.30)		(1.73)	(4.19)
L. d. ln*twater*	0.014**	−0.080	L. d. ln*tso2*	0.006	−0.141*	L. d. ln*tdust*	−0.003	−0.144***
	(2.09)	(−1.16)		(1.06)	(−1.92)		(−0.64)	(−2.72)

注：括号内为 *z* 统计量；***、**、* 分别表示在 1%、5%和 10%的水平上显著。

表 6.7　长江经济带经济集聚与污染排放强度 PVAR 模型的 GMM 估计结果表

变量	d. ln*agg*	d. ln*rwater*	变量	d. ln*agg*	d. ln*rso2*	变量	d. ln*agg*	d. ln*rdust*
L. d. ln*agg*	0.204*	−0.174	L. d. ln*agg*	0.228*	1.148***	L. d. ln*agg*	0.211*	−0.019
	(1.65)	(−1.26)		(1.93)	(4.16)		(1.73)	(−0.08)
L. d. ln*rwater*	−0.022**	−0.127**	L. d. ln*rso2*	−0.019**	−0.276***	L. d. ln*rdust*	−0.011***	−0.182***
	(−2.11)	(−1.96)		(−2.02)	(−3.56)		(−3.21)	(−2.87)

注：括号内为 *z* 统计量；***、**、* 分别表示在 1%、5%和 10%的水平上显著。

6.2.2　脉冲响应分析

脉冲响应函数主要用于描述 PVAR 模型中的内生变量受到误差冲击时的敏感程度，即当随机干扰项发起 1 个标准差大小的冲击之后，内生变量当期和未来期对其的反馈响应。同样也可以分析 PVAR 模型中某一个内生变量在基期发生单位变化时对其他内生变量产生的影响，刻画内生变量之间相互作用的互动特征[198]。对长江经济带经济集聚与污染排放 PVAR 模型进行脉冲响应分析可观察到脉冲响应变化趋势情况（表 6.8），通过蒙特卡罗实验模拟 500 次可呈现出脉冲响应图（图 6.2）。

表 6.8　长江经济带经济集聚与污染排放的脉冲响应趋势表

	变量	方向	趋势
污染排放对经济集聚的脉冲响应	d. ln*agg* → d. ln*twater*	正向→趋零	增大→减小→平稳
	d. ln*agg* → d. ln*tso2*	正向→趋零	增大→减小→平稳
	d. ln*agg* → d. ln*tdust*	正向→趋零	增大→减小→平稳
	d. ln*agg* → d. ln*rwater*	负向→趋零	减小→平稳
	d. ln*agg* → d. ln*rso2*	正向→趋零	增大→减小→平稳
	d. ln*agg* → d. ln*rdust*	负向→正向→趋零	波动→平稳
经济集聚对污染排放的脉冲响应	d. ln*twater* → d. ln*agg*	正向→趋零	增大→减小→平稳
	d. ln*tso2* → d. ln*agg*	负向→趋零	增大→减小→平稳
	d. ln*tdust* → d. ln*agg*	负向→趋零	增大→减小→平稳
	d. ln*rwater* → d. ln*agg*	负向→趋零	增大→减小→平稳
	d. ln*rso2* → d. ln*agg*	负向→趋零	增大→减小→平稳
	d. ln*rdust* → d. ln*agg*	负向→趋零	增大→减小→平稳

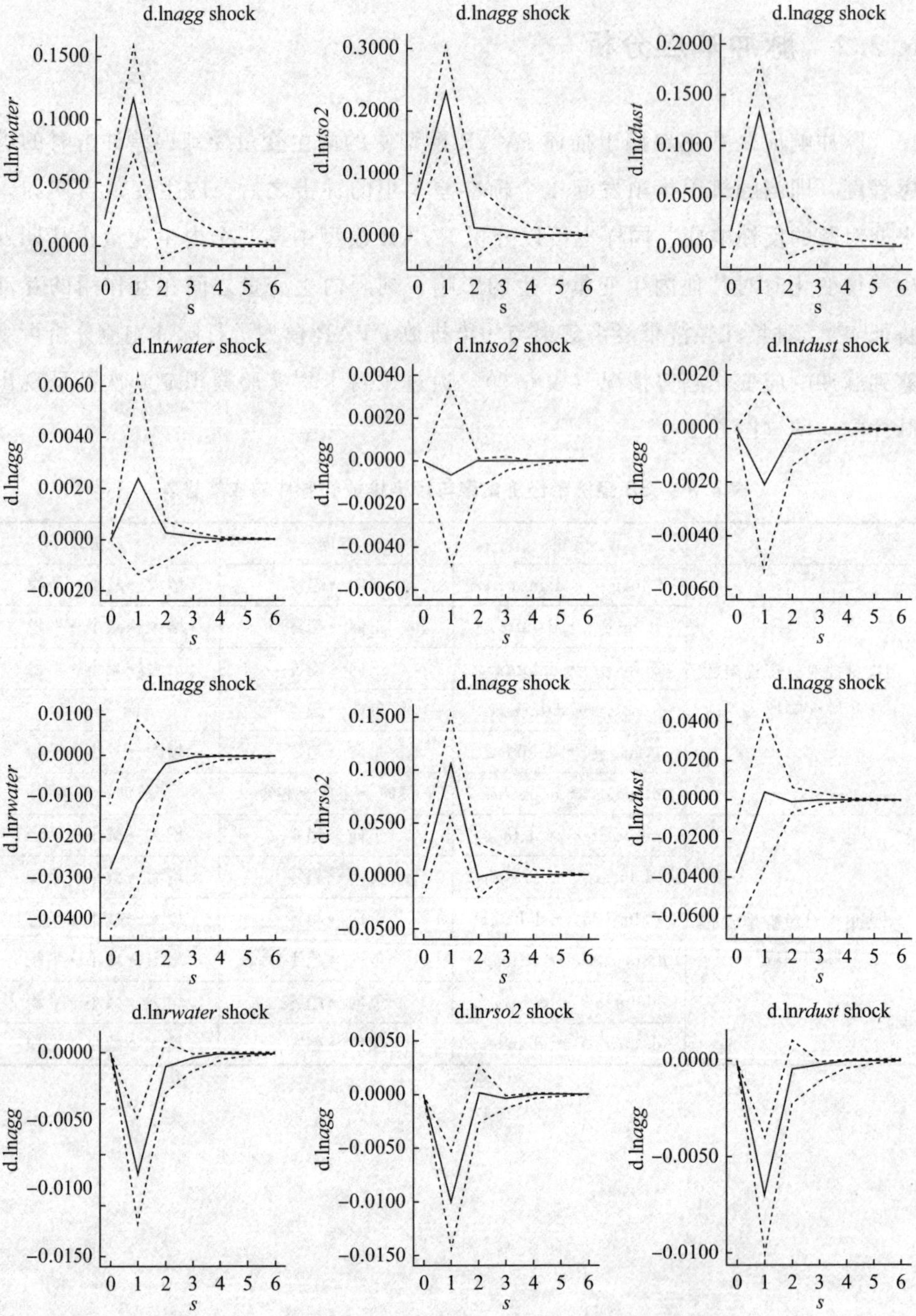

图 6.2 长江经济带经济集聚与污染排放的脉冲响应图

与大多数既有研究相似，此处采用的脉冲响应分析仅考察了内生变量受到冲击后响应期数为 6 期的短期变化情况。图中横轴代表响应期数，纵轴代表内生变量在受到其他变量冲击后的反馈响应程度。可以看出，经过 6 期冲击响应期之后，所有响应变量均呈现收敛趋势，表明构建的 PVAR 模型是稳健的，冲击响应在 6 期之后归于平稳且反馈响应效果逐渐衰弱直至消失。长江经济带经济集聚与污染排放之间互动关系结果显示了以下几个特征。

第一，考察长江经济带污染排放受到经济集聚冲击后的脉冲响应。当本期经济集聚给予污染排放总量 1 个标准差的冲击之后，工业废水、工业二氧化硫和工业烟粉尘排放总量本期和未来 6 期对经济集聚均产生正向反馈响应，表明经济集聚对三种污染物排放总量的冲击存在正向作用，这种作用效果呈现出先增大后减小再平稳最终趋零的变化趋势。即经济集聚给予短期冲击后将导致三种污染物排放总量增加，但增加的幅度却是先上升后下降最终趋零。可能的原因是，经济集聚水平的提高在短期内迅速刺激了经济产出规模，由此导致污染排放总量攀升，但随着经济集聚正外部性的逐渐释放，将减缓污染排放总量。污染排放强度对经济集聚的反馈响应则与污染排放总量有所差异。当本期经济集聚给予污染排放强度 1 个标准差的冲击之后，工业废水排放强度本期和未来 6 期对经济集聚产生负向反馈响应，表明经济集聚对工业废水排放强度的短期冲击存在负向作用，即经济集聚对工业废水排放强度的冲击产生了抑制作用，但作用效果持续降低，最终趋零。工业二氧化硫排放强度对经济集聚产生正向反馈效应，表明经济集聚的短期冲击会加剧工业二氧化硫排放强度，但幅度是先增后减再趋零，而工业烟粉尘排放强度对经济集聚的反馈响应由负向转向正向，响应程度在短期内是先减后增再减的波动趋势，直到第 6 期归于平稳，最终趋零。

第二，考察长江经济带经济集聚受到污染排放冲击后的脉冲响应。当本期污染排放总量给予经济集聚 1 个标准差的冲击之后，经济集聚本期和未来 6 期对工业废水排放总量产生正向反馈响应。表明工业废水排放总量对经济集聚的冲击存在正向作用，这种作用效果呈现出先增大、后减小、再平稳，最终趋零的变化趋势，即短期内工业废水排放总量会刺激经济集聚，但刺激作用最终将会失效。经济集聚对工业二氧化硫和工业烟粉尘排放总量产生了负向反馈响应，表明它们给予短期冲击后将对经济集聚产生抑制作用。当本期污染排放强度给予经济集聚1个标准差的冲击之后，经济集聚本期和未来6期对三种污染物排放强度均产生负向反馈响应。同样说明污染排放强度给予冲击后会在短期内抑制经济集聚，这种抑制作用效果呈现出先增大后减小再平稳最终趋零的变化趋势。总体而言，反映出污染排放对经济集聚来说仍然发挥着“离散力”作用，短期内伴随污染排放增大经济集聚趋势将受到抑制。

6.2.3 预测方差分解

预测方差分解是采用度量脉冲冲击变量的方差来反映对模型中内生变量产生冲击的随机干扰项的相对重要性，进而度量某一变量给予结构性冲击时引发其他内生变量变化的贡献度，从而评价不同内生变量冲击的重要程度[197-199]。脉冲响应分析一般来说只能呈现内生变量受到短期冲击后的反馈响应程度，而预测方差分解则可以考察较长期限中内生变量受到冲击后的反馈响应程度。预测方差分解结果显示，在第10个预测期之后方差分解变化趋势已不存在显著差异。

由方差分解的平均值可知（表6.9），无论是经济集聚还是污染排放总量，其自身变化可以解释绝大部分的预测方差，即存在自我因果关系。就其对自身预测期的方差贡献度而言，经济集聚在99.7%～99.9%之间，工业废水排放总量在88.5%～98.9%之间，工业二氧化硫排放总量在78.2%～97.5%之间，工业烟粉尘排放总量在94.7%～99.8%之间。此处需要重点关注的是经济集聚与污染排放总量各指标之间的相互作用情况。总体来说，三种污染物排放总量在10个预测期内均会对经济集聚的冲击产生反馈效应，且三种污染物排放总量受到经济集聚冲击后的响应方差贡献度远大于经济集聚对它们的响应方差贡献度。工业废水排放总量反馈响应的方差贡献度在前5个预测期内逐渐增大，至第6～10个预测期后稳定在11.47%水平上。工业二氧化硫排放总量反馈响应的方差贡献度在前4个预测期内逐渐增大，至第5～10个预测期后稳定在21.79%水平上。工业烟粉尘排放总量反馈效应的方差贡献度在前3个预测期内逐渐增大，至第4～10个预测期后基本维持在5.21%的较低水平上。对比而言，工业二氧化硫排放总量在受到经济集聚冲击后反馈效应的方差贡献度最高，工业废水排放总量次之，工业烟粉尘排放总量最低。

表 6.9　长江经济带经济集聚与污染排放总量的预测方差分解表

响应变量	预测期	脉冲冲击变量		响应变量	预测期	脉冲冲击变量		响应变量	预测期	脉冲冲击变量	
		d. ln*agg*	d. ln*twater*			d. ln*agg*	d. ln*tso2*			d. ln*agg*	d. ln*tdust*
d. ln*agg*	1	1	0	d. ln*agg*	1	1	0	d. ln*agg*	1	1	0
	2	0.9977446	0.0022554		2	0.9993455	0.0006545		2	0.9997531	0.0002469
	3	0.9977188	0.0022812		3	0.9993450	0.0006550		3	0.9997522	0.0002478
	4	0.9977141	0.0022859		4	0.9993438	0.0006562		4	0.9997520	0.0002480
	5	0.9977139	0.0022861		5	0.9993437	0.0006563		5	0.9997520	0.0002480
	6	0.9977139	0.0022861		6	0.9993437	0.0006563		6	0.9997520	0.0002480
	7	0.9977139	0.0022861		7	0.9993437	0.0006563		7	0.9997520	0.0002480
	8	0.9977139	0.0022861		8	0.9993437	0.0006563		8	0.9997520	0.0002480
	9	0.9977139	0.0022861		9	0.9993437	0.0006563		9	0.9997520	0.0002480
	10	0.9977139	0.0022861		10	0.9993437	0.0006563		10	0.9997520	0.0002480
d. ln*twater*	1	0.0109734	0.9890266	d. ln*tso2*	1	0.0252599	0.9747401	d. ln*tdust*	1	0.0017701	0.9982299
	2	0.1129578	0.8870422		2	0.2169896	0.7830104		2	0.0518359	0.9481640
	3	0.1144843	0.8855156		3	0.2176475	0.7823525		3	0.0521035	0.9478965
	4	0.1147046	0.8852955		4	0.2179827	0.7820173		4	0.0521043	0.9478447
	5	0.1147142	0.8852858		5	0.2179880	0.7820120		5	0.0521553	0.9478446
	6	0.1147150	0.8852850		6	0.2179888	0.7820112		6	0.0521554	0.9478446
	7	0.1147150	0.8852850		7	0.2179888	0.7820112		7	0.0521554	0.9478446
	8	0.1147150	0.8852850		8	0.2179888	0.7820112		8	0.0521554	0.9478446
	9	0.1147150	0.8852850		9	0.2179888	0.7820112		9	0.0521554	0.9478446
	10	0.1147150	0.8852850		10	0.2179888	0.7820112		10	0.0521554	0.9478446

由方差分解的平均值可知（表 6.10），无论是经济集聚还是污染排放强度，其自身变化同样可以解释绝大部分的预测方差，即同样存在自我因果关系。就其对自身预测期的方差贡献度而言，经济集聚在 99.2.0%～99.5%之间，工业废水排放强度在 0.86%～0.98%之间，工业二氧化硫排放强度在 0.0001%～5.19%之间，工业烟粉尘排放强度在 0.48%～0.50%之间。总体来说，三种污染物排放强度同样均会对经济集聚的冲击产生反馈效应，但反馈效应的方差贡献度较低。工业废水排放强度反馈响应的方差贡献度在前 4 个预测期内呈现增大趋势，至第 5～10 个预测期后稳定在 0.98%水平上。工业二氧化硫排放强度反馈响应的方差贡献度在前 5 预测期内增大，至第 6～10 个预测期后稳定在 5.19%水平上。工业烟粉尘排放强度反馈效应的方差贡献度在前 3 个预测期内

微小波动，至第4～10个预测期后维持在0.488%水平上。对比而言，工业二氧化硫排放强度在受到经济集聚冲击后反馈效应的方差贡献度最高，工业废水和工业烟粉尘排放强度均较低。

表6.10 长江经济带经济集聚与污染排放强度的预测方差分解表

响应变量	预测期	脉冲冲击变量		响应变量	预测期	脉冲冲击变量		响应变量	预测期	脉冲冲击变量	
		d. ln*agg*	d. ln*rwater*			d. ln*agg*	d. ln*rso2*			d. ln*agg*	d. ln*rdust*
d. ln*agg*	1	1	0	d. ln*agg*	1	1	0	d. ln*agg*	1	1	0
	2	0.9936137	0.0063863		2	0.9924539	0.0075461		2	0.9947072	0.0052928
	3	0.9935886	0.0064114		3	0.9924433	0.0075567		3	0.9947128	0.0052872
	4	0.9935810	0.0064190		4	0.9924297	0.0075703		4	0.9947051	0.0052949
	5	0.9935809	0.0064191		5	0.9924296	0.0075704		5	0.9947051	0.0052949
	6	0.9935809	0.0064191		6	0.9924296	0.0075704		6	0.9947051	0.0052949
	7	0.9935809	0.0064191		7	0.9924296	0.0075704		7	0.9947051	0.0052949
	8	0.9935809	0.0064191		8	0.9924296	0.0075704		8	0.9947051	0.0052949
	9	0.9935809	0.0064191		9	0.9924296	0.0075704		9	0.9947051	0.0052949
	10	0.9935809	0.0064191		10	0.9924296	0.0075704		10	0.9947051	0.0052949
d. ln*rwater*	1	0.0086717	0.9913283	d. ln*rso2*	1	0.0001317	0.9998683	d. ln*rdust*	1	0.0049491	0.9950508
	2	0.0097780	0.9902220		2	0.0518526	0.9481474		2	0.0048866	0.9951134
	3	0.0098041	0.9901959		3	0.0518222	0.9481778		3	0.0048870	0.9951130
	4	0.0098063	0.9901937		4	0.0519044	0.9480956		4	0.0048870	0.9951130
	5	0.0098063	0.9901937		5	0.0519047	0.9480953		5	0.0048870	0.9951130
	6	0.0098063	0.9901937		6	0.0519049	0.9480951		6	0.0048870	0.9951130
	7	0.0098063	0.9901937		7	0.0519049	0.9480951		7	0.0048870	0.9951130
	8	0.0098063	0.9901937		8	0.0519049	0.9480951		8	0.0048870	0.9951130
	9	0.0098063	0.9901937		9	0.0519049	0.9480951		9	0.0048870	0.9951130
	10	0.0098063	0.9901937		10	0.0519049	0.9480951		10	0.0048870	0.9951130

综上所述，就长江经济带总体样本而言，经济集聚与污染排放总量和排放强度的各项指标之间均存在较为明显的相互作用关系。当污染排放在受到经济集聚的冲击之后无论是短期内还是长期中均会对经济集聚产生反馈效应，但由于污染排放所选取的指标不同反馈效应分别呈现出正向作用或负向作用的差异化效果，同时污染排放总量反馈效应的预测方差贡献度普遍高于污染排放强度。实证分析结果还表明经济集聚对污染排放发起冲击后在短期内的反馈效应较为强烈，而在长期中反馈效应将平稳减弱，逐渐趋零。以往研究中多忽视了考察经济集聚对污染排放的反馈效应，势必会影响到环境治理政策制定和策略实施的精准性。因此应当对这种反馈效应予以重视。

6.3 异质性条件下经济集聚影响污染排放的反馈效应对比

采用相同的异质性条件作为样本细分的依据，由于细分样本后所采用的数据检验方法与总体样本保持一致，所有相关检验过程不再单独列出，仅汇报 PVAR 模型的 GMM 估计、脉冲响应分析和预测方差分解检验结果，在异质性条件下对比分析经济集聚对污染排放影响的反馈效应。

6.3.1 区位异质性条件下反馈效应检验结果及分析

上游地区细分样本污染排放的六个指标最优滞后阶数分别为：2 阶、2 阶、3 阶、1 阶、3 阶、1 阶，且 GMM 估计满足稳定条件（图 6.3）。

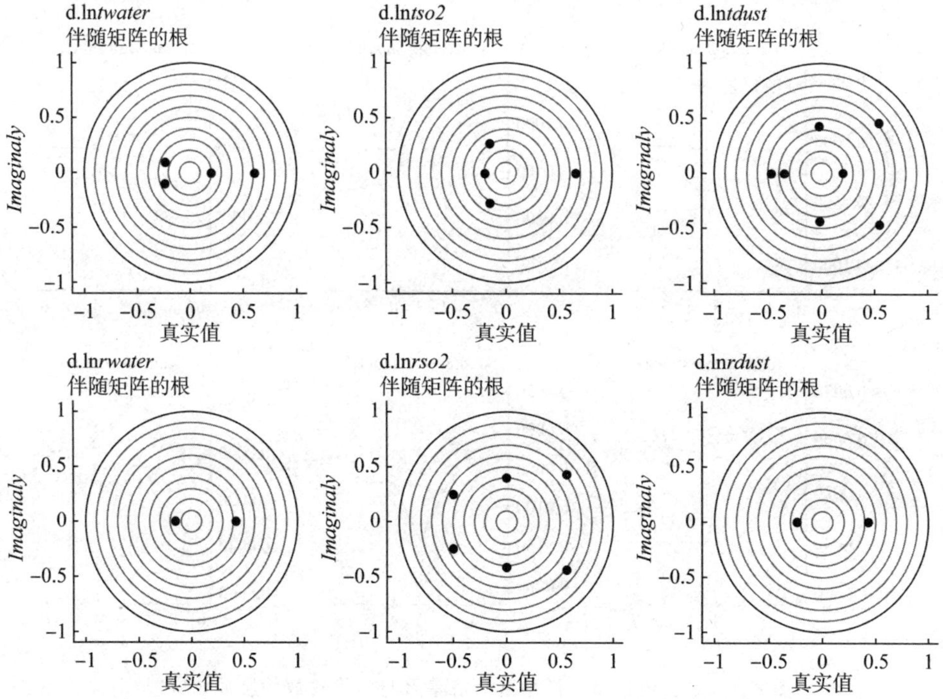

图 6.3 上游地区细分样本 PVAR 模型的 GMM 估计稳定性检验图

从长江经济带上游地区细分样本的反馈效应检验结果可以看出，经过 6 期冲击响应期之后，所有响应变量均呈现出收敛至平稳的动态趋势（图 6.4）。

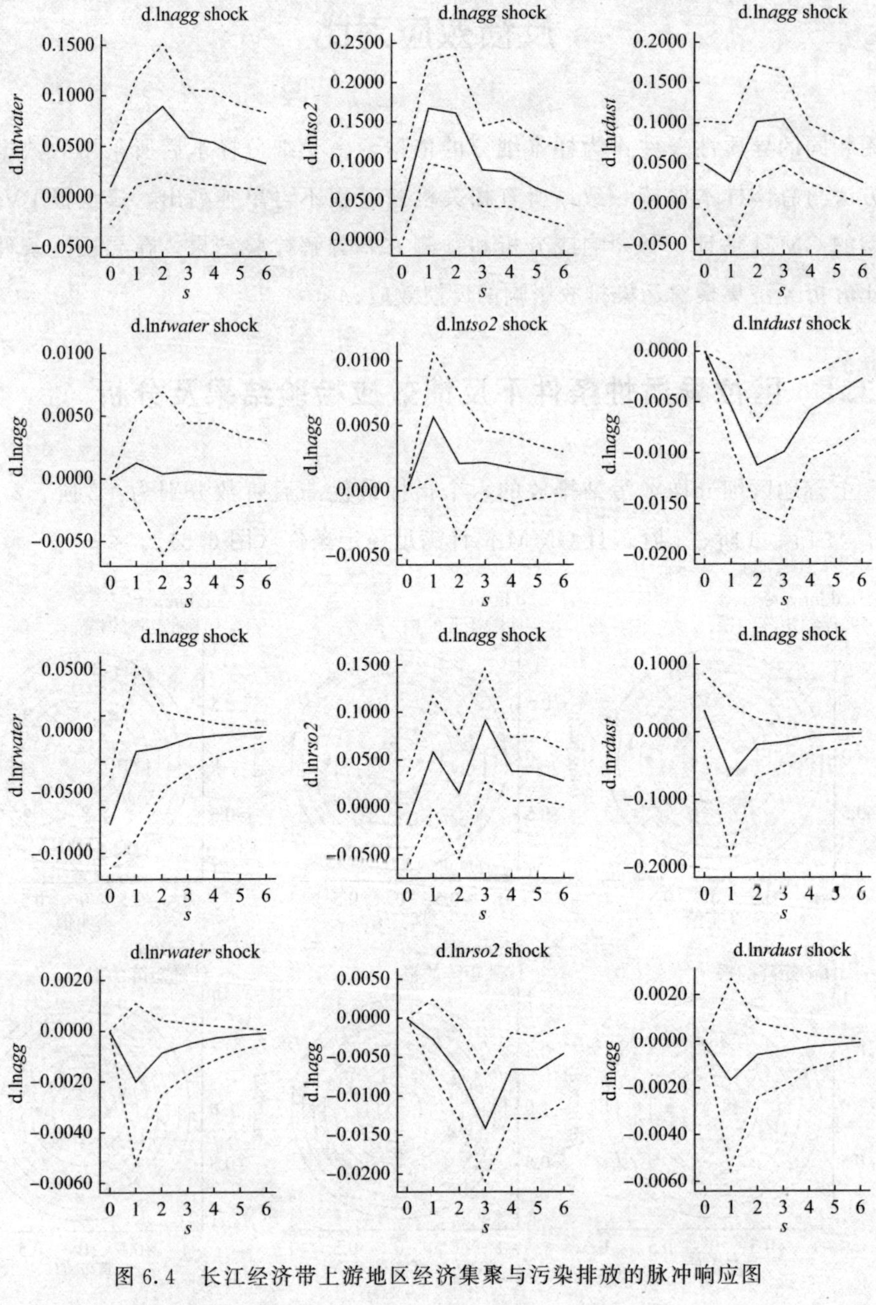

图 6.4 长江经济带上游地区经济集聚与污染排放的脉冲响应图

首先，考察长江经济带上游地区污染排放受到经济集聚冲击后的脉冲响应。当本期经济集聚给予污染排放总量 1 个标准差的冲击之后，工业废水、工业二氧化硫和工业烟粉尘排放总量本期和未来 6 期对经济集聚均产生正向反馈响应，表明经济集聚对三种污染物排放总量的冲击存在正向作用，且反馈效应均呈现出先增大、后减小、再平稳、最终趋零的变化趋零。即经济集聚给予短期冲击后将导致三种污染物排放总量增加，但增加的幅度有所差异。可能的原因是经济集聚水平的提高在短期内迅速刺激了经济产出规模，由此导致污染排放总量攀升，但随着经济集聚正外部性的逐渐释放，将减缓污染排放总量。当本期经济集聚给予污染排放强度 1 个标准差的冲击之后，工业废水和工业烟粉尘排放强度本期和未来 6 期对经济集聚均产生负向反馈响应，表明经济集聚对工业废水和工业烟粉尘排放强度的短期冲击存在负向作用，即经济集聚对工业废水排放强度的冲击产生了抑制作用，但作用效果持续降低最终趋零。工业二氧化硫排放强度对经济集聚产生正向反馈效应，表明经济集聚的短期冲击会加剧工业二氧化硫排放强度，但幅度呈现波动后再趋零。

其次，考察长江经济带上游地区经济集聚受到污染排放冲击后的脉冲响应。当本期污染排放总量给予经济集聚 1 个标准差的冲击之后，经济集聚本期和未来 6 期对工业废水排放总量产生正向和负向的不同反馈响应。其中，工业废水和工业二氧化硫排放总量对经济集聚的冲击存在正向作用，这种作用效果呈现出先增大、后减小、再平稳、最终趋零的变化趋势，但工业废水排放总量的冲击作用效果较微弱。而经济集聚对工业烟粉尘排放总量产生了负向反馈响应，表明工业烟粉尘排放总量给予短期冲击后将对经济集聚产生抑制作用。当本期污染排放强度给予经济集聚 1 个标准差的冲击之后，经济集聚本期和未来 6 期对三种污染物排放强度均产生负向反馈响应。同样说明污染排放强度给予冲击后会在短期内抑制经济集聚，这种抑制作用效果呈现出先增大、后减小、再平稳、最终趋零的变化趋势。

从经济集聚对污染排放总量冲击后的反馈效应情况来看（表 6.11），工业废水、工业二氧化硫和工业烟粉尘排放总量在 10 个预测期内均会对经济集聚的冲击产生反馈效应且方差贡献度在预测期内逐渐增大。至第 10 个预测期后分别达到 5.15%、11.7%和 4.17%的水平，其中工业二氧化硫排放总量反馈效应的方差贡献度要高于另外两种，表明工业二氧化硫受到经济集聚冲击后反馈效应更加敏感。

表 6.11　长江经济带上游地区经济集聚与污染排放总量的预测方差分解表

响应变量	预测期	脉冲冲击变量		响应变量	预测期	脉冲冲击变量		响应变量	预测期	脉冲冲击变量	
		d. ln*agg*	d. ln*twater*			d. ln*agg*	d. ln*tso2*			d. ln*agg*	d. ln*tdust*
d. ln*agg*	1	1	0	d. ln*agg*	1	1	0	d. ln*agg*	1	1	0
	2	0.9989977	0.0010023		2	0.9540315	0.0459685		2	0.9938947	0.0061053
	3	0.9986282	0.0013718		3	0.9502996	0.0497004		3	0.9412296	0.0587704
	4	0.9986601	0.0013401		4	0.9495502	0.0504499		4	0.9124480	0.0875520
	5	0.9986509	0.0013491		5	0.9487302	0.0512699		5	0.9122568	0.0877432
	6	0.9986517	0.0013483		6	0.9484630	0.0515371		6	0.9129215	0.0870785
	7	0.9986515	0.0013485		7	0.9483559	0.0516441		7	0.9108828	0.0891173
	8	0.9986514	0.0013485		8	0.9483057	0.0516943		8	0.9093226	0.0906774
	9	0.9986514	0.0013485		9	0.9482848	0.0517152		9	0.9089611	0.0910389
	10	0.9986514	0.0013485		10	0.9482759	0.0517241		10	0.9090410	0.0909590
d. ln*twater*	1	0.0031641	0.9968359	d. ln*tso2*	1	0.0123324	0.9876676	d. ln*tdust*	1	0.0025928	0.9974072
	2	0.0192856	0.9807144		2	0.0751726	0.9248274		2	0.0040302	0.9959698
	3	0.0415952	0.9584048		3	0.1054930	0.8945070		3	0.0291903	0.9708097
	4	0.0471417	0.9528583		4	0.1107497	0.8892503		4	0.0389904	0.9610096
	5	0.0499617	0.9500383		5	0.1144713	0.8855287		5	0.0393916	0.9606084
	6	0.0509189	0.9490811		6	0.1159849	0.8840151		6	0.0398724	0.9601276
	7	0.0512961	0.9487039		7	0.1165862	0.8834138		7	0.0409705	0.9590295
	8	0.0514364	0.9485636		8	0.1168553	0.8831447		8	0.0416475	0.9583525
	9	0.0514894	0.9485106		9	0.1169703	0.8830297		9	0.0417821	0.9582179
	10	0.0515094	0.9484906		10	0.1170191	0.8829808		10	0.0417790	0.9582210

三种污染物排放强度同样均会对经济集聚的冲击产生反馈效应（表 6.12）。反馈效应的方差贡献度在前 4 个预测期均呈现增大趋势，至第 5～10 个预测期后稳定下来，但反馈效应的方差贡献度与其各自排放总量相比均较低，这也表明经济集聚对污染排放产生冲击之后，污染排放总量的反馈效应要大于污染排放强度。

表 6.12　长江经济带上游地区经济集聚与污染排放强度的预测方差分解表

响应变量	预测期	脉冲冲击变量		响应变量	预测期	脉冲冲击变量		响应变量	预测期	脉冲冲击变量	
		d. ln*agg*	d. ln*rwater*			d. ln*agg*	d. ln*rso2*			d. ln*agg*	d. ln*rdust*
d. ln*agg*	1	1	0	d. ln*agg*	1	1	0	d. ln*agg*	1	1	0
	2	0.9985864	0.0014136		2	0.9990843	0.0009157		2	0.9999696	0.0000304
	3	0.9985218	0.0014782		3	0.9918095	0.0081904		3	0.9999694	0.0000306
	4	0.9985024	0.0014976		4	0.9436811	0.0563189		4	0.9999689	0.0000311
	5	0.9984994	0.0015006		5	0.9426163	0.0573837		5	0.9999689	0.0000311
	6	0.9984989	0.0015012		6	0.9424924	0.0575076		6	0.9999689	0.0000311
	7	0.9984987	0.0015013		7	0.9422067	0.0577933		7	0.9999689	0.0000311
	8	0.9984987	0.0015013		8	0.9414859	0.0585141		8	0.9999689	0.0000311
	9	0.9984987	0.0015013		9	0.9409878	0.0590122		9	0.9999689	0.0000311
	10	0.9984987	0.0015013		10	0.9408550	0.0591449		10	0.9999689	0.0000311
d. ln*rwater*	1	0.0280785	0.9719215	d. ln*rso2*	1	0.0076031	0.9923970	d. ln*rdust*	1	0.0016879	0.9983121
	2	0.0286745	0.9713255		2	0.0255802	0.9744198		2	0.0064847	0.9935153
	3	0.0290572	0.9709429		3	0.0256142	0.9743858		3	0.0065561	0.9934439
	4	0.0291161	0.9708839		4	0.0436999	0.9563001		4	0.0066340	0.9933660
	5	0.0291276	0.9708723		5	0.0436945	0.9563054		5	0.0066411	0.9933589
	6	0.0291297	0.9708703		6	0.0437510	0.9562491		6	0.0066431	0.9933569
	7	0.0291301	0.9708700		7	0.0440152	0.9559848		7	0.0066434	0.9933566
	8	0.0291301	0.9708699		8	0.0443980	0.9556019		8	0.0066435	0.9933565
	9	0.0291301	0.9708699		9	0.0445091	0.9554909		9	0.0066435	0.9933565
	10	0.0291301	0.9708699		10	0.0445470	0.9554530		10	0.0066435	0.9933565

中游地区细分样本污染排放的 6 个指标最优滞后阶数分别为：2 阶、2 阶、3 阶、3 阶、2 阶、2 阶，且 GMM 估计满足稳定条件（图 6.5）。

从长江经济带中游地区细分样本的反馈效应检验结果可以看出，经过 6 期冲击响应期之后，所有响应变量均呈现出收敛至平稳的动态趋势（图 6.6）。

首先，考察长江经济带中游地区污染排放受到经济集聚冲击后的脉冲响应。当本期经济集聚给予污染排放总量 1 个标准差的冲击之后，三种污染物排放总量本期和未来 6 期对经济集聚均产生正向反馈响应，表明经济集聚对三种污染物排放总量的冲击存在正向作用且呈现总体向下波动趋零的变化趋势。当本期经济集聚给予污染排放强度 1 个标准差的冲击之后，工业废水和工业烟粉尘排放强度本期和未来 6 期对经济集聚产生的反馈响应由负向转为正向再趋零，表

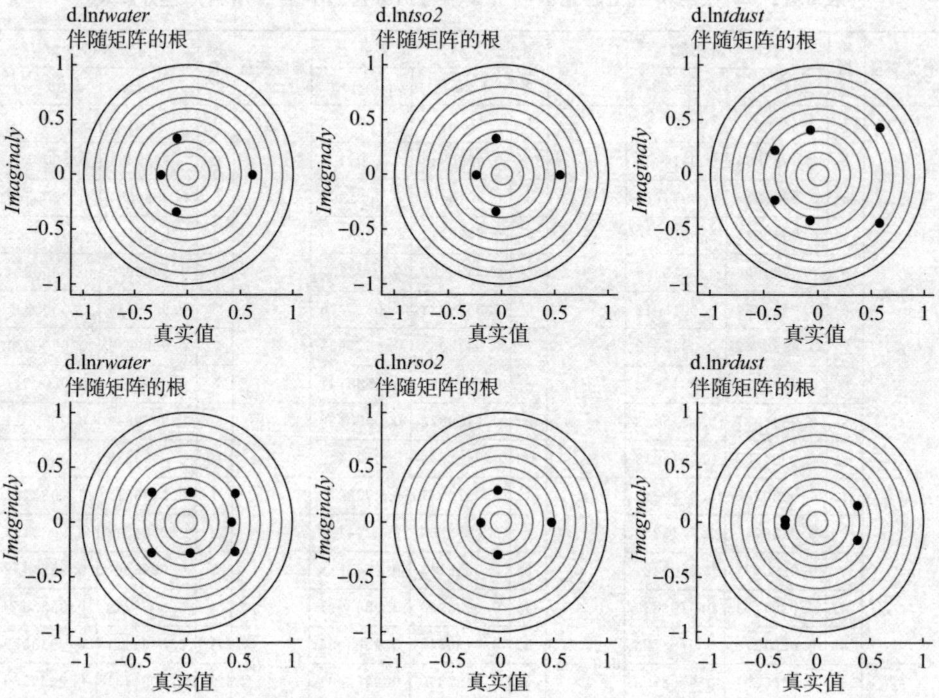

图 6.5　中游地区细分样本 PVAR 模型的 GMM 估计稳定性检验图

明经济集聚对它们的短期冲击之后先呈现负向作用后转为正向作用。工业二氧化硫排放强度对经济集聚产生的反馈效应为正且先增大、后减小、再趋零。从经济集聚对污染排放冲击后的反馈效应来看，污染排放总量多因规模效应而出现短期加剧现象，而污染排放强度则可能受到规模效应和集聚效应共同作用而出现波动减弱趋势。

其次，考察长江经济带中游地区经济集聚受到污染排放冲击后的脉冲响应。当本期污染排放总量给予经济集聚 1 个标准差的冲击之后，经济集聚本期和未来 6 期对三种污染物排放总量均产生负向反馈响应，这种作用效果呈现出先增大、后减小、再平稳、最终趋零的变化趋势，表明它们给予短期冲击后将对经济集聚产生抑制作用。当本期污染排放强度给予经济集聚 1 个标准差的冲击之后，经济集聚本期和未来 6 期对三种污染物排放强度均产生负向反馈响应。同样说明污染排放强度给予冲击后会在短期内抑制经济集聚，这种抑制作用效果呈现出先增大、后减小、再平稳、最终趋零的变化趋势。总体而言，反映出污

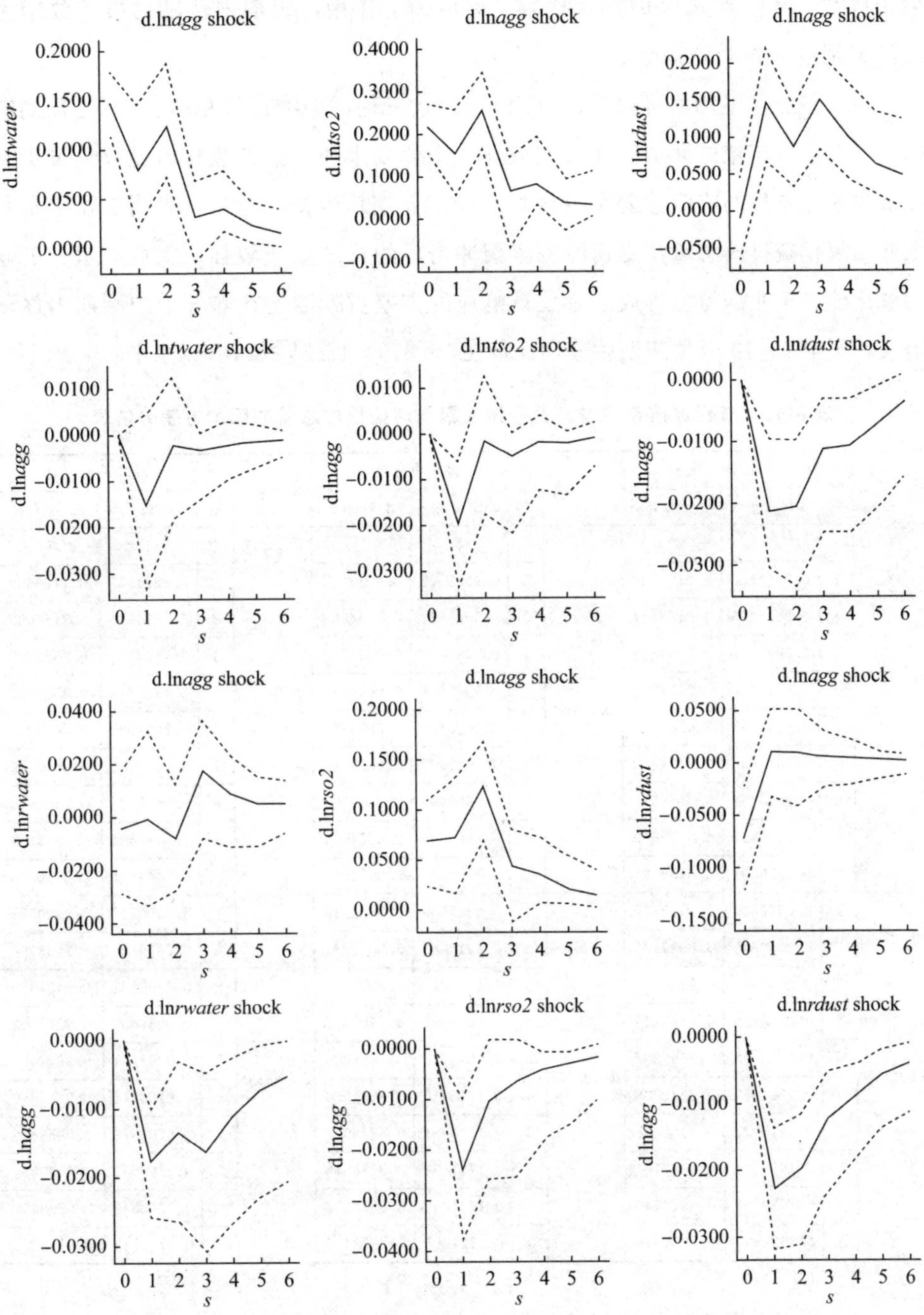

图 6.6　长江经济带中游地区经济集聚与污染排放的脉冲响应图

染排放对经济集聚来说仍然发挥着“离散力”作用，短期内伴随污染排放增大经济集聚趋势将受到抑制。

由方差分解平均值可以看出（表 6.13），三种污染物排放总量在 10 个预测期内均会对经济集聚的冲击产生反馈效应。工业废水和工业二氧化硫排放总量受到经济集聚冲击后的响应方差贡献度均大于工业烟粉尘排放总量，表明工业废水和工业二氧化硫排放总量在受到经济集聚冲击后的反馈效应较强。工业废水、工业二氧化硫和工业烟粉尘排放总量反馈响应的方差贡献度均在前 8 个预测期内逐渐增大，至第 9～10 个预测期后分别稳定在 16.2%、17.2%和 7.7%水平。

表 6.13　长江经济带中游地区经济集聚与污染排放总量的预测方差分解表

响应变量	预测期	脉冲冲击变量		响应变量	预测期	脉冲冲击变量		响应变量	预测期	脉冲冲击变量	
		d. ln*agg*	d. ln*twater*			d. ln*agg*	d. ln*tso2*			d. ln*agg*	d. ln*tdust*
d. ln*agg*	1	1	0	d. ln*agg*	1	1	0	d. ln*agg*	1	1	0
	2	0.9891760	0.0108240		2	0.9987472	0.0012528		2	0.8894361	0.1105639
	3	0.9817356	0.0182644		3	0.9985698	0.0014302		3	0.7834915	0.2165085
	4	0.9815197	0.0184803		4	0.9985831	0.0014169		4	0.7470467	0.2529533
	5	0.9812464	0.0187536		5	0.9985877	0.0014123		5	0.7485713	0.2514287
	6	0.9810942	0.0189058		6	0.9985891	0.0014109		6	0.7504007	0.2495993
	7	0.9810528	0.0189472		7	0.9985895	0.0014105		7	0.7479511	0.2520489
	8	0.9810384	0.0189616		8	0.9985896	0.0014104		8	0.7451425	0.2548575
	9	0.9810321	0.0189679		9	0.9985896	0.0014104		9	0.7442601	0.2557399
	10	0.9810299	0.0189701		10	0.9985896	0.0014104		10	0.7443374	0.2556625
d. ln*twater*	1	0.0566827	0.9433174	d. ln*tso2*	1	0.0347860	0.9652140	d. ln*tdust*	1	0.0099341	0.9900659
	2	0.1072505	0.8927495		2	0.0918669	0.9081331		2	0.0536809	0.9463190
	3	0.1533866	0.8466134		3	0.1649939	0.8350062		3	0.0568171	0.9431829
	4	0.1576298	0.8423702		4	0.1696422	0.8303578		4	0.0757697	0.9242303
	5	0.1602708	0.8397292		5	0.1711710	0.8288290		5	0.0757171	0.9242829
	6	0.1614692	0.8385308		6	0.1718910	0.8281090		6	0.0756041	0.9243959
	7	0.1618525	0.8381475		7	0.1720981	0.8279018		7	0.0761511	0.9238489
	8	0.1619899	0.8380101		8	0.1721484	0.8278516		8	0.0769061	0.9230939
	9	0.1620451	0.8379549		9	0.1721645	0.8278355		9	0.0771540	0.9228460
	10	0.1620654	0.8379346		10	0.1721695	0.8278305		10	0.0771728	0.9228272

三种污染物排放强度同样均会对经济集聚的冲击产生反馈效应（表 6.14）。工业废水排放强度反馈效应的方差贡献度在前 8 个预测期内呈现增大趋势，至

第 9～10 个预测期后稳定在 2.15%水平上。工业二氧化硫排放强度反馈效应的方差贡献度在前 6 个预测期内呈现增大趋势，至第 7～10 个预测期后稳定在 4.22%水平上。工业烟粉尘排放强度反馈效应的方差贡献度在前 4 个预测期内呈现波动增大趋势，至第 5～10 个预测期后稳定在 2.83%水平上。但三种污染物排放的反馈效应方差贡献度与其各自排放总量相比均较低，这同样表明经济集聚对污染排放产生冲击之后，污染排放总量的反馈效应要大于污染排放强度。

表 6.14　长江经济带中游地区经济集聚与污染排放强度的预测方差分解表

响应变量	预测期	脉冲冲击变量		响应变量	预测期	脉冲冲击变量		响应变量	预测期	脉冲冲击变量	
		d. ln*agg*	d. ln*rwater*			d. ln*agg*	d. ln*rso2*			d. ln*agg*	d. ln*rdust*
d. ln*agg*	1	1	0	d. ln*agg*	1	1	0	d. ln*agg*	1	1	0
	2	0.9839892	0.0160108		2	0.9642621	0.0357378		2	0.8557324	0.1442676
	3	0.9830927	0.0169073		3	0.9605993	0.0394007		3	0.7727439	0.2272561
	4	0.9777743	0.0222257		4	0.9604712	0.0395288		4	0.7631562	0.2368438
	5	0.9771124	0.0228876		5	0.9604082	0.0395918		5	0.7597805	0.2402195
	6	0.9770747	0.0229253		6	0.9603816	0.0396184		6	0.7595544	0.2404456
	7	0.9770787	0.0229213		7	0.9603771	0.0396229		7	0.7595130	0.2404870
	8	0.9770740	0.0229260		8	0.9603763	0.0396237		8	0.7595128	0.2404872
	9	0.9770709	0.0229291		9	0.9603760	0.0396239		9	0.7595128	0.2404872
	10	0.9770694	0.0229306		10	0.9603760	0.0396239		10	0.7595128	0.2404872
d. ln*rwater*	1	0.0131173	0.9868827	d. ln*rso2*	1	0.0008312	0.9991688	d. ln*rdust*	1	0.0274645	0.9725354
	2	0.0138439	0.9861561		2	0.0132746	0.9867254		2	0.0283305	0.9716695
	3	0.0141432	0.9858568		3	0.0404717	0.9595283		3	0.0281935	0.9718065
	4	0.0203949	0.9796051		4	0.0418876	0.9581124		4	0.0283351	0.9716648
	5	0.0213271	0.9786729		5	0.0420962	0.9579037		5	0.0283650	0.9716350
	6	0.0214818	0.9885182		6	0.0421888	0.9578112		6	0.0283696	0.9716304
	7	0.0215188	0.9784812		7	0.0422120	0.9577880		7	0.0283703	0.9716297
	8	0.0215194	0.9784806		8	0.0422160	0.9577841		8	0.0283703	0.9716297
	9	0.0215206	0.9784794		9	0.0422168	0.9577832		9	0.0283703	0.9716297
	10	0.0215220	0.9784781		10	0.0422171	0.9577829		10	0.0283703	0.9716297

下游地区细分样本污染排放的 6 个指标最优滞后阶数均为 1 阶，且 GMM 估计满足稳定条件（图 6.7）。

从长江经济带下游地区细分样本的反馈效应检验结果可以看出，经过 6 期冲击响应期之后，所有响应变量均呈现出收敛至平稳的动态趋势（图 6.8）。

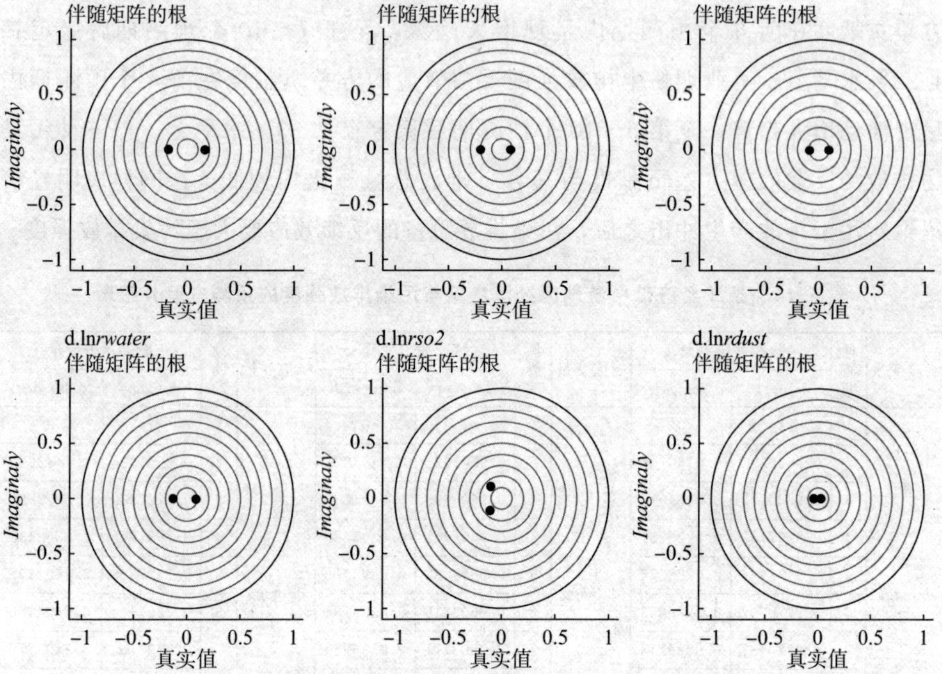

图 6.7　下游地区细分样本 PVAR 模型的 GMM 估计稳定性检验图

首先，考察长江经济带下游地区污染排放受到经济集聚冲击后的脉冲响应。当本期经济集聚给予污染排放总量 1 个标准差的冲击之后，三种污染物排放总量本期和未来 6 期对经济集聚均产生正向反馈响应，表明经济集聚对三种污染物排放总量的冲击存在正向作用，且呈现出总体向下波动趋零的变化趋势。当本期经济集聚给予污染排放强度 1 个标准差的冲击之后，工业废水排放强度本期和未来 6 期对经济集聚产生负向反馈响应且逐渐减小后趋零。工业二氧化硫和工业烟粉尘排放强度对经济集聚产生的反馈效应为正且波动减小再趋零。从经济集聚对污染排放冲击之后的反馈效应来看，污染排放总量多因规模效应而出现短期加剧的现象，而污染排放强度出现分异现象，工业二氧化硫和工业烟粉尘排放强度可能受到规模效应和集聚效应共同作用而出现波动减弱趋势，但工业废水排放强度反馈效应则显然受到集聚效应的影响更为强烈。

其次，考察长江经济带下游地区经济集聚受到污染排放冲击后的脉冲响应。当本期污染排放总量给予经济集聚 1 个标准差的冲击之后，经济集聚本期和未

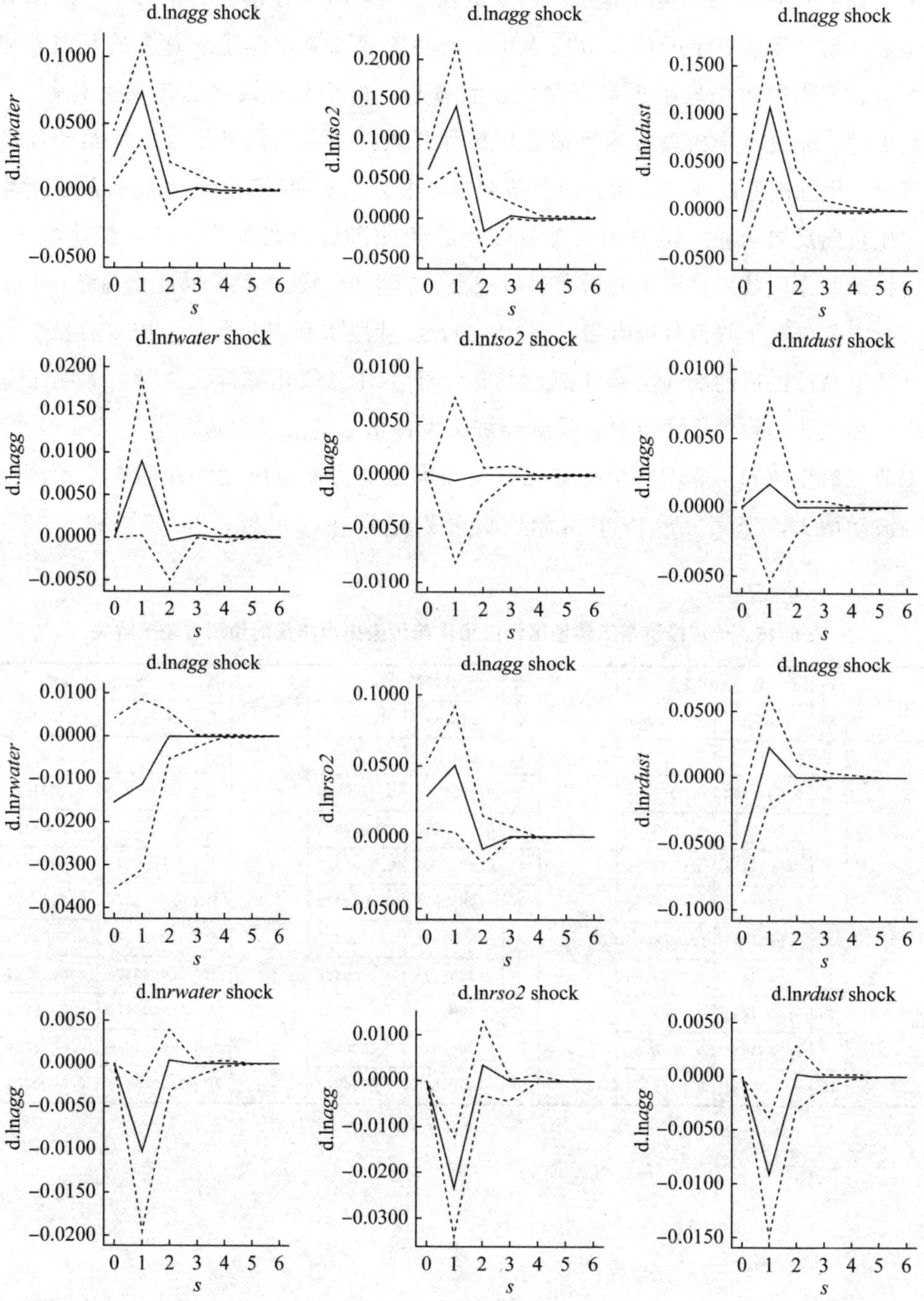

图 6.8　长江经济带下游地区经济集聚与污染排放的脉冲响应图

来 6 期对三种污染物排放总量均产生的反馈响应有所差别。其中对工业废水和工业烟粉尘排放总量的反馈效应为正，而对工业二氧化硫排放总量的反馈效应为负，但作用效果均呈现出先增大、后减小、再平稳、最终趋零的变化趋势，其中对工业废水排放总量的反馈效应更加强烈。当本期污染排放强度给予经济集聚 1 个标准差的冲击之后，经济集聚本期和未来 6 期对三种污染物排放强度均产生负向反馈响应。说明污染排放强度给予冲击后会在短期内抑制经济集聚，这种抑制作用效果呈现出先增大、后减小、再平稳、最终趋零的变化趋势。

方差分解平均值可以看出（表 6.15），工业废水和工业烟粉尘排放总量受到经济集聚冲击后的响应方差贡献度均远小于工业二氧化硫排放总量，表明工业废水和工业烟粉尘排放总量在受到经济集聚冲击后的反馈效应较弱。工业废水、工业二氧化硫和工业烟粉尘排放总量反馈响应的方差贡献度均在前 3 个预测期内波动增大，至第 4～10 个预测期后分别稳定在 9.92%、23.48%和 6.05%水平。

表 6.15 长江经济带下游地区经济集聚与污染排放总量的预测方差分解表

响应变量	预测期	脉冲冲击变量		响应变量	预测期	脉冲冲击变量		响应变量	预测期	脉冲冲击变量	
		d. ln*agg*	d. ln*twater*			d. ln*agg*	d. ln*tso2*			d. ln*agg*	d. ln*tdust*
d. ln*agg*	1	1	0	d. ln*agg*	1	1	0	d. ln*agg*	1	1	0
	2	0.9931444	0.0068556		2	0.9999684	0.0000316		2	0.9996676	0.0003324
	3	0.9931475	0.0068525		3	0.9999679	0.0000321		3	0.9996676	0.0003324
	4	0.9931414	0.0068586		4	0.9999678	0.0000322		4	0.9996676	0.0003324
	5	0.9931414	0.0068586		5	0.9999678	0.0000322		5	0.9996676	0.0003324
	6	0.9931414	0.0068586		6	0.9999678	0.0000322		6	0.9996676	0.0003324
	7	0.9931414	0.0068586		7	0.9999678	0.0000322		7	0.9996676	0.0003324
	8	0.9931414	0.0068586		8	0.9999678	0.0000322		8	0.9996676	0.0003324
	9	0.9931414	0.0068586		9	0.9999678	0.0000322		9	0.9996676	0.0003324
	10	0.9931414	0.0068586		10	0.9999678	0.0000322		10	0.9996676	0.0003324

续表

响应变量	预测期	脉冲冲击变量		响应变量	预测期	脉冲冲击变量		响应变量	预测期	脉冲冲击变量	
		d. lnagg	d. lntwater			d. lnagg	d. lntso2			d. lnagg	d. lntdust
d. lntwater	1	0.166387	0.9833612	d. lntso2	1	0.0507915	0.9492086	d. lntdust	1	0.0000607	0.9999393
	2	0.0992568	0.9007432		2	0.2327954	0.7672046		2	0.0605617	0.9394383
	3	0.0991752	0.9008248		3	0.2346723	0.7653278		3	0.0605591	0.9394409
	4	0.0992412	0.9007588		4	0.2348039	0.7651961		4	0.0605633	0.9394367
	5	0.0992412	0.9007588		5	0.2348085	0.7651915		5	0.0605633	0.9394367
	6	0.0992413	0.9007587		6	0.2348088	0.7651912		6	0.0605633	0.9394367
	7	0.0992413	0.9007587		7	0.2348088	0.7651912		7	0.0605633	0.9394367
	8	0.0992413	0.9007587		8	0.2348088	0.7651912		8	0.0605633	0.9394367
	9	0.0992413	0.9007587		9	0.2348088	0.7651912		9	0.0605633	0.9394367
	10	0.0992413	0.9007587		10	0.2348088	0.7651912		10	0.0605633	0.9394367

三种污染物排放强度反馈效应显示（表 6.16），方差贡献度在前 3 个预测期内呈现增大趋势，至第 4～10 个预测期后分别稳定在 0.73%、4.58%和 1.78%水平上。工业废水排放强度反馈效应的方差贡献度远低于另外两种污染物。同样，三种污染物排放的反馈效应方差贡献度与其各自排放总量相比均较低，表明经济集聚对污染排放产生冲击之后，污染排放总量的反馈效应要大于污染排放强度。

表 6.16　长江经济带下游地区经济集聚与污染排放强度的预测方差分解表

响应变量	预测期	脉冲冲击变量		响应变量	预测期	脉冲冲击变量		响应变量	预测期	脉冲冲击变量	
		d. lnagg	d. lnrwater			d. lnagg	d. lnrso2			d. lnagg	d. lnrdust
d. lnagg	1	1	0	d. lnagg	1	1	0	d. lnagg	1	1	0
	2	0.9928484	0.0071516		2	0.9376352	0.0623648		2	0.9923634	0.0076366
	3	0.9928358	0.0071642		3	0.9352024	0.0647976		3	0.9923608	0.0076392
	4	0.9928346	0.0071654		4	0.9351794	0.0648206		4	0.9923608	0.0076392
	5	0.9928346	0.0071654		5	0.9351794	0.0648206		5	0.9923608	0.0076392
	6	0.9928346	0.0071654		6	0.9351794	0.0648206		6	0.9923608	0.0076392
	7	0.9928346	0.0071654		7	0.9351794	0.0648206		7	0.9923608	0.0076392
	8	0.9928346	0.0071654		8	0.9351794	0.0648206		8	0.9923608	0.0076392
	9	0.9928346	0.0071654		9	0.9351794	0.0648206		9	0.9923608	0.0076392
	10	0.9928346	0.0071654		10	0.9351794	0.0648206		10	0.9923608	0.0076392

续表

响应变量	预测期	脉冲冲击变量		响应变量	预测期	脉冲冲击变量		响应变量	预测期	脉冲冲击变量	
		d. ln*agg*	d. ln*rwater*			d. ln*agg*	d. ln*rso2*			d. ln*agg*	d. ln*rdust*
	1	0.0045623	0.9954377		1	0.0066863	0.9933137		1	0.0146674	0.9853325
	2	0.0072821	0.9927179		2	0.0441257	0.9558743		2	0.0177630	0.9822370
	3	0.0072827	0.9927173		3	0.0457740	0.9542260		3	0.0177642	0.9822358
	4	0.0072831	0.9927169		4	0.0457929	0.9542071		4	0.0177642	0.9822358
	5	0.0072831	0.9927169		5	0.0457929	0.9542071		5	0.0177642	0.9822358
d. ln*rwater*	6	0.0072831	0.9927169	d. ln*rso2*	6	0.0457929	0.9542071	d. ln*rdust*	6	0.0177642	0.9822358
	7	0.0072831	0.9927169		7	0.0457929	0.9542071		7	0.0177642	0.9822358
	8	0.0072831	0.9927169		8	0.0457929	0.9542071		8	0.0177642	0.9822358
	9	0.0072831	0.9927169		9	0.0457929	0.9542071		9	0.0177642	0.9822358
	10	0.0072831	0.9927169		10	0.0457929	0.9542071		10	0.0177642	0.9822358

综合对比上述长江经济带区位异质性条件下经济集聚对污染排放影响的反馈效应发现，虽然城市在长江经济带中所处区位存在差异，但经济集聚对污染排放影响却均会产生反馈效应。表明在后续环境治理的政策实施中不能忽视经济集聚与污染排放之间的相互作用，充分厘清污染排放对经济集聚的正向和负向作用，能够对精准实施区域间差异化污染减排策略产生重要的实际意义。从反馈效应的方差贡献度来看，污染物排放总量均明显高于排放强度，表明控制污染排放总量仍是当前污染减排的重要着手点。从脉冲响应分析和预测方差分解的结果来看，在制定环境治理和污染减排具体实施方案时，需要兼顾短期和长期施策效果。

6.3.2 规模异质性条件下反馈效应检验结果及分析

大型城市细分样本污染排放的 6 个指标最优滞后阶数均为 1 阶（图 6.9）。

从长江经济带大型城市细分样本的反馈效应检验结果可以看出，经过 6 期冲击响应期之后，所有响应变量均呈现出收敛至平稳的动态趋势（图 6.10）。

首先，考察长江经济带大型城市污染排放受到经济集聚冲击后的脉冲响应。当本期经济集聚给予污染排放总量 1 个标准差的冲击之后，三种污染物排放总量本期和未来 6 期对经济集聚均产生正向反馈响应，表明经济集聚对三种污染

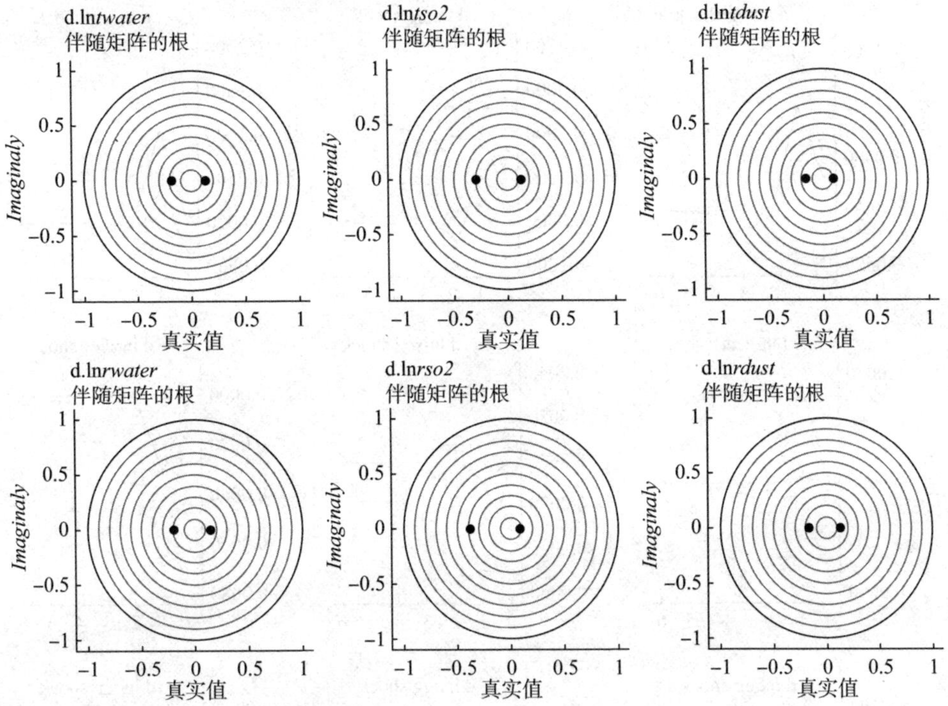

图 6.9 大型城市细分样本 PVAR 模型的 GMM 估计稳定性检验图

物排放总量的冲击存在正向作用，且呈现出先增后减再趋零的变化趋势。当本期经济集聚给予污染排放强度 1 个标准差的冲击之后，工业废水和工业烟粉尘排放强度本期和未来 6 期对经济集聚产生负向反馈响应且逐渐减小后趋零。工业二氧化硫排放强度对经济集聚产生的反馈效应为正负向之间波动减小再趋零。

其次，考察长江经济带大型城市经济集聚受到污染排放冲击后的脉冲响应。当本期污染排放总量给予经济集聚 1 个标准差的冲击之后，经济集聚本期和未来 6 期对三种污染物排放总量均产生的反馈响应有所差别。对工业二氧化硫和工业烟粉尘排放总量的反馈效应为负，而对工业废水排放总量的反馈效应为正，作用效果均呈现出先增大、后减小、再平稳、最终趋零的变化趋势，对工业烟粉尘排放总量的反馈效应更加强烈。当本期污染排放强度给予经济集聚 1 个标准差的冲击之后，经济集聚本期和未来 6 期对三种污染物排放强度均产生负向反馈响应。说明污染排放强度给予冲击后会在短期内抑制经济集聚，这种抑制作用效果呈现出先增大、后减小、再平稳、最终趋零的变化趋势。

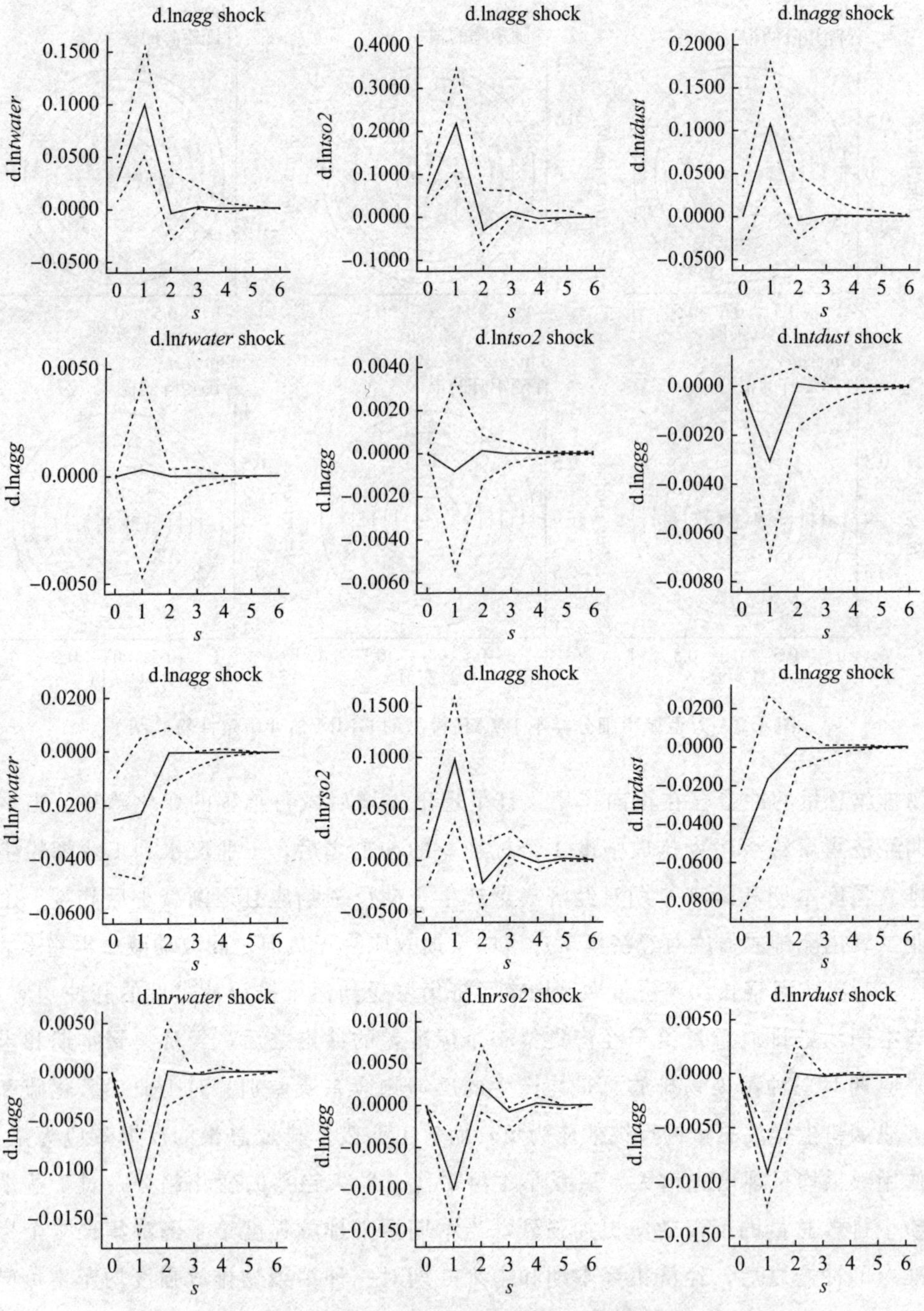

图 6.10　长江经济带大型城市经济集聚与污染排放的脉冲响应图

从方差分解平均值可以看出（表 6.17），工业废水和工业烟粉尘排放总量受到经济集聚冲击后的响应方差贡献度均小于工业二氧化硫排放总量，表明工业废水和工业烟粉尘排放总量在受到经济集聚冲击后的反馈效应较弱。工业废水、工业二氧化硫和工业烟粉尘排放总量反馈响应的方差贡献度均在前 3 个预测期内逐渐增大，至第 4～10 个预测期后分别稳定在 9.28%、18.83%和 3.25%水平。

表 6.17　长江经济带大型城市经济集聚与污染排放总量的预测方差分解表

响应变量	预测期	脉冲冲击变量		响应变量	预测期	脉冲冲击变量		响应变量	预测期	脉冲冲击变量	
		d. ln*agg*	d. ln*rwater*			d. ln*agg*	d. ln*rso2*			d. ln*agg*	d. ln*rdust*
d. ln*agg*	1	1	0	d. ln*agg*	1	1	0	d. ln*agg*	1	1	0
	2	0.9998371	0.0001629		2	0.9999709	0.0000291		2	0.9987977	0.0012023
	3	0.9998367	0.0001633		3	0.9999701	0.0000299		3	0.9987939	0.0012061
	4	0.9998366	0.0001634		4	0.9999700	0.0000301		4	0.9987935	0.0012065
	5	0.9998366	0.0001634		5	0.9999699	0.0000301		5	0.9987935	0.0012065
	6	0.9998366	0.0001634		6	0.9999699	0.0000301		6	0.9987935	0.0012065
	7	0.9998366	0.0001634		7	0.9999699	0.0000301		7	0.9987935	0.0012065
	8	0.9998366	0.0001634		8	0.9999699	0.0000301		8	0.9987935	0.0012065
	9	0.9998366	0.0001634		9	0.9999699	0.0000301		9	0.9987935	0.0012065
	10	0.9998366	0.0001634		10	0.9999699	0.0000301		10	0.9987935	0.0012065
d. ln*twater*	1	0.0107636	0.9892364	d. ln*tso2*	1	0.0225822	0.9774178	d. ln*tdust*	1	0.0000446	0.9999554
	2	0.0927499	0.9072502		2	0.1854566	0.8145434		2	0.0323864	0.9676136
	3	0.0927908	0.9072092		3	0.1878303	0.8121697		3	0.0324636	0.9675364
	4	0.0928379	0.9071621		4	0.1882894	0.8117106		4	0.0324746	0.9675254
	5	0.0928382	0.9071618		5	0.1883190	0.8116810		5	0.0324747	0.9675252
	6	0.0928383	0.9071617		6	0.1883220	0.8116781		6	0.0324747	0.9675252
	7	0.0928383	0.9071617		7	0.1883222	0.8116778		7	0.0324747	0.9675252
	8	0.0928383	0.9071617		8	0.1883222	0.8116778		8	0.0324747	0.9675252
	9	0.0928383	0.9071617		9	0.1883222	0.8116778		9	0.0324747	0.9675252
	10	0.0928383	0.9071617		10	0.1883222	0.8116778		10	0.0324747	0.9675252

工业废水排放强度反馈效应的方差贡献度在前 3 个预测期内呈现波动增大趋势，至第 4～10 个预测期后稳定在 1.59%水平上。工业二氧化硫排放强度反馈效应的方差贡献度在前 4 个预测期内呈现增大趋势，至第 5～10 个预测期后稳定在 4.83%水平上。工业烟粉尘排放强度反馈效应的方差贡献度在 10 个预测期

内变化不大，基本稳定在1.11%水平上。同样，三种污染物排放的反馈效应方差贡献度与其各自排放总量相比均较低，表明经济集聚对污染排放产生冲击之后，污染排放总量的反馈效应要大于污染排放强度（表6.18）。

表6.18 长江经济带大型城市经济集聚与污染排放强度的预测方差分解表

响应变量	预测期	脉冲冲击变量		响应变量	预测期	脉冲冲击变量		响应变量	预测期	脉冲冲击变量	
		d. ln*agg*	d. ln*rwater*			d. ln*agg*	d. ln*rso2*			d. ln*agg*	d. ln*rdust*
d. ln*agg*	1	1	0	d. ln*agg*	1	1	0	d. ln*agg*	1	1	0
	2	0.9838576	0.0161425		2	0.9885015	0.0114985		2	0.9877664	0.0122336
	3	0.9838299	0.0161701		3	0.9875197	0.0124803		3	0.9877520	0.0122479
	4	0.9838162	0.0161838		4	0.9873586	0.0126415		4	0.9877455	0.0122545
	5	0.9838161	0.0161839		5	0.9873359	0.0126642		5	0.9877455	0.0122545
	6	0.9838160	0.0161839		6	0.9873325	0.0126675		6	0.9877455	0.0122545
	7	0.9838160	0.0161839		7	0.9873320	0.0126679		7	0.9877455	0.0122545
	8	0.9838160	0.0161839		8	0.9873320	0.0126680		8	0.9877455	0.0122545
	9	0.9838160	0.0161839		9	0.9873320	0.0126680		9	0.9877455	0.0122545
	10	0.9838160	0.0161839		10	0.9873320	0.0126680		10	0.9877455	0.0122545
d. ln*rwater*	1	0.0109410	0.9890590	d. ln*rso2*	1	0.0000359	0.9999641	d. ln*rdust*	1	0.0110021	0.9889979
	2	0.0159395	0.9840605		2	0.0451065	0.9548935		2	0.0111243	0.9888757
	3	0.0159218	0.9840782		3	0.0478177	0.9521822		3	0.0111183	0.9888817
	4	0.0159253	0.9840747		4	0.0482706	0.9517294		4	0.0111182	0.9888818
	5	0.0159253	0.9840747		5	0.0483336	0.9516664		5	0.0111182	0.9888818
	6	0.0159253	0.9840747		6	0.0483427	0.9516572		6	0.0111182	0.9888818
	7	0.0159253	0.9840747		7	0.0483441	0.9516559		7	0.0111182	0.9888818
	8	0.0159253	0.9840747		8	0.0483443	0.9516557		8	0.0111182	0.9888818
	9	0.0159253	0.9840747		9	0.0483443	0.9516557		9	0.0111182	0.9888818
	10	0.0159253	0.9840747		10	0.0483443	0.9516557		10	0.0111182	0.9888818

中小型城市细分样本污染排放的6个指标最优滞后阶数分别为：1阶、1阶、2阶、2阶、1阶、2阶，且GMM估计满足稳定条件（图6.11）。

从长江经济带中小型城市细分样本的反馈效应检验结果可以看出，经过6期冲击响应期之后，所有响应变量均呈现出收敛至平稳的动态趋势（图6.12）。

首先，考察长江经济带中小型城市污染排放受到经济集聚冲击后的脉冲响应。当本期经济集聚给予污染排放总量1个标准差的冲击之后，三种污染物排放总量本期和未来6期对经济集聚均产生正向反馈响应，且呈现出先增大、后

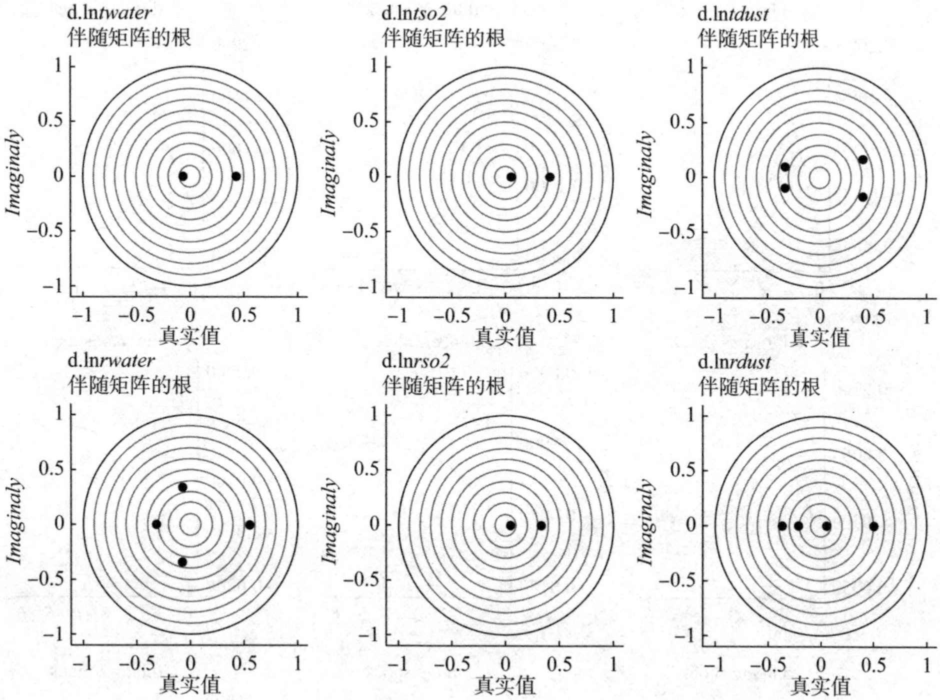

图 6.11　中小型城市细分样本 PVAR 模型的 GMM 估计稳定性检验图

减小、再趋零的变化趋势。当本期经济集聚给予污染排放强度 1 个标准差的冲击之后，三种污染物排放强度本期和未来 6 期对经济集聚同样产生正向反馈响应，且逐渐减小后趋零。

其次，考察长江经济带中小型城市经济集聚受到污染排放冲击后的脉冲响应。当本期污染排放总量给予经济集聚 1 个标准差的冲击之后，经济集聚本期和未来 6 期对三种污染物排放总量均产生的反馈响应有所差别。对工业废水排放总量的反馈效应为正，而对工业二氧化硫和工业烟粉尘排放总量的反馈效应为负，作用效果均呈现出先增大、后减小、最终趋零的变化趋势。当本期污染排放强度给予经济集聚 1 个标准差的冲击之后，经济集聚本期和未来 6 期对三种污染物排放强度均产生负向反馈响应。说明污染排放强度给予冲击后会在短期内抑制经济集聚，这种抑制作用效果呈现出先增大、后减小、再趋零的变化趋势。

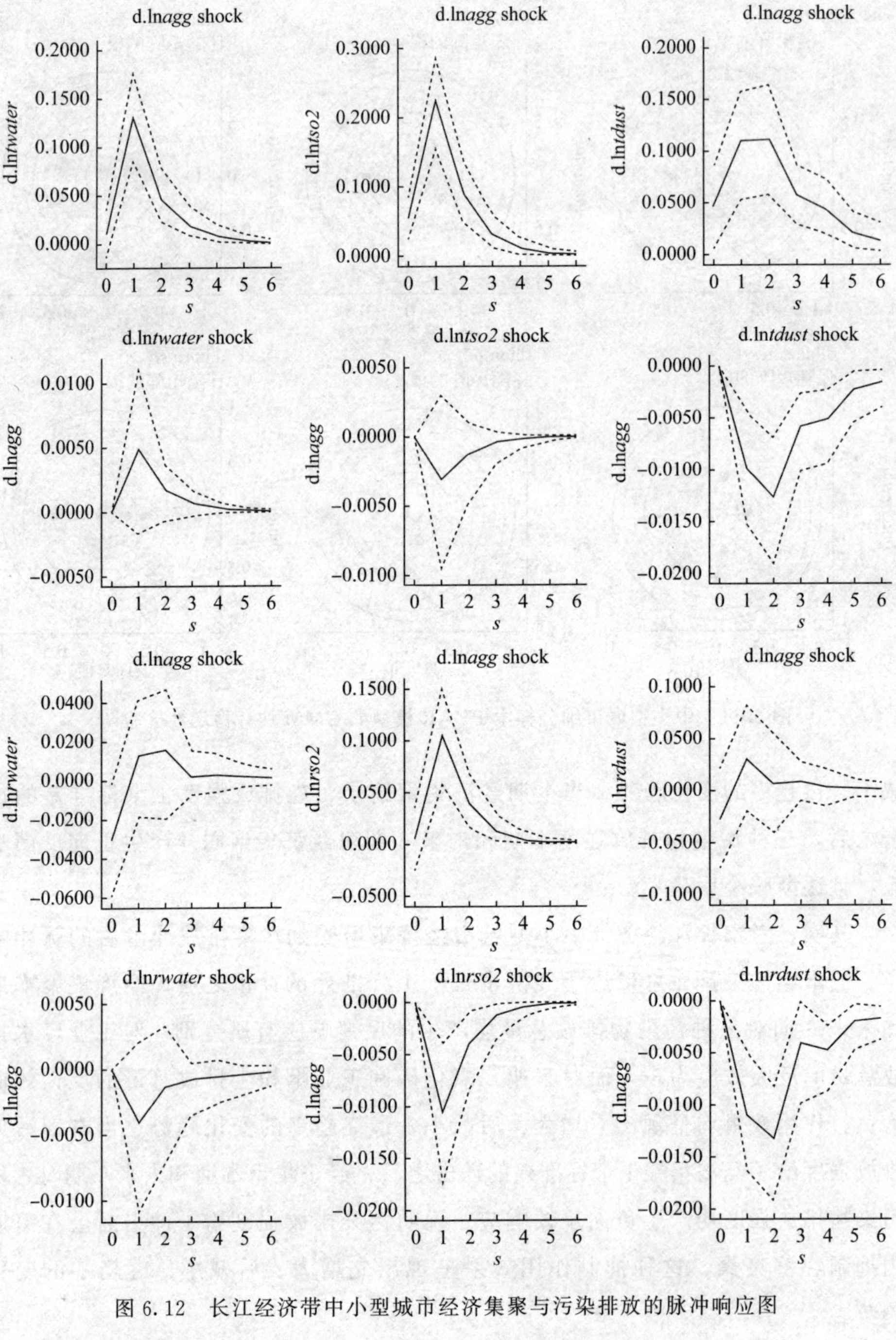

图 6.12 长江经济带中小型城市经济集聚与污染排放的脉冲响应图

从方差分解平均值可以看出（表 6.19），工业废水和工业二氧化硫排放总量受到经济集聚冲击后的响应方差贡献度均大于工业烟粉尘排放总量，表明工业废水和工业二氧化硫排放总量在受到经济集聚冲击后的反馈效应较强。工业废水、工业二氧化硫和工业烟粉尘排放总量反馈响应的方差贡献度均在前 4 个预测期内逐渐增大，至第 5～10 个预测期后分别稳定在 14.45%、27.08%和 6.84%水平。

表 6.19　长江经济带中小型城市经济集聚与污染排放总量的预测方差分解表

响应变量	预测期	脉冲冲击变量		响应变量	预测期	脉冲冲击变量		响应变量	预测期	脉冲冲击变量	
		d. ln*agg*	d. ln*twater*			d. ln*agg*	d. ln*tso2*			d. ln*agg*	d. ln*tdust*
d. ln*agg*	1	1	0	d. ln*agg*	1	1	0	d. ln*agg*	1	1	0
	2	0.9901769	0.0098231		2	0.9985862	0.0014138		2	0.9937118	0.0062882
	3	0.9890752	0.0109248		3	0.9983056	0.0016945		3	0.9712276	0.0287724
	4	0.9888650	0.0111350		4	0.9982571	0.0017429		4	0.9697300	0.0302700
	5	0.9888266	0.0111733		5	0.9982489	0.0017511		5	0.9683671	0.0316329
	6	0.9888195	0.0111804		6	0.9982475	0.0017525		6	0.9683028	0.0316972
	7	0.9888182	0.0111817		7	0.9982473	0.0017527		7	0.9682787	0.0317213
	8	0.9888180	0.0111820		8	0.9982472	0.0017528		8	0.9682786	0.0317214
	9	0.9888180	0.0111820		9	0.9982472	0.0017528		9	0.9682786	0.0317214
	10	0.9888180	0.0111820		10	0.9982472	0.0017528		10	0.9682785	0.0317215
d. ln*twater*	1	0.0069969	0.9930031	d. ln*tso2*	1	0.0266151	0.9733849	d. ln*tdust*	1	0.0029449	0.9970551
	2	0.1268510	0.8731490		2	0.2315729	0.7684271		2	0.0441803	0.9558197
	3	0.1412352	0.8587648		3	0.2643242	0.7356759		3	0.0634346	0.9365654
	4	0.1439528	0.8560472		4	0.2697587	0.7302412		4	0.0672781	0.9327219
	5	0.1444500	0.8555500		5	0.2706762	0.7293238		5	0.0683374	0.9316626
	6	0.1445419	0.8554581		6	0.2708317	0.7291683		6	0.0684334	0.9315666
	7	0.1445589	0.8554411		7	0.2708580	0.7291420		7	0.0684458	0.9315542
	8	0.1445621	0.8554379		8	0.2708625	0.7291375		8	0.0684457	0.9315543
	9	0.1445626	0.8554374		9	0.2708633	0.7291367		9	0.0684457	0.9315543
	10	0.1445628	0.8554372		10	0.2708634	0.7291366		10	0.0684457	0.9315543

工业废水排放强度反馈效应的方差贡献度在前 3 个预测期内呈现先增后减趋势，至第 4～10 个预测期后稳定在 0.645%水平上。工业二氧化硫排放强度反馈效应的方差贡献度在前 4 个预测期内呈现增大趋势，至第 5～10 个预测期后稳定在 6.29%水平上。工业烟粉尘排放强度反馈效应的方差贡献度在前 3 个预测

期内小幅增大，至第 4～10 个预测期中基本稳定在 0.63%水平上。同样，三种污染物排放的反馈效应方差贡献度与其各自排放总量相比均较低，表明经济集聚对污染排放产生冲击之后，污染排放总量的反馈效应要大于污染排放强度（表 6.20）。

表 6.20 长江经济带中小型城市经济集聚与污染排放强度的预测方差分解表

响应变量	预测期	脉冲冲击变量		响应变量	预测期	脉冲冲击变量		响应变量	预测期	脉冲冲击变量	
		d. ln*agg*	d. ln*rwater*			d. ln*agg*	d. ln*rso2*			d. ln*agg*	d. ln*rdust*
d. ln*agg*	1	1	0	d. ln*agg*	1	1	0	d. ln*agg*	1	1	0
	2	0.9999274	0.0000726		2	0.9975278	0.0024722		2	0.9867972	0.0132029
	3	0.9999292	0.0000708		3	0.9972099	0.0027901		3	0.9627175	0.0372825
	4	0.9999291	0.0000709		4	0.9971740	0.0028260		4	0.9624183	0.0375817
	5	0.9999289	0.0000711		5	0.9971701	0.0028299		5	0.9611823	0.0388177
	6	0.9999288	0.0000712		6	0.9971696	0.0028304		6	0.9611310	0.0388690
	7	0.9999288	0.0000712		7	0.9971696	0.0028304		7	0.9610714	0.0389286
	8	0.9999288	0.0000712		8	0.9971696	0.0028304		8	0.9610658	0.0389342
	9	0.9999288	0.0000712		9	0.9971696	0.0028304		9	0.9610627	0.0389373
	10	0.9999288	0.0000712		10	0.9971696	0.0028304		10	0.9610623	0.0389377
d. ln*rwater*	1	0.0063981	0.9936019	d. ln*rso2*	1	0.0001135	0.9998865	d. ln*rdust*	1	0.0036325	0.9963675
	2	0.0093119	0.9936881		2	0.0546100	0.9453900		2	0.0061762	0.9938238
	3	0.0064568	0.9935431		3	0.0619566	0.9380434		3	0.0061705	0.9938295
	4	0.0064559	0.9935441		4	0.0627879	0.9372122		4	0.0062641	0.9937359
	5	0.0064556	0.9935444		5	0.0628798	0.9371202		5	0.0062642	0.9937358
	6	0.0064560	0.9935440		6	0.0628899	0.9371101		6	0.0062678	0.9937322
	7	0.0064560	0.9935440		7	0.0628911	0.9371089		7	0.0062679	0.9937321
	8	0.0064560	0.9935440		8	0.0628912	0.9371088		8	0.0062681	0.9937319
	9	0.0064560	0.9935440		9	0.0628912	0.9371088		9	0.0062681	0.9937319
	10	0.0064560	0.9935440		10	0.0628912	0.9371088		10	0.0062681	0.9937319

综合对比上述长江经济带规模异质性条件下经济集聚对污染排放影响的反馈效应发现，无论城市规模大小，经济集聚对污染排放影响均会产生反馈效应。同样表明在后续环境治理的政策实施中不能忽视经济集聚与污染排放之间的相互作用以及作用方向，这将直接影响环境治理的精准施策。从反馈效应的方差贡献度来看，横向比较后发现大型城市和中小型城市污染物排放总量均明显高于排放强度，但纵向比较后发现大型城市污染排放总量与排放强度的数值普遍

高于中小型城市。表明对于大型城市而言，污染排放受到经济集聚冲击后的反馈效应更加强烈。因此，大型城市在促进经济集聚的过程中更需要重视对集聚度的把握，而中小型城市仍应当不断推进经济集聚。

6.4　小结

基于2003—2017年长江经济带经济集聚和污染排放平衡面板数据检验经济集聚对污染排放影响的反馈效应，在区位异质性和规模异质性两种条件下，对比分析和探讨经济集聚对污染排放影响的反馈效应的差异性。得到如下结论。

第一，在PVAR模型的估计结果基础上，通过脉冲响应函数对于长江经济带总体样本经济集聚对污染排放短期内影响的反馈效应进行分析。结果显示，经济集聚对三种污染物排放总量和排放强度产生冲击之后均存在显著的反馈效应。污染排放总量的反馈效应表现为正向作用，即伴随经济集聚度提升呈现出加剧污染排放总量的趋势，但这种反馈效应仅在短期内有效。产生这种反馈效果的主要原因，可能是由于经济集聚在短期内快速刺激经济产出的规模效应所导致，随时间推移，经济集聚的集聚正外部性将逐渐取代规模负外部性对污染排放总量起到抑制作用。污染排放强度的反馈效应多表现为负向作用，即经济集聚度提升降低了污染排放强度，表明经济集聚过程中对提高污染排放效率有促进作用。

第二，在脉冲响应分析的基础上，进一步通过预测方法、分解方法测算出长江经济带总体样本经济集聚对污染排放长期中影响的反馈效应方差贡献度。结果显示，污染排放总量的反馈效应方差贡献度总体上大于污染排放强度。表明污染排放总量在受到经济集聚冲击之后反馈效应更加敏感，经济集聚在抑制污染排放总量中发挥的作用效果更加明显。

第三，对长江经济带所辖区域细分样本进行检验时发现，在不同异质性条件下经济集聚对污染排放的影响均会产生反馈效应且工业废水和工业二氧化硫排放总量和排放强度的反馈效应均明显强于工业烟粉尘。短期内三种污染物排放的反馈效应要强于长期效应。在区位异质性情况下，中游地区工业废水的反馈效应方差贡献度最高，表明经济集聚在抑制工业废水排放时遇到的反向作用最为强烈，对中游地区来说水环境治理将面临更大的挑战。下游地区工业二氧化硫的反馈效应方差贡献度最高，表明对下游地区来说空气污染防治将是重点。在规模异质性情况下，大型城市污染排放受到经济集聚冲击后的反馈效应相较于中小型城市来说更加强烈。因此，在促进长江经济带经济集聚的过程中，大型城市更应当把握住适合的经济集聚度，而中小型城市则应当不断推进经济集聚。

综上所述，长江经济带经济集聚对污染排放的影响存在反馈效应，在区位和规模等不同异质性条件下，经济集聚对污染排放影响的反馈效应均呈现一定的差异性，充分了解和掌握这种反馈效应对环境治理以及针对不同区位和规模精准施策具有重要的现实意义。

第七章　结论与建议

7.1　研究结论

长江经济带横跨我国东中西三大区域，覆盖9省2市，以约205万km^2的国土面积承载了超过全国40%的人口数量和经济总量，是我国综合实力最强、战略支撑作用最大的区域之一，已成为我国新的经济增长极和最具影响的内河流域经济带[200,201]。推动长江经济带发展是党中央做出的重大决策，是关系国家发展全局的重大战略。当前，长江经济带已形成以成渝城市群、长江中游城市群和长三角城市群为典型代表的空间集聚发展态势，经济集聚正带动区域整体经济水平提升。但快速发展的城市化和工业化进程也致使长江经济带水环境质量和空气环境质量堪忧。习近平总书记多次强调“推动长江经济带发展必须走生态优先、绿色发展之路，涉及长江的一切经济活动都要以不破坏生态环境为前提，共抓大保护、不搞大开发”。因此，充分重视空间因素的作用，妥善处理经济集聚与污染排放之间的空间关系，仔细研判长江经济带经济集聚对污染排放影响的空间效应，探索污染减排的实现路径与环境治理的策略与举措，是实现长江经济带经济增长与环境质量相协调的关键，具有重要的理论价值与现实意义。

在梳理国内外相关文献的基础上，以空间效应作为切入点，阐述了经济集聚对污染排放影响的空间效应作用机理。长江经济带所辖地级及以上城市为研究尺度，以工业废水、工业二氧化硫和工业烟粉尘三种污染排放物总量和强度为研究对象，采用探索性空间数据分析、时空序列分析、空间重心迁移曲线、空间面板计量模型、面板门槛回归模型和面板向量自回归模型等多种方法考察长江经济带经济集聚影响污染排放的空间效应及其典型特征。主要研究结论如下。

第一，建立"特征-方式-机理"的理论分析框架，阐释经济集聚影响污染排放的空间效应作用机理，构建理论模型揭示经济集聚影响污染排放空间效应的内在联系和一般规律。首先，经济集聚具有同时促进层级化分工和多样化分布的特征。层级化分工加强了产业上下游之间的垂直关联，将其凝聚于同一区位，实现产业内部知识和技术的快速传递，由此形成本地区市场放大和共享态势，刺激本地区的资本生成与因果积累。并通过规模效应、集聚效应、竞争效应和比较优势增强专业化发展形成 Mar 外部性。多样化分布能够促进要素投入、信息服务提供、经济基础设施和交通运输，强化产业间知识集成、行业间信息共享、城市经济稳定性和交通运输便捷化形成 Jacobs 外部性。经济集聚通过 Mar 外部性带来的学习示范、知识溢出和相互竞争形成外部规模经济方式，通过和 Jacobs 外部性带来的产业关联和产业转移形成外部范围经济方式。这两种方式又进一步通过溢出效应作用于污染排放，并对其产生直接影响和间接影响。在正向和负向外部性的共同作用下，经济集聚与污染排放形成动态非均衡状态。经济集聚对污染排放产生影响的同时也会受到正向和负向两种反馈效应。其次，在"中心-外围"模型基础上纳入污染排放变量，构建经济集聚影响污染排放的空间效应理论模型，探索经济集聚对污染排放产生的正向和负向外部性，解释经济集聚对污染排放空间分布的影响及其与污染排放的空间关联。

第二，通过经验研究考察了长江经济带经济集聚与污染排放的空间格局和集聚特征，从时间维度和空间维度两方面刻画它们的演化趋势，研判二者的重心迁移轨迹和相关性揭示其在地理上的空间关联。首先，采用 ESDA 方法分别考察了长江经济带经济集聚和污染排放的全局空间自相关和局域空间自相关。全局 Moran's I 值全部为正值显示它们各自均存在正向的空间依赖性。局域空间聚类散点图显示经济集聚与污染排放总量存在较为相似的分布状态，但排放强度却呈现出差异化分布。其次，采用时空序列分析方法和城市首位度分析方法考察长江经济带经济集聚和污染排放的时空演化趋势。结果显示长江经济带总体样本和区域样本的经济集聚与污染排放均呈现出较为稳定的“中心-外围”空间分布格局，且在连续15年考察期内差异不大，形成空间锁定态势。最后，采用空间重心迁移曲线模型考察了长江经济带经济集聚与污染排放的空间重心迁移方向和迁移距离。结果表明经济集聚与污染排放总量的重心较为接近总体落于安徽西部—湖北中部—湖南东部一带，污染排放强度的重心则集中在贵州东部—湖南西部一带，而相关性测度结果显示经济集聚与污染排放总量存在同步关联性，而与污染排放强度存在异步关联性。

第三，采用空间面板计量模型和偏微分分解方法检验长江经济带经济集聚影响污染排放的溢出效应。偏微分分解结果表明，经济集聚不仅对本地区污染排放产生直接效应，还将通过空间溢出对邻近地区的污染排放产生间接效应。SDM模型检验结果显示，经济集聚对污染排放总量和排放强度均存在一定程度的抑制作用，以对工业废水排放的抑制效果最为显著。直接效应表现为显著降低了本地区工业废水和工业二氧化硫排放，表明经济集聚可能通过规模经济效应、成本节约效应以及各类溢出效应等外部性作用有效抵消了产出规模效应而降低了污染排放水平。间接效应表明，经济集聚在空间上的“中心-外围”格局锁定了本地区的中心市场和产出水平，空间溢出效应减弱了产出规模效应，而对邻近地区的污染排放总量产生抑制作用。其他诸如人口密度、经济发展水平、技术水平、产业结构、对外开放程度和交通便利程度等影响因素对污染排放的空间溢出效应及其溢出效应分解中也发挥了不同作用。在对长江经济带细分样本区位异质性和规模异质性条件下的考察过程中发现，上中下游地区经济集聚均对降低本地区污染排放呈现出直接效应，但通过空间溢出效应对邻近地区污染排放的间接效应出现分异现象。大型城市经济集聚对抑制污染排放的直接效应和间接效应均较为显著，而中小型城市多表现在直接效应上显著。

第四，采用面板门槛回归模型检验了长江经济带经济集聚影响污染排放的门槛效应。检验结果显示，经济集聚对三种污染物排放总量和排放强度的影响均存在显著的单一门槛值约束。经济集聚度在跨越门槛值之前和跨越门槛值之后均会对污染排放产生抑制作用，但当经济集聚跨越门槛值后对污染排放的抑制作用有所减弱。在不同异质性条件下的考察过程中发现，上游地区经济集聚对三种污染物排放总量和排放强度的影响均存在单一门槛值，中游地区经济集聚仅对工业废水排放总量和排放强度的影响存在单一门槛值，下游地区则不存在门槛条件约束。大型城市不存在门槛约束，而中小型城市经济集聚对工业废水和工业烟粉尘排放总量和排放强度均存在单一门槛值。对于所有存在门槛约束条件的情况下，经济集聚度在跨越门槛值之前和跨越门槛值之后均对相应的污染排放指标有抑制作用，当经济集聚度跨越门槛值后抑制作用出现小幅减弱。

第五，采用面板向量自回归模型检验了长江经济带经济集聚影响污染排放的反馈效应。检验结果显示，经济集聚对三种污染物排放总量和排放强度产生冲击之后均存在显著的反馈效应。污染排放总量的反馈效应表现为正向作用，但仅在短期内有效，可能的原因是由于经济集聚在短期内快速刺激经济产出的规模效应所导致，随时间推移，经济集聚的集聚正外部性将逐渐取代规模负外部性对污染排放总量起到抑制作用。污染排放强度的反馈效应多表现为负向作用，即经济集聚度提升降低了污染排放强度，表明经济集聚过程中对提高污染排放效率有促进作用。污染排放总量的反馈效应方差贡献度总体上大于污染排放强度。表明污染排放总量在受到经济集聚冲击之后反馈效应更加敏感，经济集聚在抑制污染排放总量中发挥的作用效果更加明显。在不同异质性条件下的考察过程中发现，中游地区工业废水的反馈效应方差贡献度最高，表明经济集聚在抑制工业废水排放时遇到的反向作用最为强烈，对中游地区来说水环境治理将面临更大的挑战。下游地区工业二氧化硫的反馈效应方差贡献度最高，表明对下游地区来说空气污染防治将是重点。大型城市污染排放受到经济集聚冲击后的反馈效应相较于中小型城市来说更加强烈。因此，在促进长江经济带经济集聚的过程中，大型城市应当把握住适合的经济集聚度，而中小型城市则应当不断推进经济集聚。

7.2 政策建议

长江经济带依托长江流域黄金水道这一轴线形成了成渝城市群、长江中游城市群和长三角城市群三个国家级城市群以及区域内若干次级城市群，经济活动的空间集聚发展模式对推动整体区域经济水平大幅提升起到了促进作用。充分表明“中心-外围”理论中国化在这一特定区域内得以验证。但中国的独特国情也告诉我们在促进经济集聚过程中不能忽视规模效应对环境质量的影响，不能走西方国家“先污染，后治理”的道路，而必须在可持续发展理念下实现经济增长与环境质量相协调，推动长江经济带高质量发展。空间因素中所包含的空间异质性和空间依赖性在长江经济带经济集聚对污染排放的影响中发挥了重要作用，通过理论分析和实证检验得到的政策启示如下。

第一，在充分重视区位异质性和规模异质性前提下，形成长江经济带差异化的环境污染治理思路。

经济集聚有促进区域经济发展和抑制污染排放的双重效用，区位异质性和规模异质性在长江经济带上中下游三大地区表现尤为突出。上游地区经济发展的总体水平不高，除成都和重庆之外的多数城市经济集聚程度较低。成渝城市群“中心-外围”结构显著但经济辐射范围较小，云南和贵州等地区经济结构仍未形成有效的空间集聚。针对这一地区的特点，现阶段仍应努力提升经济集聚水平，加快城市化进程，让更多的城市融入核心城市群和次级城市群之中，分享经济集聚的污染减排红利。中游地区武汉都市圈、长株潭城市群和鄱阳湖生态经济城市群的极化作用凸显，经济发展水平和经济集聚程度正在逐年提升。但这一地区工业化程度较高，在经济产出中的占比较重，规模效应对污染排放的影响也较大。加快产业升级和结构转型，在创新驱动下实现经济发展的动力转型促进污染排放总量和强度双降低是改善环境质量的可行路径。下游地区整体处于经济发展高速阶段，经济集聚程度较高，高端制造业和服务业产业链条完整。对于这一地区来说，应当在长三角一体化战略下以经济集聚、功能协调、特色发展等方式提高经济发展与环境保护的质量和效率。此外，经济集聚对污染排放的影响也因区域差异以及污染物种类和指标的不同而呈现出差异效果。长江经济带大型城市应促进城市多样化外部性，加大产业间的协同释放集聚效应，降低污染排放。中小型城市则应促进城市专业化外部性，加强与中心节点城市之间的产业链垂直关联程度，实现整体污染减排效果，同时也要避免地方政府的“环境逐底竞争”效应。

第二，在“共抓大保护，不搞大开发”的经济发展和环境保护理念下，实施长江经济带环境污染跨区域协调联动治理的策略方案。

长江经济带经济集聚与污染排放存在显著的空间依赖性，经济关联和跨界污染现象是引发污染排放空间关联的主要途径。同时污染排放具备的自然属性使其无法孤立独存，空间溢出效应促使其在区域间形成普遍关联。长江经济带省域和市域间的经济协同和污染联动治理应当发挥出主导作用。而要形成跨区域协调联动治理的关键在于各区域地方政府间对整体利益形成共识，在长江经济带总体环境约束下，通过整体规划和实施污染治理方案，促进区域内部效益最优化和总体区域成本最小化，最终实现经济效益共享、环境污染共治成效。为此，应当在“共抓大保护，不搞大开发”理念下，构建长江经济带区域环境管理的法规、标准和政策体系，建立涉及各区域利益协调与良性竞争的相关机制，加强区域联合环境执法与监管水平，搭建整体区域内系统完善的污染排放监测平台，实施区域环境规制的信息共享、统一指挥、联合预警，才能形成跨区域协调联动治理合力，让环境治理落到实处。

第三，在推动长江经济带高质量发展国家战略下，构建环境综合治理制度和提供切实有效的机制保障。

当前，长江经济带已上升为国家战略，整体区域的经济协同发展和生态环境综合治理均是系统性工程，涉及的相关方面广泛而又具体，应当予以统筹布局和分步实施，同时也需要在高格局视野下从市场机制和政策机制两方面构建相应的制度和提供机制保障。首先，市场机制方面。需要逐步打破当前存在的省域、市域行政区划界限和市场准入壁垒，有效利用市场机制大力促进劳动、资本和技术等生产要素的自由流动。充分发挥专业化外部性和多样化外部性作用，有效形成区域间产业互补、经济共荣、信息共享的一体化发展态势。其次，政策机制方面。需要有效发挥政府“有形之手”的作用实现环保治理责任和财政投入的政策对接，完善地区之间和上下游之间生态补偿机制、流域管理统筹协调机制和区域协调发展机制。具体而言，可以通过建立负面清单管理制度、完善环境污染联防联控机制和预警应急体系、推行第三方治理手段、完善跨流域跨区域等横向生态补偿机制等有效措施，为推动长江经济带高质量发展提供机制保障。

参考文献

[1] 朱希伟，陶永亮．经济集聚与区域协调［J］．世界经济文汇，2011（3）：1-25.

[2] World Bank. World development report 2009：Reshaping economic geography［M］. Oxford Univ Press，2008.

[3] 刘贵清．日本城市群产业空间演化对中国城市群发展的借鉴［J］．当代经济研究，2006（5）：40-43.

[4] 陆铭，冯皓．集聚与减排：城市规模差距影响工业污染强度的经验研究［J］．世界经济，2014（7）：86-114.

[5] Au C C，Henderson J V. How migration restrictions limit agglomeration and productivity in China［J］. Journal of Development Economics，2006（2）：350-388.

[6] 邓慧慧，杨露鑫．高质量发展目标下市场分割的效率损失与优化路径［J］．浙江社会科学，2019（6）：4-14+155.

[7] 张学良，林永然．都市圈建设：新时代区域协调发展的战略选择［J］．改革，2019（2）：46-55.

[8] 中华人民共和国国家发展改革委员会．2019 年新型城镇化建设重点任务［EB/OL］，［2019-03-31］．https：//www.ndrc.gov.cn/xxgk/zcfb/tz/201904/t20190408_962418.html.

[9] 赵娜，王博，刘燕．城市群、集聚效应与“投资潮涌”：基于中国 20 个城市群的实证研究［J］．中国工业经济，2017（11）：81-99.

［10］谢伟伟，邓宏兵，刘欢．绿色发展视角下长三角城市群城市创新网络结构特征研究［J］．科技进步与对策，2017，34（17）：52-59.

［11］刘志彪．长三角区域市场一体化与治理机制创新［J］．学术月刊，2019，51（10）：31-38.

［12］朱英明，杨连盛，吕慧君，等．资源短缺、环境损害及其产业集聚效果研究：基于21世纪我国省级工业集聚的实证分析［J］．管理世界，2012（11）：28-44.

［13］张可，汪东芳．经济集聚与环境污染的交互影响及空间溢出［J］．中国工业经济，2014（6）：70-82.

［14］刘志彪．长三角区域高质量一体化发展的制度基石［J］．人民论坛·学术前沿，2019（4）：6-13.

［15］石大千，丁海，卫平，等．智慧城市建设能否降低环境污染［J］．中国工业经济，2018（6）：118-135.

［16］曹彩虹，韩立岩．雾霾带来的社会健康成本估算［J］．统计研究，2015，32（7）：19-23.

［17］刘晨跃，徐盈之．城镇化如何影响雾霾污染治理？基于中介效应的实证研究［J］．经济管理，2017，39（8）：6-23.

［18］光明日报．中共中央国务院关于全面加强生态环境保护 坚决打好污染防治攻坚战的意见［N］．光明日报，2018-06-25（001）．

［19］中华人民共和国生态环境部．2019中国生态环境状况公报［EB/OL］，［2020-06-02］．http：//www.mee.gov.cn/hjzl/sthjzk/zghjzkgb/.

［20］Krugman P. Increasingreturns and economic geography［J］. Journal of Political Economy，1991（3）：483-499.

［21］Porter M E. On competition［M］. Harvard Business School Press，1998.

［22］马素琳．城市经济发展的异质性对环境空气质量的影响研究［D］．兰州大学，2016.

［23］林伯强，谭睿鹏．中国经济集聚与绿色经济效率［J］．经济研究，2019（2）：119-132.

［24］刘习平，盛三化，王珂英．经济空间集聚能提高碳生产率吗？［J］．经济

评论，2017（6）：107-121.

［25］Keeble D，Bryson J，Wood P. Smallfirms，business services growth and regional development in United Kingdom：Some empirical findings［J］. Regional Studies，1991（5）：439-457.

［26］Wen M. Relocation and agglomeration of Chinese industry［J］. Journal of Development Economics，2004（1）：329-347.

［27］梁琦，詹亦军. 产业集聚、技术进步和产业升级：来自长三角的证据［J］. 产业经济评论，2005，4（2）：50-69.

［28］Chen Y. Agglomeration and location of foreign direct investment：The case of China［J］. China Economic Review，2009（3）：549-557.

［29］Lin H L，Li H Y，Yang C H. Agglomeration and productivity：Firm-level evidence from China's textile industry［J］. China Economic Review，2011（3）：313-329.

［30］沈体雁，劳昕，杨开忠. 经济密度：区域经济研究的新视角［J］. 经济学动态，2012（7）：82-88.

［31］沈能，王群伟. 考虑异质性技术的环境效率评价及空间效应［J］. 管理工程学报，2015（1）：162-168.

［32］Grossman G. M.，Krueger A. B. Environmental impacts of a North American Free Trade Agreement［J］. NBER Working Paper，1991.

［33］Shafik N，Bandyopadhyay S. Economicgrowth and environmental quality：Time series and cross-country evidence［R］. World Bank Policy Research Working Paper，1992.

［34］Panayotou T. Empirical tests and policy analysis of environmental degradation at different stages of economic development［R］. International Labor Organization，1993.

［35］Grossman G M，Krueger A B. Economic growth and the environment［J］. Quarterly Journal of Economics，1995（2）：353-377.

［36］Vukina T，Beghin J C，Solakoglu. Transition to markets and the environment：Effects of the change in the composition of manufacturing output

[J]. Environment and Development Economics, 1999 (4): 582-598.
[37] Copeland B R, Taylor M S. Trade, growth and the environment [J]. Journal of Economic Literature, 2004 (1): 7-71.
[38] Arrow K, Bolin B, Costanza R, et al. Economic growth, carrying capacity, and the environment [J]. Environment & Development Economics, 1995 (5210): 520-521.
[39] Dinda S. A theoretical basis for the environmental Kuznets curve [J]. Ecological Economics, 2005, 53 (3): 403-413.
[40] Mani M, Hettige H, Wheeler D. Industrial pollution in economic development: The environmental Kuznets curve revisited [J]. Journal of Development Economics, 2000 (2): 445-476.
[41] Dasgupta S, Laplante B, Wang H, et al. Confronting the environmental Kuznets curve [J]. Journal of Economic Perspectives, 2002 (16): 147-168.
[42] Konisky D. Regulatory competition and environmental enforcement: Is there a race to the bottom? [J]. American Journal of Political Science, 2007 (4): 853-872.
[43] Dasgupta S, Lucas R, Wheeler D. Small manufacturing plants, pollution, and poverty: New evidence from Brazil and Mexico [J]. Social Science Electronic Publishing, 1998 (15): 289-303.
[44] Easterly W. The lost decades: Developing countries' stagnation in spite of policy reform 1980-1998 [J]. Journal of Economic Growth, 2001 (6): 135-157.
[45] Hohenberg P, Lees L H. The marketing of urban Europe (1000-1950) [M]. Cambridge, Mass: Harvard University Press, 1985.
[46] 刘修岩. 产业集聚与经济增长：一个文献综述 [J]. 产业经济研究，2009 (3)：70-78.
[47] Ciccone A, Robert H. Productivity and the density of economic activity [J]. American Economic Review, 1996 (1): 54-70.

[48] Coyle R. 大型工业区的环境问题管理：中东欧和前苏联的问题与举措 [J]. 产业与环境（中文版），1997（4）：45-47.

[49] Virkanen J. Effect of urbanization on metal deposition in the bay of Toolonlahti，Southem Finland [J]. Marine Pollution Bulletin，1998（9）：729-738.

[50] Verhoef E T，Nijkamp P. Externalities in urban sustainability environmental localization-type agglomeration externalities in a general spatial equilibrium model of a single-sector monocentric industrial city [J]. Ecological Economics，2002（2）：157-179.

[51] 刘军，程中华，李廉水. 产业聚集与环境污染 [J]. 科研管理，2016（6）：134-140.

[52] 王兵，聂欣. 产业集聚与环境治理：助力还是阻力？来自开发区设立准自然实验的证据 [J]. 中国工业经济，2016（12）：75-89.

[53] 卢东斌，孟文强. 城市化、工业化、地理脆弱性与环境质量的实证研究 [J]. 财经问题研究，2009（2）：22-28.

[54] 李佐军，盛三化. 城镇化进程中的环境保护：隐忧与应对 [J]. 国家行政学院学报，2012（4）：69-73.

[55] 陶长琪，彭永樟. 人口集聚、绿化水平与环境污染——基于城市数据的空间异质性分析 [J]. 江西财经大学学报，2017（6）：21-31.

[56] 陈建军，胡晨光. 产业集聚的集聚效应——以长江三角洲次区域为例的理论和实证分析 [J]. 管理世界，2008（6）：68-83.

[57] 陈建军，陈菁菁，黄洁. 长三角生态绿色一体化发展示范区产业发展研究 [J]. 南通大学学报（社会科学版），2020，36（2）：1-9.

[58] 刘胜，顾乃华. 行政垄断、生产性服务业集聚与城市工业污染——来自260个地级及以上城市的经验证据 [J]. 财经研究，2015，41（11）：95-107.

[59] Zeng D Z，Zhao L. Pollution havens and industrial agglomeration [J]. Journal of Environmental Economics and Management，2009（2）：141-153.

[60] Karkalakos S. Capital heterogeneity，industrial clusters，and environmen-

tal consciousness [J]. Journal of Regulatory Economics, 2012 (2): 216-237.

[61] 曾贤刚. 环境规制、外商直接投资与“污染避难所”假说——基于中国30个省份面板数据的实证研究 [J]. 经济理论与经济管理, 2010 (11): 65-71.

[62] Bao M D, Gong J, Zhao X. FDI and environmental regulation: Pollution haven or a race to the top? [J]. Journal of Regal Economics, 2012 (2): 216-237.

[63] Berliant M, Kun P S, Ping W. Taxing pollution: Agglomeration and welfare consequences [J]. Economics Theory, 2013 (1): 199-212.

[64] He J. Pollution haven hypothesis and environmental impacts of foreign direct investment: The Case of industrial emission of sulfur Dioxide (SO_2) in Chinese provinces [J]. Ecological Economics, 2006 (1): 228-245.

[65] 孙浦阳, 韩帅, 靳舒晶. 产业集聚对外商直接投资的影响分析——基于服务业与制造业的比较研究 [J]. 数量经济技术经济研究, 2012, 29 (9): 40-57.

[66] Costantini V, Mazzanti M, Montini A. Environmentalperformance, innovation and spillovers: Evidence from a regional NAMEA [J]. Ecological Economics, 2013 (3): 101-114.

[67] Koster, Hans R A, Rouwendal J. Agglomeration, commuting costs, and the internal structure of cities [J]. Regional Science & Urban Economics, 2013 (1): 352-366.

[68] 邓玉萍, 许和连. 外商直接投资、集聚外部性与环境污染 [J]. 统计研究, 2016 (9): 47-54.

[69] Matthew A, Neumayer E. Examining the impact of demographic factors on air pollution [J]. Population and Environment, 2004 (1): 5-21.

[70] Hankey S, Marshall D. Impact of urban from on future US passenger-vehicle greenhouse gas emission [J]. Energy Policy, 2010 (9): 4880-4887.

[71] 方齐云, 陶守来. 基于人口与城镇化视角的中国碳排放驱动因素探究 [J].

当代财经，2017（3）：14-25.

[72] 闫逢柱，苏李，乔娟．产业集聚发展与环境污染关系的考察——来自中国制造业的证据［J］．科学学研究，2011（1）：79-83.

[73] Dean J M，Lovely M E，Wang H. Are foreign investors attracted to weak environmental regulations? Evaluating the evidence from China [J] . Journal of Development Economics，2009（1）：1-13.

[74] Efthymia K，Xepapadeas A. Environmental policy，first nature advantage and the emergence of economic clusters [J] . Regional Science & Urban Economics，2013（1）：101-116.

[75] 刘习平，宋德勇．城市产业集聚对城市环境的影响［J］．城市问题，2013（3）：9-15.

[76] 张天舒，黄俊．区域经济集中、经济增长与收入差距［J］．金融研究，2013（2）：74-86.

[77] 宋马林，王舒鸿．环境规制、技术进步与经济增长［J］．经济研究，2013（3）：122-134.

[78] 李筱乐．市场化、工业集聚和环境污染的实证分析［J］．统计研究，2014（8）：39-45.

[79] Henderson V J. The urbanization process and economic growth：The so-what question [J] . Journal of Economic Growth，2003（1）：47-71.

[80] 李伟娜，杨永福，王珍珍．制造业集聚、大气污染与节能减排［J］．经济管理，2010，32（9）：36-44.

[81] 杨仁发．产业集聚能否改善中国环境污染［J］．中国人口·资源与环境，2015（2）：23-29.

[82] 齐亚伟．空间集聚、经济增长与环境污染之间的门槛效应分析［J］．华东经济管理，2015（10）：72-78.

[83] 杨敏．经济集聚与城市环境污染排放的非线性效应研究［J］．软科学，2016，30（9）：117-122.

[84] Melo P C，Graham D J，Noland R B. A Meta-Analysis of estimates of urban agglomeration economies [J] . Regional Science and Urban Econom-

ics, 2009, 39 (3): 332-342.

[85] Lucas R E. Externalities and cities [J]. Review of Economic Dynamics, 2000, 4 (2): 245-274.

[86] Coll-Martinez E, Moreno-Monroy A I, Arauzo-Carod J M. Agglomeration of creative industries: An intra-metropolitan analysis for Barcelona [J]. Regional Science, 2019, 98 (1): 409-432.

[87] He Y, Li Q, Li Y. Empirical analysis of the correlation between marine industry agglomeration effects and regional economy based on the PCA [J]. Journal of Coastal Research, 2019, 94 (1): 798.

[88] Lei W, Wen Y Y, Yin Z. Research on the network system of urban agglomeration in the middle reaches of Yangtze River based on consumption flow [J]. Urban Development Studies, 2019, 32 (7): 35-46.

[89] Helmers C. Choose the neighbor before the house: Agglomeration externalities in a UK science park [J]. Journal of Economic Geography, 2019, 84 (3): 76-98.

[90] Zhao X, Li X, Zhou Y, et al. Analyzing urban spatial connectivity using night light observations: A case study of three representative urban agglomerations in China [J]. IEEE Journal of Selected Topics in Applied Earth Observations and Remote Sensing, 2020 (13): 1097-1108.

[91] Yan Y, Yan T, Wen W T, et al. Identifying spatiotemporal interactions between urbanization and eco-environment in the urban agglomeration in the middle reaches of the Yangtze River, China [J]. Sustainability, 2018, 10 (2): 290.

[92] Jin C H, Jian W, Zheng Z W, et al. Research on conjugate drive of innovative talent agglomeration and regional innovation capability on economic growth: An empirical test based on inter-provincial panel data [J]. Journal of Technical Economics & Management, 2019, 65 (4): 25-37.

[93] Islam T M T. The impact of population agglomeration of an area on its neighbors: evidence from the USA [J]. The Annals of Regional ence,

2020，32（6）：56-72.

[94] Bernini C, Emili S, Medei R. When cluster analysis meets geography: The spatial agglomeration of the MICE industry [J]. SSRN Electronic Journal, 2020, 24 (2): 37-53.

[95] Ren Y. Intelligent statistical analysis on the influence of industrial agglomeration on innovation efficiency of spatial econometric model [J]. Journal of Intelligent and Fuzzy Systems, 2020 (5): 1-10.

[96] Jin X, Li X, Feng Z, et al. Linking ecological efficiency and the economic agglomeration of China based on the ecological footprint and nighttime light data [J]. Ecological Indicators, 2020, 11 (1): 106-135.

[97] Copeland B R, Taylor M S. Trade and trans boundary pollution [J]. American Economic Review, 1995 (4): 716-737.

[98] List J A, Millimet D L, Fredriksson P G. Effects of environmental regulations on manufacturing plant births: Evidence from a propensity score matching estimator [J]. Review of Economics & Statistics, 2003 (4): 944-952.

[99] Birdshall N. Another look at population and global warming [M]. World Bank Publications, 1992.

[100] Dietz T, Rosa E A. Rethinking the environmental impacts of population, affluence, and technology [J]. Human Ecology Review, 1994 (1): 277-300.

[101] Lonngren K E, Bai E W. On the global warming problem due to carbon dioxide [J]. Energy Policy, 2008 (4): 1567-1568.

[102] Jiang L, Hardee K. How do recent population trends matter to climate change? [J]. Population Research and Policy Review, 2011 (2): 287-312.

[103] 付云鹏，马树才，宋琪．中国区域碳排放强度的空间计量分析[J]．统计研究，2015（6）：67-73.

[104] 马素琳，韩君，杨肃昌．城市规模、集聚与空气质量[J]．中国人口·

资源与环境，2016（5）：12-21.

[105] Seto K C，Satterthwaite D. Interactions between urbanization and global environmental change [J] . Current Opinion in Environmental Sustainability，2010（3）：127-128.

[106] 王少剑，高爽，黄永源，等．基于超效率SBM模型的中国城市碳排放绩效时空演变格局及预测 [J] . 地理学报，2020，75（6）：1316-1330.

[107] 沈能．工业集聚能改善环境效率吗？基于中国城市数据的空间非线性检验 [J] . 管理工程学报，2014（3）：57-63.

[108] 张可，豆建民．集聚与环境污染：基于中国287个地级市的经验分析 [J] . 金融研究，2015（12）：32-45.

[109] 原毅军，谢荣辉．产业集聚、技术创新与环境污染的内在联系 [J] . 科学学研究，2015（9）：1340-1347.

[110] 马海良，王若梅，丁元卿，等．城镇化对工业能源消费的门槛效应研究——以长江经济带省份为例 [J] . 中国人口·资源与环境，2017（3）：56-62.

[111] 刘耀彬，袁华锡，封亦代．产业集聚减排效应的空间溢出与门槛特征 [J] . 数理统计与管理，2018，37（2）：224-234.

[112] 许和连，邓玉萍．外商直接投资导致了中国的环境污染吗？基于中国省际面板数据的空间计量研究 [J] . 管理世界，2012（2）：30-43.

[113] 刘满凤，谢晗进．中国省域经济集聚性与污染集聚性趋同研究 [J] . 经济地理，2014（4）：25-32.

[114] 邵帅，张可，豆建民．经济集聚的节能减排效应理论与中国经验 [J] . 管理世界，2019（1）：36-60+226.

[115] 陈祖海，雷朱家华．中国环境污染变动的时空特征及其经济驱动因素 [J] . 地理研究，2015（11）：2165-2178.

[116] 韩楠，于维洋．中国工业废气排放的空间特征及其影响因素研究 [J] . 地理科学，2016，36（2）：196-203.

[117] 邵帅，李欣，曹建华，等．中国雾霾污染治理的经济政策选择：基于空间溢出效应的视角 [J] . 经济研究，2016（9）：73-88.

[118] 丁绪辉，高素惠，吴凤平．环境规制、FDI 集聚与长江经济带用水效率的空间溢出效应研究［J］．中国人口·资源与环境，2019，29（8）：148-155.

[119] 周侃，王强，樊杰．经济集聚对区域水污染物排放的影响及溢出效应［J］．自然资源学报，2019，34（7）：1483-1495.

[120] 蔡海亚，徐盈之，赵永亮．产业协同集聚、制造业效率与雾霾污染［J］．中国地质大学学报（社会科学版），2020，20（2）：60-73.

[121] 张可．空间视角下经济集聚的减排效应研究［J］．华中科技大学学报（社会科学版），2017，31（3）：86-97.

[122] 何文举．城市集聚密度与环境污染的空间交互溢出效应［J］．中山大学学报（社会科学版），2017，57（5）：192-200.

[123] 戴靓，曹湛，张维阳，等．多重空间流视角下长三角城市网络特征分析［J］．长江流域资源与环境，2020，29（6）：1280-1289.

[124] 黄繁华，郭卫军．空间溢出视角下的生产性服务业集聚与长三角城市群经济增长效率［J］．统计研究，2020，37（7）：66-79.

[125] 吴传清，周西一敏．长江经济带产业结构合理化、高度化和高效化研究［J］．区域经济评论，2020（2）：112-120.

[126] 张津瑞，施国庆．长江中游城市群生态承载力差异的比较研究［J］．长江流域资源与环境，2020，29（8）：1694-1702.

[127] 吴传清，李姝凡．长江经济带工业废气污染治理效率的时空演变及其影响因素研究［J］．中国环境管理，2020，12（2）：123-130＋41.

[128] 陈昆仑，郭宇琪，刘小琼，等．长江经济带工业废水排放的时空格局演化及驱动因素［J］．地理科学，2017，37（11）：1668-1677.

[129] 程晨，张毅，陈丹玲．城市集聚对经济发展质量的影响——以长江经济带为例［J］．城市问题，2020（4）：4-13.

[130] 张陈俊，许静茹，张丽娜，等．长江经济带水资源消耗时空差异驱动效应研究［J］．资源科学，2018，40（11）：2247-2259.

[131] 陈明华，仲崇阳，张晓萌，等．长江经济带城市污染排放分布动态及趋势［J］．城市问题，2018（11）：37-48.

[132] 汪克亮，刘蕾，孟祥瑞，等．区域大气污染排放效率：变化趋势、地区差距与影响因素——基于长江经济带11省市的面板数据［J］．北京理工大学学报（社会科学版），2017，19（6）：38-48.

[133] 吴传清，宋子逸．长江经济带农业碳排放的时空差异特征分析［J］．长江大学学报（社会科学版），2018，41（5）：54-59.

[134] 曾冰．长江经济带渔业经济碳排放效率空间格局及影响因素研究［J］．当代经济管理，2019，41（2）：44-48.

[135] 戴胜利，云泽宇．跨域水环境污染“协力-网络”治理模型研究——基于太湖治理经验分析［J］．中国人口·资源与环境，2017，27（S2）：145-150.

[136] 滕堂伟，孙蓉，胡森林．长江经济带科技创新与绿色发展的耦合协调及其空间关联［J］．长江流域资源与环境，2019，28（11）：2574-2585.

[137] 陈长江，成长春．新时代长江经济带环境污染与治理——基于空间动态模型的分析［J］．南通大学学报（社会科学版），2018（5）：30-35.

[138] 胡美娟，李在军，丁正山，等．泛长三角城市资源环境压力演化特征及门槛效应［J］．地理科学，2020，40（5）：701-709.

[139] 吴传清，邓明亮．长江经济带高耗能产业集聚特征及影响因素研究［J］．科技进步与对策，2018，35（16）：67-74.

[140] 孙博文．市场一体化是否有助于降低污染排放？基于长江经济带城市面板数据的实证分析［J］．环境经济研究，2018，3（1）：37-56.

[141] 吴传清，申雨琦，陈文艳．长江经济带制造业集聚与环境效率关系的实证研究［J］．长江大学学报（社会科学版），2017，40（5）：26-31.

[142] 任雪．长江经济带经济增长对雾霾污染的门槛效应分析［J］．统计与决策，2018，34（20）：138-141.

[143] 郝国彩，徐银良，张晓萌，等．长江经济带城市绿色经济绩效的溢出效应及其分解［J］．中国人口·资源与环境，2018，28（5）：75-83.

[144] 吴新中，邓明亮．技术创新、空间溢出与长江经济带工业绿色全要素生产率［J］．科技进步与对策，2018，35（17）：50-58.

[145] 孔凡斌，李华旭．长江经济带产业梯度转移及其环境效应分析——基于

沿江地区 11 个省（市）2006—2015 年统计数据［J］. 贵州社会科学，2017（9）：87-93.

［146］丁婷婷，葛察忠，段显明. 长江经济带污染产业转移现象研究［J］. 中国人口·资源与环境，2016，26（S2）：388-391.

［147］梁琦. 空间经济学：过去、现在与未来——兼评《空间经济学：城市、区域与国际贸易》［J］. 经济学（季刊），2005（3）：1067-1086.

［148］张可云. 区域科学的兴衰、新经济地理学争论与区域经济学的未来方向［J］. 经济学动态，2013（3）：9-22.

［149］梁琦，钱学锋. 外部性与集聚：一个文献综述［J］. 世界经济，2007（2）：84-96.

［150］徐志伟，殷晓蕴，王晓晨. 污染企业选址与存续［J］. 世界经济，2020，43（7）：122-145.

［151］Maupertuis M A，Prunetti D，Ciucci J. Spatial distribution of economic activities and trans-boundary pollution［C］. Environment Identities and Mediterranean Area，Corte-Ajaccio，2006：334-339.

［152］Lange A，Quass M F. Economic geography and the effect of environmental pollution on agglomeration［J］. The B. E. Journal of Economic Analysis & Policy，2007（1）.

［153］Elbers C，Withagen C. Environmental policy population dynamics，and agglomeration［J］. Contributions to Economic Analysis & Policy，2004，3（2）：1286.

［154］Moriki H，Tohru N. Trans-boundary pollution transmission and regional agglomeration effect［J］. Regional Science，2006（1）：99-120.

［155］Rauscher M. Concentration，separation，and dispersion：Economic geography and the environment［C］. Thunen-series of Applied Economic Theory，2009.

［156］Kyriakopoulou E，Xepapadeas A. Spatial location decisions under environmental policy and housing externalities［J］. Environmental Economics and Policy Studies，2011（13）：195-217.

[157] Fujita, Thisse. Economics of agglomeration: Cities, industrial location and regional growth [M]. Cambridge University Press, 2002.

[158] 何雄浪. 知识创新与扩散、地区间技术吸收效应与环境污染 [J]. 南开经济研究, 2015 (2): 94-117.

[159] 张可. 经济集聚的减排效应: 基于空间经济学视角的解释 [J]. 产业经济研究, 2018 (3): 64-76.

[160] 伍骏骞, 阮建青, 徐广彤. 经济集聚、经济距离与农民增收: 直接影响与空间溢出效应 [J]. 经济学 (季刊), 2016, 16 (1): 297-320.

[161] 杨冕, 王银. 长江经济带 PM2.5 时空特征及影响因素研究 [J]. 中国人口·资源与环境, 2017, 27 (1): 91-100.

[162] 黄磊, 吴传清. 长江经济带城市工业绿色发展效率及其空间驱动机制研究 [J]. 中国人口·资源与环境, 2019, 29 (8): 40-49.

[163] 董直庆, 王辉. 城镇化、经济集聚与区域经济增长异质性——基于空间面板杜宾模型的经验证据 [J]. 学术月刊, 2019, 51 (10): 54-66.

[164] 邵帅, 李欣, 曹建华. 中国的城市化推进与雾霾治理 [J]. 经济研究, 2019 (2): 148-165.

[165] 王昭, 严小兵. 长江三角洲城市群 PM2.5 时空演变及影响因素 [J]. 长江流域资源与环境, 2020, 29 (7): 1497-1506.

[166] 袁晓玲, 邸勍, 李朝鹏. 中国环境质量的时空格局及影响因素研究——基于污染和吸收两个视角 [J]. 长江流域资源与环境, 2019, 28 (9): 2165-2176.

[167] 陈强. 高级计量经济学及 Stata 应用 [M]. 北京: 高等教育出版社, 2014.

[168] 王良建, 等. 针对我国省际旅游业发展与经济增长间关系的空间计量方法 [J]. 旅游科学, 2010 (2): 49-54.

[169] 黄建山, 冯宗宪. 陕西省社会经济重心与环境污染重心的演变路径及其对比分析 [J]. 人文地理, 2006 (4): 117-122.

[170] 丁焕峰, 李佩仪. 中国区域污染重心与经济重心的演变对比分析 [J]. 经济地理, 2009, 29 (10): 1629-1633.

[171] 梁中，徐蓓．中国省域碳压力空间分布及其重心迁移 [J]．经济地理，2017 (2)：179-186.

[172] Ehrlich P R，Holdren J P. Impact of population growth [J]．Science，1971，171 (3)：1212-1217.

[173] 谢锐，陈严，韩峰，等．新型城镇化对城市生态环境质量的影响及时空效应 [J]．管理评论，2018，30 (1)：230-241.

[174] York R，Rosa E A，Dietz T. Bridging environmental science with environmental policy：Plasticity of population，affluence and technology [J]．Social Science Quarterly，2002 (1)：18-34.

[175] 徐斌，陈宇芳，沈小波．清洁能源发展、二氧化碳减排与区域经济增长 [J]．经济研究，2019，54 (7)：188-202.

[176] Anselin L. Thirty years of spatial econometrics [J]．Regional Science，2010，89 (1)：3-25.

[177] LeSage J P，Pace R K. Introduction to spatial econometrics [M]．Boca Raton：Taylor & Francis，2009.

[178] 徐盈之，王书斌．碳减排是否存在空间溢出效应？基于省际面板数据的空间计量检验 [J]．中国地质大学学报（社会科学版），2015，15 (1)：41-50.

[179] 于斌斌．生产性服务业集聚与能源效率提升 [J]．统计研究，2018，35 (4)：30-40.

[180] Elhorst J P. Dynamic spatial panels：Models，methods and inference [J]．Journal of Geographical System，2012 (1)：5-28.

[181] 刘满凤，谢晗进．我国工业化与城镇化的环境经济集聚双门槛效应分析 [J]．管理评论，2017，29 (10)：21-33.

[182] 胡志强，苗健铭，苗长虹．中国地市尺度工业污染的集聚特征与影响因素 [J]．地理研究，2016 (8)：1470-1482.

[183] 金刚，沈坤荣．以邻为壑还是以邻为伴——环境规制执行互动与城市生产率增长 [J]．管理世界，2018，34 (12)：43-55.

[184] 李勇刚，张鹏．产业集聚加剧了中国的环境污染吗？来自中国省级层面

的经验证据［J］．华中科技大学学报（社会科学版），2013（5）：97-106.
［185］Hansen B E. Threshold effects in non-dynamic panels：Estimation，testing and inference［J］．Journal of Econometrics，1999（2）：345-368.
［186］肖周燕．中国人口空间聚集对生产和生活污染的影响差异［J］．中国人口·资源与环境，2015，25（3）：128-134.
［187］严翔，成长春，易高峰，等．长江经济带城镇化对能源消费的经济门槛效应［J］．经济地理，2019，39（1）：73-81.
［188］徐盈之，魏莎．中国省际节能减排效率的经济增长效应——基于门槛回归模型的研究［J］．中国地质大学学报（社会科学版），2014，14（3）：60-69.
［189］陶长琪，彭永樟．从要素驱动到创新驱动制度质量视角下的经济增长动力转换与路径选择［J］．数量经济技术经济研究，2018，35（7）：3-21.
［190］徐茉，陶长琪．双重环境规制、产业结构与全要素生产率——基于系统GMM和门槛模型的实证分析［J］．南京财经大学学报，2017（1）：8-17.
［191］侯孟阳，姚顺波．中国农村劳动力转移对农业生态效率影响的空间溢出效应与门槛特征［J］．资源科学，2018，40（12）：2475-2486.
［192］于斌斌．中国城市群产业集聚与经济效率差异的门槛效应研究［J］．经济理论与经济管理，2015（3）：60-73.
［193］王勇，刘厚莲．中国工业绿色转型的减排效应及污染治理投入的影响［J］．经济评论，2015（4）：17-30.
［194］陶长琪，彭永樟，琚泽霞．经济增长、产业结构与碳排放关系的实证分析——基于PVAR模型［J］．经济经纬，2015（4）：126-131.
［195］Holtz-Eakin D. Estimating vector autoregressions with panel data［J］．Econometrica，1988（6）：1371-1395.
［196］Arellano M，Bover O. Another look at the instrumental variable estimation of error-components models［J］．Journal of Econometrics，1995（1）：29-51.
［197］黄可人，韦廷柒．经济增长、产业结构变迁与城乡居民收入差距——基于PVAR模型的动态分析［J］．工业技术经济，2016，35（4）：145-152.

[198] 李茜，胡昊，罗海江，等．我国经济增长与环境污染双向作用关系研究——基于PVAR模型的区域差异分析［J］．环境科学学报，2015，35（6）：1875-1886.

[199] 何彬，刘海英．基于PVAR模型的我国卫生投资与经济增长关联性研究［J］．中国卫生经济，2010，29（8）：26-29.

[200] 曾刚，石庆玲，王丰龙．长江经济带城市生态保护能力格局与提升策略初探［J］．华中师范大学学报（自然科学版），2020，54（4）：503-510.

[201] 白柠瑞，闫强明，郝超鹏，等．长江经济带高质量发展问题探究［J］．宏观经济管理，2020（1）：67-74＋90.

附录一　长江经济带 110 个地级及以上城市区域划分表

附表 1.1　长江经济带三大区域地级及以上城市行政区划归属表

归属区域	城市							
长江经济带上游地区（33）	重庆市							
	成都市	自贡市	攀枝花市	泸州市	德阳市	绵阳市	广元市	遂宁市
	内江市	乐山市	南充市	眉山市	宜宾市	广安市	达州市	雅安市
	巴中市	资阳市	贵阳市	六盘水市	遵义市	安顺市	毕节市	铜仁市
	昆明市	曲靖市	玉溪市	保山市	昭通市	丽江市	普洱市	临沧市
长江经济带中游地区（36）	南昌市	景德镇市	萍乡市	九江市	新余市	鹰潭市	赣州市	吉安市
	宜春市	抚州市	上饶市	武汉市	黄石市	十堰市	宜昌市	襄阳市
	鄂州市	荆门市	孝感市	荆州市	黄冈市	咸宁市	随州市	长沙市
	株洲市	湘潭市	衡阳市	邵阳市	岳阳市	常德市	张家界市	益阳市
	郴州市	永州市	怀化市	娄底市				
长江经济带下游地区（41）	上海市							
	南京市	无锡市	徐州市	常州市	苏州市	南通市	连云港市	淮安市
	盐城市	扬州市	镇江市	泰州市	宿迁市	杭州市	宁波市	温州市
	嘉兴市	湖州市	绍兴市	金华市	衢州市	舟山市	台州市	丽水市
	合肥市	芜湖市	蚌埠市	淮南市	马鞍山市	淮北市	铜陵市	安庆市
	黄山市	滁州市	阜阳市	宿州市	六安市	亳州市	池州市	宣城市

注：①括号内数字代表各区域样本城市数量；②本书研究的时间跨度内部分地级城市区划有所调整。其中，2007 年 1 月，云南省思茅市更名为普洱市，2010 年 11，湖北省襄樊市更名为襄阳市。由于城市更名并不影响相关数据采集，为了样本命名保持一致，本书统一以普洱市和襄阳市作为城市名，不再另做区分；此外，2011 年 10 月，国务院（国函〔2011〕130 号和 131 号）批复撤销贵州省毕节地区和铜仁地区，设立地级毕节市和铜仁市。因此，本书对这两个地级城市 2012 年及后续年份的数据直接使用，而 2012 年以前的数据采用原毕节地区和铜仁地区所辖区域的数据进行加总。

附录二　长江经济带110个地级及以上城市细分样本代码表

附表2.1　长江经济带区位异质性条件下的细分样本及代码表

所属区域	城市及代码							
长江经济带下游地区	上海市(1)							
	南京市(2)	无锡市(3)	徐州市(4)	常州市(5)	苏州市(6)	南通市(7)	连云港市(8)	淮安市(9)
	盐城市(10)	扬州市(11)	镇江市(12)	泰州市(13)	宿迁市(14)	杭州市(15)	宁波市(16)	温州市(17)
	嘉兴市(18)	湖州市(19)	绍兴市(20)	金华市(21)	衢州市(22)	舟山市(23)	台州市(24)	丽水市(25)
	合肥市(26)	芜湖市(27)	蚌埠市(28)	淮南市(29)	马鞍山市(30)	淮北市(31)	铜陵市(32)	安庆市(33)
	黄山市(34)	滁州市(35)	阜阳市(36)	宿州市(37)	六安市(38)	亳州市(39)	池州市(40)	宣城市(41)
长江经济带中游地区	南昌市(42)	景德镇市(43)	萍乡市(44)	九江市(45)	新余市(46)	鹰潭市(47)	赣州市(48)	吉安市(49)
	宜春市(50)	抚州市(51)	上饶市(52)	武汉市(53)	黄石市(54)	十堰市(55)	宜昌市(56)	襄阳市(57)
	鄂州市(58)	荆门市(59)	孝感市(60)	荆州市(61)	黄冈市(62)	咸宁市(63)	随州市(64)	长沙市(65)
	株洲市(66)	湘潭市(67)	衡阳市(68)	邵阳市(69)	岳阳市(70)	常德市(71)	张家界市(72)	益阳市(73)
	郴州市(74)	永州市(75)	怀化市(76)	娄底市(77)				

续表

所属区域	城市及代码							
长江经济带上游地区	重庆市（78）							
	成都市（79）	自贡市（80）	攀枝花市（81）	泸州市（82）	德阳市（83）	绵阳市（84）	广元市（85）	遂宁市（86）
	内江市（87）	乐山市（88）	南充市（89）	眉山市（90）	宜宾市（91）	广安市（92）	达州市（93）	雅安市（94）
	巴中市（95）	资阳市（96）	贵阳市（97）	六盘水市（98）	遵义市（99）	安顺市（100）	毕节市（101）	铜仁市（102）
	昆明市（103）	曲靖市（104）	玉溪市（105）	保山市（106）	昭通市（107）	丽江市（108）	普洱市（109）	临沧市（110）

注：长江经济带上游地区包括重庆市和四川省、云南省、贵州省所辖地级及以上城市共计 33 个；中游地区包括湖北省、湖南省和江西省所辖地级及以上城市共计 36 个；下游地区包括上海市和安徽省、浙江省、江苏省所辖地级及以上城市共计 41 个。

附表 2.2　长江经济带规模异质性条件下的细分样本及代码表

城市规模	城市及代码							
长江经济带大型城市	上海市（1）	南京市（2）	无锡市（3）	徐州市（4）	常州市（5）	苏州市（6）	南通市（7）	连云港市（8）
	淮安市（9）	盐城市（10）	扬州市（11）	镇江市（12）	泰州市（13）	宿迁市（14）	杭州市（15）	宁波市（16）
	温州市（17）	湖州市（19）	绍兴市（20）	台州市（24）	合肥市（26）	芜湖市（27）	蚌埠市（28）	淮南市（29）
	淮北市（31）	阜阳市（36）	宿州市（37）	六安市（38）	亳州市（39）	南昌市（42）	赣州市（48）	宜春市（50）
	抚州市（51）	上饶市（52）	武汉市（53）	十堰市（55）	宜昌市（56）	襄阳市（57）	鄂州市（58）	荆州市（61）
	长沙市（65）	株洲市（66）	岳阳市（70）	常德市（71）	益阳市（73）	永州市（75）	重庆市（78）	成都市（79）
	自贡市（80）	泸州市（82）	绵阳市（84）	遂宁市（86）	内江市（87）	乐山市（88）	南充市（89）	眉山市（90）
	宜宾市（91）	广安市（92）	达州市（93）	巴中市（95）	资阳市（96）	贵阳市（97）	遵义市（99）	安顺市（100）
	毕节市（101）	昆明市（103）						
长江经济带中小型城市	嘉兴市（18）	金华市（21）	衢州市（22）	舟山市（23）	丽水市（25）	马鞍山市（30）	铜陵市（32）	安庆市（33）
	黄山市（34）	滁州市（35）	池州市（40）	宣城市（41）	景德镇市（43）	萍乡市（44）	九江市（45）	新余市（46）
	鹰潭市（47）	吉安市（49）	黄石市（54）	荆门市（59）	孝感市（60）	黄冈市（62）	咸宁市（63）	随州市（64）
	湘潭市（67）	衡阳市（68）	邵阳市（69）	张家界市（72）	郴州市（74）	怀化市（76）	娄底市（77）	攀枝花市（81）
	德阳市（83）	广元市（85）	雅安市（94）	六盘水市（98）	铜仁市（102）	曲靖市（104）	玉溪市（105）	保山市（106）
	昭通市（107）	丽江市（108）	普洱市（109）	临沧市（110）				

注：按照 2017 年城市市辖区年末总人口数对长江经济带所辖地级及以上城市规模进行区分，其中大型城市 66 个（100 万以上人口），中小型城市 44 个（100 万及以下人口）。

附录三　长江经济带经济集聚影响污染排放的溢出效应稳健性检验

附表 3.1　替换为邻接矩阵后溢出效应的稳健性检验表

变量	ln*twater*	ln*tso2*	ln*tdust*	ln*rwater*	ln*rso2*	ln*rdust*
ln*agg*	−0.451***	−0.156	−0.210	−0.465***	−0.144	−0.222
	(−3.90)	(−1.20)	(−1.25)	(−3.91)	(−1.06)	(−1.24)
ln*popd*	0.654*	0.319	0.322	0.699**	0.357	0.369
	(1.96)	(0.85)	(0.66)	(2.03)	(0.91)	(0.71)
ln*pgdp*	0.278**	0.0836	−0.145	−0.360***	−0.614***	−0.802***
	(2.31)	(0.62)	(−0.83)	(−2.91)	(−4.37)	(−4.29)
ln*tec*	−0.0302	−0.0810***	−0.0165	−0.0623**	−0.120***	−0.0368
	(−1.25)	(−2.97)	(−0.47)	(−2.50)	(−4.22)	(−0.98)
ln*sec*	0.280**	0.960***	0.576***	−0.909***	−0.127	−0.628***
	(2.14)	(6.52)	(3.03)	(−6.72)	(−0.83)	(−3.08)
ln*open*	−0.0204	0.00550	−0.0147	−0.0285*	−0.000258	−0.0139
	(−1.37)	(0.33)	(−0.68)	(−1.86)	(−0.01)	(−0.60)
ln*tran*	0.115***	0.0452	−0.107*	0.0708*	−0.0126	−0.144**
	(3.02)	(1.05)	(−1.94)	(1.80)	(−0.28)	(−2.42)
W×ln*agg*	−0.475**	−0.392	0.214	−0.585***	−0.458*	0.206
	(−2.17)	(−1.60)	(0.68)	(−2.60)	(−1.80)	(0.61)
W×ln*popd*	1.296**	1.803***	−1.083	1.085*	1.373*	−1.592*
	(2.09)	(2.60)	(−1.21)	(1.70)	(1.90)	(−1.65)
W×ln*pgdp*	0.634***	0.445**	−0.243	0.759***	0.485**	−0.253
	(3.17)	(1.98)	(−0.84)	(3.68)	(2.06)	(−0.81)

续表

变量	ln*twater*	ln*tso2*	ln*tdust*	ln*rwater*	ln*rso2*	ln*rdust*
W×ln*tec*	0.0878**	0.0119	0.0455	−0.00784	−0.109**	−0.0768
	(2.49)	(0.30)	(0.89)	(−0.22)	(−2.56)	(−1.39)
W×ln*sec*	−0.929***	−1.274***	−1.262***	−0.896***	−1.444***	−1.338***
	(−4.95)	(−6.04)	(−4.64)	(−4.51)	(−6.46)	(−4.51)
W×ln*open*	−0.0474**	−0.0273	−0.0110	−0.0465*	−0.0186	−0.000881
	(−2.01)	(−1.03)	(−0.32)	(−1.91)	(−0.67)	(−0.24)
W×ln*tran*	0.140**	0.455***	0.555***	0.227***	0.530***	0.646***
	(1.99)	(5.75)	(5.45)	(3.15)	(6.46)	(5.92)
ρ	0.253***	0.144***	0.248***	0.225***	0.126***	0.180***
	(8.70)	(4.68)	(8.17)	(7.74)	(4.15)	(5.74)
σ^2	0.122***	0.154***	0.256***	0.129***	0.167***	0.296***
	(28.53)	(28.66)	(28.53)	(28.58)	(28.68)	(28.62)
N	1650	1650	1650	1650	1650	1650
Hausman	*fe*	*fe*	*fe*	*fe*	*fe*	*fe*

注：括号内为 t 统计量；***、**、* 分别表示在1%、5%和10%的水平上显著。

附表 3.2 减少控制变量后溢出效应的稳健性检验表

变量	ln*twater*	ln*tso*2	ln*tdust*	ln*rwater*	ln*rso*2	ln*rdust*
ln*agg*	−0.484***	−0.191	−0.191	−0.493***	−0.162	−0.196
	(−4.22)	(−1.50)	(−1.16)	(−4.16)	(−1.21)	(−1.10)
ln*popd*	0.490	0.386	−0.0510	0.531	0.400	−0.00385
	(1.57)	(1.11)	(−0.11)	(1.64)	(1.09)	(−0.01)
ln*pgdp*	0.286**	0.157	−0.207	−0.382***	−0.572***	−0.897***
	(2.51)	(1.24)	(−1.26)	(−3.25)	(−4.29)	(−5.08)
ln*tec*	−0.0249	−0.0753***	−0.0168	−0.0614**	−0.117***	−0.0413
	(−0.99)	(−2.69)	(−0.47)	(−2.36)	(−3.99)	(−1.06)
ln*sec*	0.341***	1.142***	0.832***	−0.944***	−0.0381	−0.455**
	(2.62)	(7.87)	(4.45)	(−7.01)	(−0.25)	(−2.25)
ln*tran*	0.0959**	0.0398	−0.145***	0.0641	−0.00701	−0.169***
	(2.53)	(0.94)	(−2.66)	(1.64)	(−0.16)	(−2.88)
W×ln*agg*	−0.362	−1.408***	−1.139***	0.109	−0.971***	−0.654
	(−1.18)	(−4.18)	(−2.62)	(0.34)	(−2.74)	(−1.39)
W×ln*popd*	2.900***	3.887***	0.223	2.696***	3.734***	−0.153
	(3.22)	(3.89)	(0.17)	(2.88)	(3.55)	(−0.11)
W×ln*pgdp*	1.110***	1.492***	1.216***	0.585*	0.982***	0.716
	(3.63)	(4.38)	(2.78)	(1.86)	(2.76)	(1.52)
W×ln*tec*	0.0956*	−0.0360	−0.0513	0.0171	−0.133**	−0.156*
	(1.85)	(−0.63)	(−0.69)	(0.32)	(−2.19)	(−1.95)
W×ln*sec*	−2.208***	−2.748***	−2.963***	−1.617***	−2.407***	−2.555***
	(−6.91)	(−7.72)	(−6.38)	(−4.77)	(−6.31)	(−4.99)
W×ln*tran*	0.429***	0.618***	1.155***	0.543***	0.731***	1.258***
	(3.63)	(4.70)	(6.88)	(4.46)	(5.31)	(6.94)
ρ	0.333***	0.251***	0.357***	0.319***	0.221***	0.284***
	(6.97)	(5.21)	(8.17)	(6.69)	(4.54)	(6.13)
σ^2	0.121***	0.150***	0.250***	0.129***	0.166***	0.291***
	(28.54)	(28.63)	(28.53)	(28.56)	(28.64)	(28.61)
N	1650	1650	1650	1650	1650	1650
Hausman	*fe*	*fe*	*fe*	*fe*	*fe*	*fe*

注：括号内为 t 统计量；***、**、* 分别表示在1%、5%和10%的水平上显著。

附录四　长江经济带经济集聚影响污染排放的溢出效应分解稳健性检验

附表 4.1　替换为邻接矩阵后溢出效应分解的稳健性检验表

	变量	ln*twater*	ln*tso2*	ln*tdust*	ln*rwater*	ln*rso2*	ln*rdust*
直接效应	ln*agg*	-0.488***	-0.167	-0.194	-0.503***	-0.155	-0.209
		(-4.08)	(-1.25)	(-1.12)	(-4.10)	(-1.11)	(-1.13)
	ln*popd*	0.740**	0.370	0.236	0.759**	0.385	0.275
		(2.33)	(1.03)	(0.51)	(2.31)	(1.02)	(0.55)
	ln*pgdp*	0.334***	0.110	-0.152	-0.310**	-0.592***	-0.808***
		(2.84)	(0.83)	(-0.89)	(-2.56)	(-4.30)	(-4.43)
	ln*tec*	-0.0252	-0.0815***	-0.0145	-0.0641***	-0.124***	-0.0415
		(-1.10)	(-3.14)	(-0.44)	(-2.71)	(-4.58)	(-1.16)
	ln*sec*	0.218*	0.914***	0.496***	-0.979***	-0.179	-0.701***
		(1.82)	(6.72)	(2.86)	(-7.91)	(-1.26)	(-3.74)
	ln*open*	-0.0234	0.00529	-0.0148	-0.0310**	-0.0006	-0.0134
		(-1.57)	(0.32)	(-0.68)	(-2.02)	(-0.01)	(-0.58)
	ln*tran*	0.127***	0.0618	-0.0722	0.0851**	0.00408	-0.116*
		(3.18)	(1.39)	(-1.25)	(2.08)	(0.09)	(-1.88)

续表

	变量	ln*twater*	ln*tso2*	ln*tdust*	ln*rwater*	ln*rso2*	ln*rdust*
间接效应	ln*agg*	−0.758***	−0.481*	0.185	−0.860***	−0.543**	0.175
		(−2.88)	(−1.82)	(0.49)	(−3.25)	(−2.00)	(0.47)
	ln*popd*	1.926***	2.165***	−1.157	1.602**	1.657**	−1.676
		(2.62)	(2.87)	(−1.08)	(2.17)	(2.14)	(−1.55)
	ln*pgdp*	0.896***	0.518**	−0.348	0.837***	0.455*	−0.462
		(3.71)	(2.12)	(−1.01)	(3.46)	(1.82)	(−1.33)
	ln*tec*	0.101**	0.000314	0.0520	−0.0270	−0.137***	−0.0978
		(2.46)	(0.01)	(0.87)	(−0.64)	(−3.08)	(−1.60)
	ln*sec*	−1.075***	−1.271***	−1.392***	−1.337***	−1.608***	−1.677***
		(−4.78)	(−5.48)	(−4.29)	(−5.94)	(−6.75)	(−5.10)
	ln*open*	−0.0692**	0326	−0.0220	−0.0675**	−0.0235	−0.0169
		(−2.43)	(−1.15)	(−0.54)	(−2.37)	(−0.80)	(−0.41)
	ln*tran*	0.215**	0.523***	0.669***	0.300***	0.589***	0.729***
		(2.40)	(5.78)	(5.17)	(3.34)	(6.33)	(5.62)
总效应	ln*agg*	−1.246***	−0.648**	−0.00855	−1.364***	−0.698**	−0.0336
		(−4.15)	(−2.21)	(−0.02)	(−4.55)	(−2.32)	(−0.08)
	ln*popd*	2.666***	2.535***	−0.921	2.361***	2.042***	−1.401
		(3.57)	(3.45)	(−0.85)	(3.17)	(2.71)	(−1.30)
	ln*pgdp*	1.230***	0.627**	−0.500	0.526**	−0.137	−1.270***
		(4.66)	(2.44)	(−1.34)	(2.01)	(−0.52)	(−3.46)
	ln*tec*	0.0762*	−0.0812**	0.0375	−0.0911**	−0.261***	−0.139**
		(1.84)	(−1.99)	(0.63)	(−2.19)	(−6.20)	(−2.34)
	ln*sec*	−0.857***	−0.357	−0.896***	−2.315***	−1.787***	−2.378***
		(−3.83)	(−1.62)	(−2.78)	(−10.50)	(−8.00)	(−7.53)
	ln*open*	−0.0926***	−0.0273	−0.0368	−0.0985***	−0.0235	−0.0303
		(−2.71)	(−0.81)	(−0.75)	(−2.89)	(−0.68)	(−0.62)
	ln*tran*	0.342***	0.585***	0.597***	0.385***	0.593***	0.613***
		(3.37)	(5.84)	(4.07)	(3.81)	(5.79)	(4.24)

注：括号内为 t 统计量；***、**、* 分别表示在 1%、5%和 10%的水平上显著。

附表 4.2　减少控制变量后溢出效应分解的稳健性检验表

	变量	ln*twater*	ln*tso2*	ln*tdust*	ln*rwater*	ln*rso2*	ln*rdust*
直接效应	ln*agg*	−0.500***	−0.228*	−0.238	−0.490***	−0.183	−0.213
		(−4.15)	(−1.72)	(−1.37)	(−3.94)	(−1.31)	(−1.14)
	ln*popd*	0.595*	0.482	−0.0662	0.622**	0.477	−0.0349
		(1.96)	(1.42)	(−0.15)	(1.98)	(1.34)	(−0.07)
	ln*pgdp*	0.341***	0.209*	−0.146	−0.357***	−0.542***	−0.870***
		(3.04)	(1.68)	(−0.90)	(−3.06)	(−4.12)	(−4.98)
	ln*tec*	−0.0220	−0.0775***	−0.0202	−0.0621**	−0.122***	−0.0478
		(−0.93)	(−2.93)	(−0.59)	(−2.54)	(−4.38)	(−1.30)
	ln*sec*	0.254**	1.068***	0.710***	−1.021***	−0.103	−0.550***
		(2.14)	(8.02)	(4.16)	(−8.33)	(−0.73)	(−2.97)
	ln*tran*	0.116***	0.0599	−0.0935*	0.0876**	0.0135	−0.126**
		(3.03)	(1.41)	(−1.68)	(2.21)	(0.30)	(−2.11)
间接效应	ln*agg*	−0.758	−1.900***	−1.825***	−0.0657	−1.269***	−0.968
		(−1.64)	(−4.09)	(−2.63)	(−0.14)	(−2.73)	(−1.45)
	ln*popd*	4.425***	5.165***	0.264	4.056***	4.782***	−0.253
		(3.74)	(4.31)	(0.15)	(3.40)	(3.97)	(−0.15)
	ln*pgdp*	1.771***	2.012***	1.751***	0.679	1.095**	0.654
		(3.89)	(4.44)	(2.62)	(1.49)	(2.40)	(1.00)
	ln*tec*	0.128*	−0.0696	−0.0843	−0.00190	−0.198***	−0.226**
		(1.81)	(−0.95)	(−0.79)	(−0.03)	(−2.64)	(−2.13)
	ln*sec*	−3.077***	−3.236***	−4.062***	−2.763***	−3.062***	−3.689***
		(−6.71)	(−7.24)	(−6.22)	(−5.95)	(−6.70)	(−5.72)
	ln*open*	0.681***	0.828***	1.684***	0.815***	0.928***	1.665***
		(3.74)	(4.55)	(5.93)	(4.39)	(5.01)	(6.07)

续表

	变量	ln*twater*	ln*tso2*	ln*tdust*	ln*rwater*	ln*rso2*	ln*rdust*
总效应	ln*agg*	−1.258**	−2.128***	−2.062***	−0.556	−1.451***	−1.180
		(−2.48)	(−4.17)	(−2.71)	(−1.07)	(−2.84)	(−1.61)
	ln*popd*	5.020***	5.647***	0.198	4.679***	5.259***	−0.288
		(4.15)	(4.64)	(0.11)	(3.84)	(4.32)	(−0.17)
	ln*pgdp*	2.112***	2.222***	1.605**	0.323	0.553	−0.216
		(4.45)	(4.72)	(2.29)	(0.67)	(1.17)	(−0.32)
	ln*tec*	0.106	−0.147**	−0.104	−0.0640	−0.320***	−0.273***
		(1.58)	(−2.17)	(−1.03)	(−0.93)	(−4.61)	(−2.74)
	ln*sec*	−2.824***	−2.168***	−3.352***	−3.784***	−3.165***	−4.239***
		(−6.48)	(−5.23)	(−5.39)	(−8.62)	(−7.53)	(−7.03)
	ln*tran*	0.798***	0.888***	1.590***	0.903***	0.941***	1.539***
		(4.11)	(4.59)	(5.26)	(4.57)	(4.79)	(5.28)

注：括号内为 t 统计量；***、**、* 分别表示在 1%、5%和 10%的水平上显著。